ASEAN
における日系企業の
ダイナミクス

前田啓一・塩地 洋・上田曜子 編著

晃 洋 書 房

は し が き

　本書は先発の ASEAN 各国（インドネシア，マレーシア，フィリピン，タイ）とベトナムをとりあげて，大企業のみならず中小企業投資の役割と貢献について具体的に論じようとするものである．主要な検討対象は，自動車産業などの大手セットメーカーにくわえ，部品メーカーや加工業務を主とする進出日系中小企業，そして現地の地場中小企業・裾野産業であり，その育成や工業化政策についても言及している．

　1980年代の半ば以降になると，日系企業による製造拠点などを中心に直接投資先としての中国のみならず ASEAN の重要性が格段に高まってきた．そこで本書では，先進国による直接投資一般としてではなく，日本企業の直接投資をとりだして，日本企業や日系合弁企業，さらには日本人技術者が，ASEAN 各国での経済・産業の発展戦略に大きなインパクトを与えていることを重視して議論を進めている．本書の各章では特定国での産業分析を中心に論述の重きが定められている．各執筆者は経済学ないし経営学を基礎としつつも，そのアプローチは自動車産業，開発経済，中小企業，産業人材，産業政策等々のさまざまな視点から構成されている．また，われわれはいずれもがアジアにおける製造業現場でのインタビューなどにこだわりをもち続け，その意味では"地に足のついた"分析を目指している．

　1990年から2000年代以降のアジアでは，IT 技術や物流輸送手段の発達もあり，国際的な工程間生産分業が高度に発展している．部品生産と最終製品のアセンブルが国境を超えて展開されるに至るサプライチェーンがグローバルに形成されるようになったことは周知であろう．そして ASEAN 各国は自らの技術レベルや労働力などの要素賦存状況に応じて「特別な場所」をサプライチェーンのなかで「見出し，注力する」ことができるようになった．

　しかしながら，このようなグローバル・サプライチェーンは途上国を取り巻く環境の激変には脆弱であることが現在白日の下に明らかになっている．2018年夏からは米中貿易戦争が急速にエスカレートしていった．このままでは，アメリカと中国にまたがる世界的なサプライチェーンが分断され，世界各国，さらには ASEAN にも大きな影響を及ぼすことが懸念される．今のところ米中

間での対立が収まる兆しはまだ見えない．さらには，2019年年末頃より，新型コロナウイルスによる肺炎の感染拡大が中国の武漢（湖北省）を中心に顕在化し，その後感染は世界各地に広がっていった．これについても，中国での工場の生産停止が長引きアジアなどでのサプライチェーンが混乱をきたしている．本書執筆の時点では新型肺炎の終息はまだ見通せない．

　いずれにしても，ASEAN を取り巻く世界経済環境は様変わりしつつあり，この地域での分業構造やそれによるサプライチェーンの再編に迫られることもあるだろう．グローバル化の進展には負の側面もきわめて大きいことが明らかとなっている．

　本書の作成はまず前田が思い立ち，調査先のバンコクで知己を得た上田教授と相談したことから始まる．その後，上田の紹介により，自動車産業論の分野で高名な塩地教授にも編者として加わっていただくことができた．また，編者3名から各執筆者に声をかけて参加を募った．ただ，大型台風の到来や新型コロナウイルスの感染拡大により集まることすら難しく，執筆者全員による研究会や編者3名による打ち合わせをそれぞれ数回行ったものの，さらに2020年春には執筆者の異動が思いのほか多くて，本書の調整や編集作業はなかなか思う通りには進まなかった．

　本書の企画から刊行に至るまで，晃洋書房編集部の丸井清泰氏と坂野美鈴さんには数多くのご配慮とご支援を賜った．政府による緊急事態宣言のさなかでの刊行作業であったので，企業の経営環境としてはきわめて厳しいものがあったと想像できる．末筆ではあるが，同社のご支援ならびにそのようななかにあっても変わらず誠実にサポートしていただいたお2人にあらためて心からの感謝を申し述べたいと思う．

　2020年4月

　　　　　　　　　　　　　　　　　　　　　　　　　　　　　編　者

目　　次

略 語 表

AEC　（ASEAN Economic Community：ASEAN 経済共同体）

AFTA　（ASEAN Free Trade Area：ASEAN 自由貿易地域）

APEC　（Asia-Pacific Economic Cooperation：アジア太平洋経済協力）

ASEAN　（Association of Southeast Asian Nations：東南アジア諸国連合）

BOI　（Board of Investment of Thailand：タイ投資委員会）

B to B　（Business to Business：企業が企業向けに行う事業）

B to C　（Business to Consumer：企業が消費者向けに行う事業）

BUV　（Basic Utility Vehicle：基本実用車）

CEPT　（Common Effective Preferential Tariff：共通実効特恵関税）

CKD　（Complete Knock Down：コンプリート ノックダウン）

EPA　（Economic Partnership Agreement：経済連携協定）

FDI　（Foreign Direct Investment：海外直接投資）

FTA　（Free Trade Agreement：自由貿易協定）

FTAAP　（Free Trade Area of the Asia-Pacific：アジア太平洋自由貿易圏）

GMS　（Greater Mekong Sub-region Program：大メコン圏経済協力計画）

GSP　（Global Supplier Programme：グローバル・サプライヤー・プログラム）

GVC　（Global Value Chain：グローバル・バリュー・チェーン）

ILP　（Industrial Linkage Programme：産業リンケージ計画）

IMDIA　（Indonesian Mold and Dies Industry Association：インドネシア金型工業会）

IMP 2　（Second Industrial Master Plan：第 2 次工業化マスタープラン）

IMV　（Innovative International Multi-purpose Vehicle：革新的国際多目的車）

JETRO　（Japan External Trade Organization：日本貿易振興機構）

JICA　（Japan International Cooperation Agency：国際協力機構）

KD　（Knock Down：ノックダウン）

LCGC　（Low Cost Green Car：ロー コスト グリーン カー）

LCR　（Local Content Requirements：部品国産化規制）

MIDA　（Malaysia Industrial Development Authority：マレーシア工業開発庁〈現在は Malaysia Investment Development Authority：マレーシア投資開発庁〉）

MPV　（Multi-purpose Vehicle：多目的車）

NEP　（New Economic Policy：新経済政策）

ODA　（Official Development Assistance：政府開発援助）

OICA　（Organisation Internationale des Constructeurs d'Automobiles：
　　　　国際自動車工業連合会）

Perodua　（Perusahaan Otomobil Kedua Berhad：プロドゥア）

Proton　（Perusahaan Otomobil Nasional Berhad：プロトン）

PSDC　（Penang Skill Development Centre：ペナン技術開発センター）

RCEP　（Regional Comprehensive Economic Partnership：東アジア地域包括的経済連携）

SKD　（Semi Knock Down：セミ ノックダウン）

SI　（Supporting Industry：裾野産業）

SME Corp　（SME Corporation Malaysia：マレーシア中小企業公社）

SMIDEC　（Small and Medium Industry Development Corporation：中小企業開発公社）

SMIDP　（Small and Medium Industries Development Plan：中小企業開発計画）

SUV　（Sports Utility Vehicle：スポーツ用多目的車）

TDB　（Teikoku Databank：帝国データバンク）

TMMIN　（PT. Toyota Motor Manufacturing Indonesia：
　　　　　トヨタ・モーター・マニュファクチャリング・インドネシア）

TPP　（Trans-Pacific Partnership Agreement：環太平洋経済連携協定）

TRIM　（Trade-Related investment Measure：貿易関連投資措置）

UNCTAD　（United Nations Conference on Trade and Development：国連貿易開発会議）

VDP　（Vendor Development Programme：ベンダー育成計画）

WTO　（World Trade Organization：世界貿易機関）

序　章

ASEAN 日系企業のダイナミクスを考える
——本書の特徴とアプローチ——

① 本書の特徴と構成

（1）本書の特徴

　このところ，世界経済のなかでの ASEAN の存在感が急速に高まっている．中国の飛躍的な発展ほどではないものの，日本経済や日系企業との関係を積極的に深めるなかで，かってなかったほどの経済成長と大都市部を中心とした豊かさを享受できるようになってきた．そして，東南アジア10カ国からなるこの地域経済圏では，2015年末に経済共同体，政治・安全保障共同体，社会・文化共同体を三つの柱として構成される ASEAN 共同体の発足をみた．

　1980年代の半ば以降になると，日系企業による製造拠点などを中心に直接投資先としては中国のみならず ASEAN の重要性が各段に高まってきた．ASEAN のもつ意味が生産・市場などの側面において対日関係だけでなくて世界経済のなかにおいてもかつてなかったほどに増してきているのである．

　先進国からの直接投資が NIEs 諸国のみならず，ASEAN 各国のこのような経済成長をもたらしていることは否定しようのない事実であると考えられる．外国直接投資の積極的受け入れによる輸出指向依存型発展の「有効性」については，本書の各章において言及されている．そこでは先進国資本一般の直接投資としてではなく，なにより日本企業の直接投資をとりだしてそれによる現地経済に対する「貢献」を中心に論述している．以下の各章で明らかにされているように，アジア（ASEAN）の経済成長に日系企業は大きな影響を与えているし，その経済・産業の発展に大きく貢献している．本書での論述は自動車産業などの大手セットメーカーだけでなく（第2章，第3章），部品メーカーや加工業務を主とする日系中小企業の海外事業展開も現実的な分析対象とする（第4章～第7章）．さらに，ASEAN 各国での工業化政策ならびに裾野産業育成そして現地地場中小企業に関しても分析の力点を置いている（第8章～第12章）．先発の ASEAN 各国とベトナムをとりあげて，大企業のみならず中小企業投資

の役割と貢献についても具体的に論じていることは類書にあまり見られない特徴と言えよう．また，日本の公的支援機関が行った貢献に関しても同じく分析の対象としている（第11章）．現地の地場企業や中小企業の成長についてはこれまでのASEAN経済研究が見落としがちな論点の一つであったし，いくつかの章では日本や現地での訪問調査やアンケート調査に基づいて執筆がなされている．

　ただ，2015年に完成したAECは経済共同体との名称が冠されてはいるものの，その内実は自由貿易圏にほかならないことも指摘しておかねばならない．本書第1章で詳述しているのはまさにこの点である．制度的な統合を基本的な特徴とする欧州統合とは異なり，ASEANは日本など先進諸国からの海外直接投資を梃子とした企業間ネットワークの積み重ねを中心とする市場面での「統合（体）」であるという基本的な性格の違いがある．国家主権の超国家機関への委譲を基礎として統合を制度的に進めようとするEUと，ASEANとの立場の違いは大きい．ASEAN研究が，政策紹介（ビジョン）の域を出ないものが多いと考えられるのはこの点に由来する．

（2）本書の構成と分析の対象

　この本は，「序章」ののち，三つの部と12本の論文から構成されている．

【第Ⅰ部　ASEANの市場統合と多様なビジネス展開】
第1章　ASEANの市場統合とメガFTA
第2章　ASEAN統合の進展と日系自動車企業の生産拠点再編
第3章　ASEANにおける日系企業の自動車ビジネス
【第Ⅱ部　進出日系企業の役割と貢献】
第4章　日本企業のタイ進出はタイの経済社会に何をもたらしたか
第5章　日本の直接投資と地場企業の成長
　　　　——タイ自動車部品産業の事例——
第6章　中小製造業のマレーシア進出と複数国展開
第7章　進出日系企業・日本人技術者との深い絆に基づくベトナムの製造
　　　　業基盤形成
【第Ⅲ部　工業化政策と地場企業の展開】
第8章　ASEAN諸国における中小企業振興政策の形成と比較

　本書が対象とする地域はタイトルにもあるように ASEAN 諸国（東南アジア諸国連合：Association of Southeast Asian Nations）である．ただ，10カ国すべてを分析の対象とするのではなく，インドネシア，マレーシア，フィリピン，タイそしてベトナムの5カ国を主な分析の対象地域としている．ここではこれらの国々をひとまず「先発 ASEAN 4 ＋V」としておこう．後発 ASEAN のベトナムを対象地域に含めるのは近年での経済成長が目覚ましいこと，最近では中国やタイの生産代替地あるいは補完的生産地としても注目を集めることが多いためである．なお，ASEAN 先発ではあるが，ブルネイは国土・人口とも小さく，石油や天然ガスの輸出に依存する産業構造であることから除外して考えた．また，同じくシンガポールでの産業基盤分野における製造業は限定的と考えられることから同様に検討対象としていない．

　本書での論述の中心は ASEAN における日本企業と日系企業である．日本企業や日系合弁企業，あるいは日本人技術者が，ASEAN 各国の経済・産業に大きなインパクトを与えていることを重視して議論を進めている．したがって，ここでは ASEAN 域内で生産・研究開発のみならず地域統括のオペレーション業務を実態的に担うところの現地における経済活動も分析対象とする．外国直接投資を通じた技術移転については，先進国の技術者と発展途上国の技術者を結びつける重要な経路として，① 途上国労働者を本国親会社に派遣し研修を受けさせる，② 親会社技術者が途上国子会社に訪問技術指導を行う，③ 外国企業が途上国で研究開発を行う，といった道筋のあることが指摘されている［戸堂 2008：19-20］．本書第7章においても，これらの事例をベトナムにおいて確認している．また，一般に合弁企業の場合，親会社の出資比率が小さくなるにつれ技術秘匿が困難となることにより技術移転が制限的にならざるを得ないと一般に考えられる．とはいえ，他方で進出日系中小企業，しかも合弁事業の

方が技術内容の移転に熱心であることも実証的に明らかにされており［前田
2005：Ch.4］，本書のなかにおいても進出日系合弁中小企業による現地資本企業
（ローカル）への技術移転に関して部分的にではあるが言及されている.

したがって，本書ではセットメーカー（自動車産業）だけではなく，その子会
社や関係会社の部品メーカー・下請企業なども検討対象としている.それには，
日系のみならず現地資本の地場中小企業群も含まれる.裾野産業と呼ばれる企
業群もここでの考察の対象である.ただ，裾野産業はセットメーカーを頂点と
する生産構造の底辺部分を構成する基盤的技術を担う中小零細企業のみなら
ず，自動車生産などの場合にはガラスやタイヤなどを生産する大企業も含む，
曖昧な概念の用語と言わざるを得ない.

本書では，以上のことから，第Ⅰ部「ASEAN の市場統合と多様なビジネス
展開」，第Ⅱ部「進出日系企業の役割と貢献」，そして第Ⅲ部において「工業化
政策と地場企業の展開」について論じることとした.とはいえ，本書の第Ⅰ部
では開発経済論の見地から専ら論述しているわけではなく，先発 ASEAN 4 ＋
Ｖにおける日本自動車産業の発展プロセスと競争力要因，そして競争・分業構
造の観点から問題提起的な議論も展開している.第Ⅱ部では日本・日系企業の
直接投資による現地経済と産業に対する積極的な役割と貢献について言及し，
第Ⅲ部においては先発 ASEAN 4 ＋Ｖにおける工業化戦略との関連で裾野産
業・地場中小企業の発展の現実と可能性とについて論じている.

（3）既存研究の意義と限界

アジアの工業化経験を振り返ると，1950年代での輸入代替工業化の時代を経
て，1950年代後半から1970年代にはアジア NIEs 工業化の時代に到達した.ア
ジア NICs（新興工業諸国）とも呼ばれ，国際分業への積極的参加を通じて工業
化を進めようとする「外向きの成長政策」を追求した.アジア NICs はその後
アジア NIEs（アジア新興工業経済）と称されるが，それら諸国の経済発展は後発
性の利益にも支えられながら「キャッチアップ型工業化」の視点からさかんに
論じられる.末廣の議論によると，「キャッチアップ型工業化論」の重要な前
提として，① なによりも「国家」を経済単位の基本にしていること，② 工業
化を経済発展の中心に置くこと，③ 製造現場での技術と知識の獲得を促す制
度や組織に議論が収斂していくこと（遠藤・伊藤・大泉・後藤編 [2018：19] では「具
体的な企業や担い手に着目した」「企業・生産システム論アプローチの一つ」とされる），

④ 結局のところ，議論は「国の競争優位論」に帰着すること［末廣 2000］の 4 点が指摘される．

ASEAN 工業化の進むべき方向についての議論は自動車産業など大手セットメーカーや個別産業についての議論に留まらず，中小企業，裾野産業，工場内生産システムや作業組織，人材の質などからなる，国民経済の重層構造のなかでの底辺部分についても競争優位性の分析が必要になる．ただ，IT 技術や金融セクターなどの発展により，「飛び越え」や圧縮的発展もサービス産業などでは今後可能性があり得るかもしれないが，現状における ASEAN+V の製造業分野では当面する課題とは考えにくい．

1985年のプラザ合意は急激なドル安・円高を招き，日本の企業は生産活動・生産工程の現場を海外に移す動きが顕著になった．これにより，「深い」グローバル化の時代を迎え，ASEAN+V はさらなる「キャッチアップ型工業化」のチャンスを手にした．ただ，取り巻く世界経済の環境には，関税の削減や撤廃が主要ツールとなるこれまでの「浅い」グローバリゼーションから，競争ルール・投資・資本移動・知的財産権などの制度改革や共通ルールへの準拠に迫られるより厳しいものとなっており［猪俣 2019；Rodrik 2011］，ASEAN での今後の経済発展に厳しい政策課題が突きつけられる可能性もある．

2000年代には，中国の世界経済への編入に加えて，国際的な工程間生産分業が高度に発展する．IT 技術や物流輸送手段の発達により，生産工程が「細かく切り分けられ」，国境を超えて展開されるに至る．そこにあっては，これまでの理論的枠組構築の基礎にあった雁行形態論が想定していたような最終財の国際間移動のみならず，企業は産業・製品レベルではなくていっそう細分化された中間財や工程・業務に関して国境を超えて特化することが可能になった．発展途上国は自らの技術レベルや労働力などの要素賦存状況に応じて「特別な場所」をサプライチェーンのなかで「見出し，注力する」ことができる．猪俣は東アジアの新興国が，生産工程の分割・地理的分散の進展（フラグメンテーション）から「多大な恩恵を受けている」と言う［猪俣 2019］．とすれば，いかなる条件が整えば企業・発展途上国はサプライチェーンのなかにおいてどのような居場所を見つけることができるのか．また，必要とされる技術レベルや要素の賦存状況はどのようなものであるのか．さらに，途上国側では先進的な技術習得のためのどんな学習機会が必要になるのか．本書第Ⅲ部の第10章～第12章では執筆者それぞれの問題意識からではあるにせよ，これらの点について具体的

に言及している.

　「キャッチアップ型工業化論」からフラグメンテーション論（グローバル・バリューチェーン）への議論の展開については，いっそうの検討課題が指摘できる. ① 国境をまたぐ価値連鎖を計測する手法として付加価値貿易という考え方が示されているがこれについては特定ブランドの最終製品に関して時折，例えばスマートフォンなどについて，見られるものの，国の競争優位性を議論することからは程遠い. なにより，現状では国際産業連関表についてのデータ上の制約が数多く指摘されている［猪俣 2019：138-42］. ② 細分化された中間財や工程・業務に関して国境を超えて特化することが可能になったとはいえ，多国籍企業やその現地子会社が購入する一般市販部品や外注加工工程等に関してこのような観点からの理論構築が見られないこと. 換言すると，フラグメンテーション論が貿易論のレベルに終始し，製造工程や業務を実際に担う製造現場についてはもとより，中小企業や地場企業からの分析視点が欠落していることである.

2　本書の問題意識
　　——自動車産業政策の類型から見た ASEAN 各国の特徴——

　本書では多くの章で ASEAN の自動車産業の分析が行われている. ここでは ASEAN の各国の自動車産業政策がどのような類型的特徴を有しているのか，あるいはいかなる歴史的位置にあるのかについて説明しておこう.

（1）自動車産業政策の類型
　まず戦後の世界各国の自動車産業国産化政策を四つの類型に整理してみよう. 四つの類型は，**図1** に示したように，一方で垂直軸は，保護主義（完成車輸入や部品輸入の制限/禁止）を採るのか，あるいは開放主義（制限しない）をとるかで分かれ，他方，水平軸は自国資本の自動車メーカーを重点的に育成するか，あるいは外国資本の自動車メーカーも自由に受け入れるとするかで分かれる.
　第一類型（保護主義/自国資本）は，1950〜70年代にソ連やインドで行なわれていた，徹底した保護主義（完成車輸入制限）の下で自国資本/技術による自動車メーカーを育成する国産化政策である. 部品も国産化がめざされたが，それは部品メーカーの育成というよりは自動車メーカー自身による部品の内製化とい

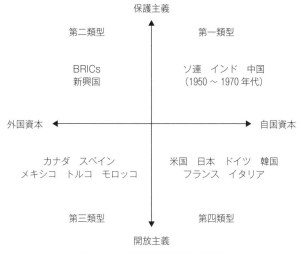

図1　自動車産業政策の類型

出所）筆者作成.

う方式であった．1960〜70年代の中国もこうした保護主義/自力更生の国産化路線を採らざるを得なかった．こうした国では完成車の輸出は，ソ連ではセフ(コメコン)諸国への輸出がわずかに見られたが，インドや中国では皆無に近かった．なお2020年現在この類型をとっている国は存在しない．

　第二類型（保護主義/外国資本）は，多くの新興国で採られた政策で，保護主義(完成車輸入と部品輸入の制限/禁止)を維持するが，外国資本とその技術を導入して自動車産業の発展を目指す方式である．すなわち新興国では自国資本の自動車メーカーの存在がきわめて小さかった，あるいは存在しなかったため，そもそも第一類型（保護主義/自国資本）の政策を採ろうとしても破綻し，すぐに第二類型の自動車産業の国産化へと移らざるを得なかった．また部品については当初は自国部品メーカーがほとんど育成されていないために，部品の大半をパッケージやユニットでまとまって先進国から輸入し，現地の簡単な組立設備で生産するセミ・ノックダウン方式を採らざるを得なかった．ASEANの国はすべてこの類型から出発している．

　しかしこれらの第二類型の国の大半は，少し成長すると，部品国産化政策を強化し，そのため国外から先進国部品メーカーの低コストの部品を輸入することができず，国内の割高かつ低品質の部品を使用せざるを得ない．そのため完

成車コストが膨れ上がり，かつ完成車品質が下がりがちである．その結果として輸出競争力を完璧に失ってしまっている．それ故自動車生産は自国の国内市場にのみ依存せざるを得ない国が多い．

とはいえ現在タイが100万台もの大規模な輸出を実現し，インドネシアやマレーシアも小規模ながら輸出しているのは，こうした第二類型から脱却し，第三類型へ部分的に移行し始めていることの現れである．

第三の類型（開放主義/外国資本）は，第一の類型による国産化が頓挫し，同時に第二類型による国産化も遅々と進まない中で，それらの反省にたって，1990年代以降にメキシコやトルコなどで試み始められた方式である．保護主義を抑え，可能な限り開放主義を採り，部品輸入を開放し，かつ外国資本と技術を導入し，輸出に重点をおく政策である．

こうした国では自国の自動車メーカーは存在せず，すべて外国自動車メーカーとなっている．他の類型と比して特徴的なことは，輸出比率がきわめて高いことである．生産した半分以上の自動車を輸出している国もある．第二類型（保護主義/外国資本）は国内市場への依存度が高いが，第三類型（開放主義/外国資本）の国では自国市場への依存度は逆に低くなっている．

加えて開放政策の下では，部品の国産化率を引き上げることにそれほど熱心ではなく，国際競争力のある部品を輸入する，あるいは先進国部品メーカーに現地工場進出させることによって完成車のコストを引き下げ，そうすることによって輸出競争力を増大させることに傾注している．ただし，外国からの部品輸入の増大，あるいは外国資本部品メーカーの現地工場進出が増大し，進出以前には存在していた自国資本部品メーカーがメキシコでは消滅してしまった．ただしASEANでは中小企業を含めた現地企業が巧みにサプライチェーンに食い込もうとしている．

第四の類型は，開放主義を採りながらも，自国資本の自動車メーカーが高いシェアを維持している国であり，米国，日本，ドイツ，韓国，フランス，イタリアの6カ国である．自国の部品産業が強いために部品の輸入に高い関税をかけることはない．あるいは欧州ではEU統合政策故に輸入部品に高い関税をかけることはできなくなっている．こうした国では完成車の輸出比率が高く，生産台数の50〜75%が輸出されている．ただし米国は例外で輸出比率は15%程度にすぎない．

（2）ASEAN10カ国の自動車国産化政策

以上説明した自動車産業政策の類型化に基づいて ASEAN10カ国の自動車国産化政策を評価してみよう．まず10カ国から，人口が小さく，自動車産業がほとんど存在せず，そもそも自動車産業国産化を政府が意図していないシンガポールとブルネイは分析から除外しよう．

残りの8カ国の内，タイは前述したように輸出台数が100万台を超え，国際的な輸出競争力が育っている国である．その意味で第二類型から第三類型に移行しつつある．ただ ASEAN 域内からの完成車/部品輸入は自由化されたが，ASEAN 域外からの輸入には関税が残っており，その意味で第二類型的政策が残っていると言えよう．こうしたプロセスの一断面は本書の第4章（タイ進出日系企業）と第5章（タイ自動車部品企業）で詳細に分析されている．

インドネシアとマレーシアも小規模であるが，自動車の輸出を始めている．この両国の自動車産業政策の大半は第二類型であるが，わずかに第三類型に移行し始めたと言えよう．ただしここで見ておかなければならない点は，1980年代当初にマレーシア政府は，第一類型（保護主義/自国資本）的政策でプロトンを育成しようと当初は試みたことである．結局はうまくいかず三菱自動車からの資本/技術導入で立ち上げることができたが，それ以降もマレーシア政府には第一類型的な発想がわずかに残っており，そのことが三菱自動車との破談やプロトンの販売シェアの長期的低下につながっている．こうしたプロセスを本書では第9章（マレーシアの国民車計画），第3章（タイとインドネシアの日系自動車メーカー），第8章（ASEANの中小企業政策），第6章（マレーシアの日系企業），第10章（マレーシアの地場企業），第11章（インイドネシアの地場企業）で多面的に分析している．ただし章によって事実認識や政策評価，自動車産業評価には相違がある．

他方，フィリピンとベトナムは輸出増大どころか逆に ASEAN 貿易自由化のなかでタイやインドネシアからの完成車輸入が増大している．両国とも国内の自動車販売台数は増大しているが，フィリピンは国内生産台数が減少し，輸入台数が激増している．ベトナムでは国内生産台数は増大しているが，そのペースを上回って輸入台数が大幅に増加している．こうした意味でこの両国はなおも第二類型の政策を採らざるを得ない．こうしたプロセスの背景や実態は，第1章（ASEAN貿易自由化），第2章（ASEANの自動車生産分業），第7章（ベトナムの日系企業），第12章（ベトナム工業化と起業家）で明らかにされる．

最後になったが，カンボジア，ラオス，ミャンマーの自動車産業は発展度が

低く，保護すべき自動車メーカーや部品メーカーがほとんど存在しない．逆に
これらの国では低賃金を活かした労働力集約型部品の生産とその輸出が有効な
競争優位を創出するであろう．そのためにも他国からの部品輸入に高い関税を
かけず，その代わり相手国にも部品輸入に高い関税をかけさせないことによっ
て自国からの部品輸出を増大させる政策を採りうる．こうした国では第三類型
の政策を採ることも一つの選択肢であろう．

　ASEAN 各国における裾野産業育成政策と地場企業の成長

　続いて，ここではマレーシア，タイ，インドネシア，ベトナムにおける裾野
産業育成政策を検討し，それが地場企業の成長に与えた影響について概括する．
本節においても自動車産業の事例を取り上げる．その理由としては，第一にこ
の４カ国の自動車生産は，輸入部品を組み立てるノックダウン方式によって始
まり，そこで各国政府が期待していたのが後方連関効果であったからである．
つまり自動車生産の拡大が，裾野産業（部品産業）の成長を促進すると考えら
れ，さらに，それが地場企業の成長につながると想定されたのである．二つ目
の理由として，上記４カ国は時期は異なるものの，輸入代替工業化政策を採用
し，自動車産業を保護して国内市場向けの生産を開始したという点で一致して
いるからである．

　なお，自動車産業および裾野産業の発展という観点からすると，輸入代替工
業化政策の下での裾野産業育成政策よりも，自動車の輸出拡大の方がより大き
な貢献をしたと考えられる．ただし，現在，東南アジア最大の自動車輸出国で
あるタイは，明確な輸出指向工業化政策によって輸出を拡大したわけではない．
アジア通貨危機（1997年）後の国内市場の急速な落ち込みに直面した日系自動
車メーカーが，タイの生産拠点を救援するために，日本からの輸出をタイから
の輸出に切り替えたこと，つまり日本企業の経営戦略が輸出拡大の契機となっ
た（第5章注9）．したがって，ここでは1990年代までの裾野産業育成政策を分
析の対象とする．また，1990年代までと限定したのは，裾野産業育成政策の柱
であったLCR（部品国産化規制）が，WTOルールの下で2000年以降，禁止され
たという事由にもよっている（第3章第5節）．[1]

　現在，4カ国のなかで自動車産業が最も発展し，裾野産業の構築に成功した
のがタイである．自動車の生産台数 (2018年) は，タイ (216万7694台) を筆頭に，
インドネシア (134万3714台)，マレーシア (56万5000台)，ベトナム (23万7000台)
という順になっている．2010年代中頃における各国の裾野産業を構成する部品
メーカーの数も，同様の順位である．トップのタイには710社の 1 次サプライ
ヤーと1700社以上の 2 次・3 次サプライヤーが存在する (第 5 章第 1 節)．イン
ドネシアはサプライヤー全体で850社，マレーシアが690社，ベトナムは300社
以上である [Thoburn and Natsuda 2017：Table 2.2]．タイが圧倒的に層の厚い裾
野産業の形成に成功したことがわかる．

　タイとマレーシアにおいて，近代的な自動車生産が始まったのは1960年代で
ある．インドネシアではタイやマレーシアよりも早い時期から自動車生産が行
われていたものの，本格的な始動は1967年に権力を掌握したスハルトが，海外
からの投資を誘致するようになってからのことである．自動車生産には，高度
で複雑な製造・組立技術が不可欠である．したがってタイ，マレーシア，イン
ドネシアは海外の自動車メーカーを誘致して，輸入代替による国内市場向けの
生産を開始した．後発国であるベトナムでは，1990年代初めに産業政策として
の自動車政策が導入され，日系をはじめとする多くの外資系自動車メーカーが
1990年代後半以降に進出している．

　各国が自動車産業の保護育成に乗り出した背景には，その裾野産業を拡大す
ることによって地場企業 (部品メーカー) の成長を促すという目的が存在した
[Doner 1991：40]．そしてベトナムを除く 3 カ国が，部品の国産化推進と地場企
業振興のために積極的に活用したのが，LCR の導入とそれによる部品国産化
率の漸進的な引き上げという政策である．インドネシアとマレーシアでは，輸
入部品を段階的に削減するという方法も取り入れられた [Thoburn and Natsuda
2017：31]．マレーシアでは，1972年の法令で部品の国産化率を10％から1982年
までに35％へ引き上げることが義務付けられた[Doner 1991：49-50]．そして1980
年に部品の輸入を段階的に削減するためのプログラムが導入され，1992年には
国産化率45％〜60％を1996年までに達成することが決まった．タイは1975年に
LCR を導入し，国産化率を25％に規定した．インドネシアは，1974年に完成
車の輸入を全面的に禁止し，1976年に商業車向けの輸入部品を段階的に削減す
るプログラムを導入している [Thoburn and Natsuda 2017：23]．インドネシアで
実施された LCR は，第 3 章で述べられているように部品ごとに国産化を達成

する目標年が定められ，自動車メーカーにとっては厳しい内容であった．これに対してタイの部品国産化政策は，政府が日系をはじめとする自動車メーカーの意見を取り入れながら，より緩やかに進められた．

　このように，タイとインドネシアは地場企業による裾野産業の育成をめざして，共に1970年代にLCRを導入した．より確かな成果をあげたのは，タイの方であった．Doner［1991：47］は，1987年時点におけるタイの国産化率は45〜54％に達し，東南アジアで最も高く，またタイ資本の部品メーカーも1970年の数十社から1980年代中頃までに200社以上に増加したと述べている．一方のインドネシアでは国産化率は上昇したものの，政府が期待していた現地（プリブミ）資本の部品メーカーの強化にはつながらなかった．むしろ，自動車メーカーや自動車メーカー傘下の企業が，複雑な部品の国産化を担い，垂直的統合が進んだのである［Doner 1991：57］．

　マレーシアの場合，ローカル企業の育成と裾野産業拡大の方向性を決定づけたのが，1983年から始まった国民車プロジェクトである．同国では，1969年にマレー系住民（ブミプトラ）と華人系住民の間で暴動事件が発生した．華人系の経済力が強いことに対するマレー系の反感が暴動に発展したといわれる．この事件を受けて，政府は民族間の所得格差是正に乗り出し，1971年にNEP（新経済政策）を導入する．NEPの目標の一つが，近代的産業におけるブミプトラの株式保有比率や雇用を引き上げることであった．そして，自動車産業はその近代的産業の一翼を担う重要な産業と位置付けられた．自動車産業ではLCRが1972年に導入され，現地資本の部品メーカーの育成が始まる．注意すべきは，ここで現地資本とはブミプトラ資本を意味し，政府は華人系の部品メーカーの成長を望んではいなかったという点である．ところが，LCRなどの保護育成政策の恩恵を受けて実際に伸長したのは華人系資本であった．1983年までに部品メーカーの数は約200社に達したが，そのほとんどは華人系であった［Doner 1991：50］．

　1980年代前半のマレーシアにおいては，主要輸出品であった一次産品の価格が下落，経済成長率も低下した．そのため政府は，ブミプトラに対する経済的機会を拡大することが困難であった．この事態を打開するために構想されたのが，国民車プロジェクトである．1983年に第一国民車であるプロトン社が設立された．国民車の生産は，ブミプトラの近代的産業における雇用機会拡大に加えて，ブミプトラ資本の部品メーカーのネットワークを増強するという目的を

持っていた［Doner 1991：51-52；Thoburn and Natsuda 2017：25］.

　政府による保護政策の恩恵を受け，設立当初のプロトンは順調な滑り出しを見せた（第3章第3節）.しかし，ブミプトラ資本の部品メーカーによって裾野産業を形成するという目標の達成は困難であった.Doner［1991：53］は，部品の国産化を担ったのは，主に華人系資本の部品メーカーであったと述べている.Thoburn and Natsuda［2017：25］も，現地の部品サプライヤーを振興するための政策は，彼らの技術力向上にはつながらなかったとしている.その理由として，外部との競争が欠如していた点を指摘している.

　Doner［1991：60-62］は，部品国産化の水準と現地資本の部品メーカーの成長という二つの観点から，1990年頃のタイ，インドネシア，マレーシアにおける政策の成果を相対的に評価している.それによると，最も高い成果を上げたのがタイ，次いでインドネシア，そしてマレーシアという順位になっている.この順位は，前述した2010年代中頃の各国における部品メーカー（外資系の部品メーカーも含む）の数に関する順位と一致している.

　この3カ国における成果の違いを生み出した要因は何であったのだろうか.まず，タイとインドネシアを比較する.第3章第3節で述べられているように，LCRの実施方法の違いが，両国の裾野産業の育成に影響を与えたと考えられる.インドネシアでは，国産化すべき部品の品目が指定され，その国産化を政府が決定したスケジュールにしたがって行うことを自動車メーカーに要求するという半強制的な施策がとられた.それに対し，タイでは国産化すべき部品品目の選択や国産化達成率を，自動車メーカーの裁量に任せるという緩やかなやり方で実施された.その結果，タイでは国産化できる部品から国産化に着手することが可能となったのである.この緩やかな政策の方が，より国内の技術水準に見合った国産化を効率的かつ着実に進めることができたと考えられる.またタイの場合，アジア通貨危機後に輸出が拡大したことも，さらなる裾野産業の強化につながったであろう.タイの2019年における輸出台数は105万4000台に達し，生産台数（201万4000台）の約50％に相当する[3].それに対し，インドネシアの輸出台数（2019年）は33万2023台にとどまっている[4].

　次にタイとマレーシアを比較すると，マレーシアの特殊事情，つまり華人系住民とマレー系住民の間の経済的格差を是正するために，政府が自動車産業の育成を，マレー系住民の優遇政策であるブミプトラ政策と抱き合わせで実施したという点が大きく影響している.国民車の生産には，マレー系住民の経済的

地位向上という目的の下，さまざまな優遇措置が付与された．このような保護政策では，国際競争力のある自動車産業やマレー系の部品メーカーを育成するという目標は達成できなかったのである．

　これに対し，タイでは華人系住民のタイ社会への同化が進んでいた点が，マレーシアと大きく異なる．タイでは，華人系の企業家は制約を受けることはなく，自由に実力を発揮できる環境にあった．タイの現地資本のなかでは圧倒的に華人系タイ人の比率が高いが，それは能力のある企業家が競争のなかで生き残った結果でもある．彼らが，現地資本の部品メーカーの成長と裾野産業の拡大，さらにはアジアにおける自動車生産及び輸出拠点としてのタイを下支えしたといえる．

　以上のように，タイ，マレーシア，インドネシアでは裾野産業育成政策の成果に関して異なる状況にあった．そして前述の通り LCR は2000年から禁止され，各国の自動車産業は保護育成から貿易自由化へ転換を迫られることになった（第3章第5節）．この貿易自由化に先立ち，産業基盤としての裾野産業の形成が最も進んでいたのはタイである．1990年代までの LCR の緩やかな適用，それに加えて1980年代後半の円高に起因する日系部品メーカーによる直接投資の増加（第5章第1節）も裾野産業を強化した．さらに，アジア通貨危機後の自動車輸出の拡大は，外資系も含めた部品メーカーの技術力や競争力を向上させたと考えられる．このように裾野産業が構築され，貿易自由化に向けた準備が最も進んでいたのがタイであった．この点は，その後一層グローバリゼーションが進展する中で，タイ自動車産業に有利に働いたと考えられる．リーマンショック（2008年）後，日本の中小企業のタイへの進出が急増したが（第4章第2節，第5章第1節），これらの企業にとって，すでに自動車産業の拠点となっていたタイは有力な投資対象国であったのである．

　なお後発国であるベトナムでは，2014年に政府が決定した「2025年までのベトナム自動車産業発展戦略及び2035年までのビジョン[5]」や，2016年の「自動車産業発展計画・支援政策に関する首相決定[6]」において，裾野産業の発展が目標の一つとして掲げられ，国産化率や重点部品に関する大まかな政府の方針が示されている．しかし，それを実現するための方策は明確ではない．したがって，その成果について言及することは時期尚早である．

（1・前田啓一，2・塩地　洋，3・上田曜子）

注

1）LCR（部品国産化規制）とは，自国産業の保護育成を目的とした産業政策の一つである．海外からの直接投資を受け入れるにあたり，進出企業に対して国内産品（部品）を優先的に使用することを要求する措置である．目標値として部品の国産化率が規定され，その国産化率の引き上げが実施された．LCR は途上国が直接投資を受け入れる際に要求することが多かったが，貿易歪曲効果を持つことが指摘されていた．GATT 体制下で行われたウルグアイ・ラウンド（1986～1994年）において，「貿易に関する投資措置（Trade-Related Investment Measures，略して『TRIMs』）の規律の在り方が議論され」，その内容は「貿易に関連する投資措置に関する協定」（TRIMs 協定）として合意された．この TRIMs 協定によって，LCR は禁止された．LCR を廃止するための経過期間は1999年末で終了したが，途上国には経過期間の延長が認められた（経済産業省『2019年版不公正貿易報告書』，https://www.meti.go.jp/shingikai/sankoshin/tsusho_boeki/fukosei_boeki/report_2019/pdf/2019_02_09.pdf，2020年5月4日閲覧）．

2）日本自動車工業会（http://www.jama.or.jp/world/world/world_t2.html，2020年4月29日閲覧）．

3）Thailand Automotive Institute（http://www.thaiauto.or.th/2012/news/news-detail.asp?l=&news_id=4705，2020年5月2日閲覧）．

4）Association of Indonesia Automotive Industries（GAIKINDO）（https://www.gaikindo.or.id/en/indonesian-automobile-industry-data/，2020年5月2日閲覧）．

5）ジェトロ（日本貿易振興機構）（https://www.jetro.go.jp/ext_images/world/asia/vn/business/pdf/1168QD-TTg.pdf，2020年5月2日閲覧）．

6）ジェトロ（https://www.jetro.go.jp/biznews/2016/04/76c1b8b45e31f2ff.html，2020年5月2日閲覧）．

参考文献

〈邦文献〉

天野直子編［2006］『後発 ASEAN 諸国の工業化』アジア経済研究所．

猪俣哲史［2019］『グローバル・バリューチェーン──新・南北問題のまなざし──』日本経済新聞出版社．

遠藤環・伊藤亜聖・大泉啓一郎・後藤健太編［2018］『現代アジア経済論──「アジアの世紀」を学ぶ──』有斐閣．

小島清［2003］『雁行型経済発展論　第1巻　日本経済・アジア経済・世界経済』文眞堂．

菰田文男［1987］『国際技術移転の理論』有斐閣．

塩地洋編［2008］『東アジア優位産業の競争力──その要因と競争・分業構造──』ミネルヴァ書房．

塩地洋［2009a］「自動車メーカーの新興国への段階的参入戦略──ロシアへのトヨタ自動

車の参入を事例として──」『産業学会研究年報』24.

─────［2010a］「自動車輸出における輸出経路マネジメント──総合商社への業務移管を中心に──」『産業学会研究年報』25.

─────［2011d］「日系自動車メーカーの新興国マーケティング戦略──中高級車重点戦略と今後の課題──」『産業学会研究年報』26.

塩地洋［2012］「日韓中自動車産業の国際競争力」『産業学会研究年報』27.

─────［2013］「インドネシア自動車市場拡大の論理を読み解く──車種構成と所得分布に着目しながら──」『同志社商学』64（5）.

─────［2015a］「アセアン統合に伴う自動車生産拠点再編を考える──日系自動車メーカーを中心に──」『産業学会研究年報』30.

─────［2015b］「自動車産業における部品国産化ライフサイクル」『アジア経営研究』21.

─────［2016］「新興国におけるモータリゼーションの析出方法──標準保有台数とSカーブを指標として──」『アジア経営研究』22.

塩地洋・富山栄子［2011］「EU関税同盟の利を活かした輸出拠点──トルコ自動車産業の概括的検討──」『敬和学園大学研究紀要』20.

─────［2016］「ブラジル自動車産業の概括的検討──市場・生産規模は大きいが，国際競争力が脆弱──」『赤門マネジメント・レビュー』15（8）.

末廣昭［2000］『キャッチアップ型工業化論──アジア経済の軌跡と展望──』名古屋大学出版会.

谷浦孝雄編［1990］『アジアの工業化と技術移転』アジア経済研究所.

戸堂康之［2008］『技術伝播と経済成長──グローバル化時代の途上国経済分析──』勁草書房.

日本自動車工業会［各年版］『世界自動車統計年報』日本自動車工業会.

日刊自動車新聞社・日本自動車会議所共編［各年版］『自動車年鑑』日刊自動車新聞社.

馬場敏幸［2005］『アジアの裾野産業──調達構造と発展段階の定量化および技術移転の観点より──』白桃書房.

星野妙子［2014］『メキシコ自動車産業のサプライチェーン──メキシコ企業の参入は可能か──』アジア経済研究所.

前田啓一［2005］『岐路に立つ地域中小企業──グローバリゼーションの下での地場産業のゆくえ──』ナカニシヤ出版.

─────［2018］「ASEAN諸国中小企業胎動の時代へ──ベトナムからの視点──」『公益社団法人中小企業研究センター年報　2018』中小企業研究センター.

─────［2019］「経済グローバル時代におけるASEAN諸国の中小企業」，高田亮爾・前田啓一・池田潔編『中小企業研究序説』同友館.

渡辺利夫［1986］『開発経済学　第2版』日本評論社.

〈欧文献〉

Balassa, B.［1961］*The Theory of Economic Integration*, Homewood, Ill. ： Richard D Irwin（中島正信訳『経済統合の理論』ダイヤモンド社，1963年）.

Doner, R.［1991］*Driving a Bargain : Automobile Industrialization and Japanese Firms in Southeast Asia*, Berkeley： University of California Press.

Rodrik, D.［2011］*The Globalization Paradox : Democracy and the Future of the World Economy*, New York ： W.W. Norton（柴山桂太・大川良文訳『グローバリゼーション・パラドクス——世界経済の未来を決める三つの道——』白水社，2014年）.

Thoburn, J. and Natsuda, K.［2017］"Comparative Policies for Automotive Development in Southeast Asia," in A. Hansen and K. B. Nielsen eds., *Cars, Automobility and Development in Asia : Wheels of Change*, London： Routledge.

第Ⅰ部

ASEAN の市場統合と多様なビジネス展開

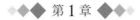

ASEAN の市場統合とメガ FTA

は じ め に

「グローバリズムのビッグ・ウェーブ」の到来が叫ばれて久しい．おそらく，そのはしりとなったのは，FTA（自由貿易協定）や EPA（経済連携協定）などの RTA（地域貿易協定）を通じた二国間，地域間での自由貿易が本格的に進展し始めた今世紀初頭からの「WTO プラス」という現象であろう．

改めて指摘するまでもなく，戦後の世界経済のグローバル化を推し進めてきた GATT（関税及び貿易に関する一般協定）・WTO（世界貿易機関）は，ウルグアイ・ラウンド，ドーハ・ラウンドと自由化の範囲と水準を引き上げようとするに伴って交渉は難航を極め，ラウンド交渉の限界を露呈した．かわって，主流となったのが，二国間，地域間での RTA 締結交渉を通じた「WTO プラス」の道である．

このような潮流は，東アジアでは，ASEAN と日・中・韓（ASEAN＋3）の経済連携の拡大に伴って，「東アジア包括的地域連携協定」（RCEP）を通じた「アジア広域自由貿易圏」構想と，さらに東アジアを超えて，アジア・太平洋地域にまたがる「環太平洋経済連携協定」（TPP）を通じたより自由化レベルの高い「広域経済圏」構想という二つの方向に収斂していった．いわゆる，メガ FTA の追求である．

本章では，東アジアにおいて，地域間での自由貿易協定を通じた「自由貿易圏」形成のはしりとなった ASEAN の市場統合の現状と東アジアを包摂するこの二つのメガ FTA の関係を中心に検討してみたい．

実は，ASEAN の市場統合を見る眼には二つの視点がある．一つは，ASEAN の市場統合が，日系企業など外資系企業が ASEAN で行うビジネス環境としてどの程度まで整備されているかという視点からの分析である．その際には，関税及び非関税障壁の撤廃状況，投資の円滑化の水準，ワンストップ・サービスなど貿易の円滑化の水準，サービス貿易の自由化の進展度，知的所有権保護

などの分析が中心となる.

　もう一つは, B. バラッサ以来の伝統的な「制度的」地域統合論に立つもの
で, ASEANの市場統合は, 地域統合のどの段階にあるかという検証を行おう
とするものである. その際, 念頭にあるのは, 市場統合の到達点としての
「ASEAN共同体」の実現であり, EUとの比較である.

　この二つの視点は, 必ずしも背離するものではないが, ASEANの市場統合
を語る場合にはアプローチの方法としては截然と区別される必要がある. 前者
の視点は, あくまで外資系企業のビジネス環境の整備如何が主たる関心事であ
り, 後者の場合には「共同体」という地域統合の実現の可能性が主たる関心事
となるからである. これまでのASEANの市場統合をめぐる多くの議論は,
この二つの視点が截然と区別されることなく, ある場合には市場統合論の一環
として語られ, またある場合には統一市場としての経済的メリット・デメリッ
トとして語られてきた.

　以下では, この点を特に意識して, ASEANの市場統合の現状と展望および
RCEPとTPPという二つのメガFTAにおけるASEANの役割について検討
してみたい.

1　ASEAN統合の力学とその限界

（1）ASEAN統合の力学

　ASEANが, 本格的な市場統合を目指すようになった背景には, いくつかの
要因があげられる. 中でも, 最大の要因は, 日・米・欧に対する「バーゲニン
グ・パワー」の確保であろう. 世界的な規模での経済のグローバル化が進展す
るに伴って, 巨大経済圏に対する交渉力としての結束の意義が改めて認識され
るようになったのである.「バーゲニング・パワー」の確保という点において
は, ASEANの市場統合は最も効果的であった.

　第二の要因は, 増大する「中国ファクター」への対応の必要性であろう. 中
国は, 1990年代初頭から, 本格的な外資導入政策を採用し, 全国的規模で経済
特区を設置し始めた. その結果, 1990年代初頭まで, ASEANに向かっていた
先進国からの投資の流れが, 中国へと大きく変化することになった. 中国はそ
の後, WTOに加盟するなど, 市場経済化を加速させていくことになり, ASEAN

にとっての強力なライバルとして成長していった．中国の市場経済化は，ASEANにとってはビジネス・チャンスの拡大であると同時に強力なライバルの出現でもあった．こうしてASEANは，一方では「ASEAN10」の実現を目指しながら，他方ではAFTA（ASEAN自由貿易圏）の実現を目指していったのである．

　第三の要因は，1997年のタイのバーツ暴落から始まったアジア経済危機の対応において，ASEANがまったく無力であったことがあげられる．当時のASEANは，経済協力の分野においてようやく地域協力の必要性を認識し始めたばかりであり，突然の流動性危機に対処できるような金融協力の枠組みなどはもっていなかった．タイを震源とした突然の流動性危機は，瞬く間にASEAN全域に広がり，31年余り続いたインドネシアのスハルト政権を退陣に追いやるなど，結果としてASEAN全域に深刻な影響をもたらすことになった．その結果，地域協力機構としてのASEANは，実体のない幻想であるとの「ASEAN幻想論」さえささやかれることになり，地域協力機構としての評価を下げることになったのである．この時の反省が，ASEAN統合の深化に拍車をかけることになった．

（2）「機能的統合」か「制度的統合」か

　以上のことは，ASEANの市場統合が目指されてきた基本的要因は，いわゆる経済的動機からであり，ASEANのもつ市場価値を高めようとするものであることを示唆している．この点について，筆者はかねてより，市場統合，あるいは地域統合を目指そうとする方向には，「機能的統合」と「制度的統合」の二つの方向があり，両者を截然と区別する必要があることを強く主張してきた［坂田 2014］．すなわち，「機能的統合」とは，経済的Win-Win関係の構築を基本的動機とするものであり，「制度的統合」とは，国家主権の制限・主権の一部移譲を伴うもので，「機能的統合」とは次元の異なる統合であることを指摘してきた．

　今日のように，グローバル化が著しい世界においては，地域貿易協定を利用して「広域自由貿易圏」を創出しようとする動きが活発化するのは必然的流れである（2018年末現在，発効済みFTA・EPAはすでに300件を超えている）．AFTAも「ASEAN経済共同体」（AEC）も，ともにこの流れに沿ったものである．

　他方，1997年12月の非公式首脳会議で打ち出された「ASEANビジョン2020」

で謳われた「ASEAN共同体」については，明らかに「機能的統合」を越えようという意図が込められていたにもかかわらず，「共同体」の中身についてはきわめて抽象的な表現のままであった．共同体の最高規範となると謳われた「ASEAN憲章」(2007年) においても，試金石となる「国家主権」の問題についてはまったく踏み込むことなく，これまでの諸原則や理念が再確認されただけで，抽象的な文言が羅列されたのである．

　すなわち，「地域統合論」の立場からすれば，ASEANの地域統合プロセスには，「機能的統合」から「制度的統合」へと移行しようとする萌芽さえ見えてこないのである．もちろん，「機能的統合」からから出発して，国家間の信頼関係の醸成によって「制度的統合」へと飛躍していく可能性を否定するものではない．そのことは，EUの統合の歴史が雄弁に物語っている．にもかかわらず，両者の間に横たわる高い壁を超えるためには，これまでとは違う統合の力学が必要である．「ASEANにおける民主主義の後退」現象が著しい現状において，その可能性はますます乏しくなっていると言わざるを得ない．

　他方，「機能的統合」としてみた場合，「ASEAN経済共同体」はどのような内実をもつビジネス環境としてとらえられるのであろうか．次にこの点の検討に移ろう．

2　「ASEAN経済共同体」の実態

(1)「機能的統合」としての評価

　「ASEAN経済共同体」の内実をめぐる議論においては，おおむねその評価は，AFTA＋(プラス) か，「ASEAN共同体」への前段階か，という形で行われることが多い．いうまでもなく，前者の評価は，AECを「機能的統合」として位置づけることから下されるものであり，後者の評価はAFTAを経て「制度的統合」へ至る大きな前進としてとらえることから下されるものである．

　「巨大な統一市場」(機能的統合) としてみた場合，AECは，基本的な達成目標 (マスタープラン) を定めた「AECブループリント2015」(2007年策定) を経て，野心的な「AECブループリント2025」(2015年策定) を打ち出すなど，市場統合に向けた取り組みを強化している．AECは現在，ASEAN物品貿易協定 (ATIGA) に基づく関税撤廃をほぼ全域で達成し，貿易や投資の円滑化など域

内協力の進展度においても，たしかに AFTA を上回る実績を上げつつある．

　現状では，知的所有権保護，非関税障壁の撤廃，サービス貿易の自由化など，依然として未達成の分野は多いが，外資系企業にとっての投資環境は着実に整備されつつある，と評価することができよう．その意味では，「AFTA ＋」というよりも，「経済共同体」(機能的統合) としての実態を整えつつあるとみることができる．

　ただし，競争政策と並んで外資系企業にとって関心の高い「ASEAN コンテンツ」(原産地規制) については，依然として課題は多い．付加価値基準で40％以上という原産地規制が，高すぎるのか否かという問題は別にしても，原産地証明を取得するための手続きについては，多くの企業がその煩雑さを指摘している[1]．

（2）「制度的統合」への高い壁

　他方，「ASEAN 共同体」(制度的統合) へ至るプロセスとしてみた場合，「国家主権の移譲」の初歩的形態である共通関税さえ実現されておらず，ASEAN 事務局が高らかに宣言する「ASEAN 共同体」の実現は夢物語であるといわざるを得ない．実は，これまで，日本においても「共同体」という用語を用いて議論が行われる場合，まったくと言っていいほどその内容についてはあいまいなままで，言葉だけが独り歩きしていた．「東アジア共同体」しかり，「北東アジア共同体」もまたしかりである．

　筆者は，「ASEAN 経済共同体」のような経済的 Win-Win 関係を基本とした機能的「共同体」と，国家間での利害関係を調整し，国家主権の一部を相互に移譲することによって実現される制度的「共同体」とは質的な違いがあること繰り返し指摘してきた [坂田 2011：2014]．にもかかわらず，「共同体」をめぐる議論では，両者は区別されることなく，依然として抽象的議論が横行している．

　筆者がこれまで繰り返し指摘してきたように，ASEAN10カ国にとって，「国家主権」の移譲の領域に踏み込むことは10カ国の結束を破壊する「地雷源」に踏み込むことを意味しており，10カ国の結束の維持を最優先とする限り，「ASEAN Way」を放棄することは到底できない．ASEAN 統合の最大のアキレス腱は，「ASEAN Way のジレンマ」である[2]．

　それゆえ，仮に，「ASEAN 共同体」が，「運命共同体」とか「共に歩む共同体」といったような抽象的次元で語られるのであれば，外資系企業にとっての

投資環境として整備状況という視点からアプローチする議論とは無縁である.

　メガ FTA をめぐる日中の確執と ASEAN

（1）TPP という「くさび」

　東アジアの通貨危機をきっかけとして高まった地域経済協力機運は，当初「ASEAN ＋ 3 」という協力枠組みで議論されることになったが，その後，中国が ASEAN に急接近するに至って[3)]，ASEAN における中国の影響力の拡大を懸念した日本政府は，新たにオーストラリア，ニュージーランド，インドを加えた「ASEAN ＋ 6 」(2007年)という枠組みを提唱した[4)]．このような突然の提案に対して，中国は反発を強め，東アジアでの広域経済圏構想をめぐる議論は混乱を深めることになった．その後，「広域経済圏」をめぐる構想は，その内容以前の問題である枠組みの問題をめぐって紛糾することになり，日中の確執が本格化していくことになった．日中の確執は，当然 ASEAN をも巻き込むこととなり，ASEAN の足並みの乱れを誘発した.

　他方，APEC の「ボゴール宣言」(1994年)以降，APEC を母体とした「アジア・太平洋自由貿易圏」(FTAAP)を目指していた米国は，その非現実性を悟り[5)]，米国抜きで進められようとしていた東アジアでの地域経済協力機運に対抗して，「環太平洋経済連携協定」(TPP)の実現へと旋回していった.

　一気にハイレベルでの自由貿易圏を目指そうとする米国の戦略に，農業問題などの国内問題を抱える日本政府は，TPP に対しては当初から距離をとってきた．当時の日本政府の立場は，あくまで東アジアでの広域自由経済圏の創出が主眼であり，そのなかでいかに中国の影響力を小さくするかという点にあった.

　東アジアでの広域経済圏の枠組みをめぐる議論に決着がつけられたのは，皮肉にも日中の対立の激化であった．2010年 9 月以降の尖閣諸島の領有権をめぐる日中の対立激化を背景として，時の民主党政権は，TPP 交渉への参加を表明し，中国政府を驚かせた．当時，TPP 交渉へ参加していたのは，オーストラリア，ニュージーランドに加えて，ASEAN ではベトナム，マレーシア，シンガポール，ブルネイであり，中国が排除された TPP が東アジアに広がることに中国政府は強い危機感を持った[6)].

　日本政府が TPP 参加に積極的になったことによって，中国主導で進めてき
た「ASEAN ＋ 3」の枠組みさえ崩壊しかねないと懸念した中国政府は，以後，
日本政府が固執していた「ASEAN ＋ 6」の枠組みでの広域経済圏構想に柔軟
に対応するようになった．

（2）RCEP と ASEAN の立場

　こうして，2011年には，「ASEAN ＋ 3」と「ASEAN ＋ 6」を調整する形で，
ASEAN 側に対して日中両国政府による新しい作業部会の立ち上げが共同提案
され，以後，ASEAN 側の合意の下で「ASEAN ＋ 6」の枠組みでの「東アジ
ア地域包括的経済連携」(RCEP) 締結に向けた交渉がスタートすることになっ
た．

　だが，2013年 5 月にブルネイで開催された RCEP 交渉第 1 回会合以降，2019
年末現在まで25回にも上る閣僚または高級実務者レベルでの会合が開かれてき
たにもかかわらず，前述したように，日本政府の主たる関心は TPP 交渉に向
けられ，RCEP 交渉は停滞した．

　RCEP 締結交渉が停滞してきた核心的要因は，自由化レベルをめぐる対立で
ある．中国は，RCEP 交渉の進展に前向きではあるが，ハイレベルでの RCEP
は当然受け入れられない．ASEAN 加盟国も，TPP 交渉参加組（マレーシア，ベ
トナム，シンガポール，ブルネイ）と，不参加組とに立場が分かれているように，
RCEP の自由化レベルにおいて統一した立場にあるわけではない．インドは，
経済自由化を推し進めているとはいえ，かつて「ライセンス・ラージ（Licence
Raj）[7]」と揶揄された政府規制は多くの分野で依然として払拭されてはおらず，
政府の国内産業の保護という視点は根強い．オーストラリア，ニュージーラン
ドはハイレベルな TPP 交渉を受け入れる姿勢を示しており，日本政府とは立
場を共有している．

　RCEP の自由化レベルをめぐるこのような対立が，交渉の長期化を招いてい
る最大の要因であった．しかし，自由化レベルをめぐるこのような対立は，TPP
から米国が離脱して以降，変化がみられるようになった．

4 「ツー・トラック」としての TPP と RCEP

（1）TPP の変容

RCEP から TPP へと大きく方向転換を決断した日本政府にとって，トランプ大統領の TPP 交渉離脱宣言は，まさに青天の霹靂であった．それは，米国との貿易拡大に期待を寄せていたベトナムやマレーシアにとっても同様であっただろう．

米国を含む TPP12 が成立すれば，それは史上最もハイレベルな自由貿易圏が出現することになり，そこで採用される多くの通商ルールーは，以後の世界標準となることが確実であった[8]．結局，米国が離脱したことにより，TPP の当初の位置づけは大きく変更を迫られ，中断していた RCEP へ向けた議論が復活することになった．

結局，米国抜きで成立した TPP11 は，12 カ国で合意されていた TPP 協定のうち，米国の強い要求によって盛り込まれたバイオ医薬品の保護期間や，知的財産のデータ保護期間など 22 項目を凍結し（表 1-1），関税などは 12 カ国の協定を踏襲することになった[9]．

TPP が米国抜きで発足し，多くの凍結項目を残したことは，日本政府の RCEP 交渉へ望む姿勢にも変化をもたらすこととなった．すなわち，TPP への米国の復帰が当面見込めない以上，日本政府としては RCEP 交渉への関与に積極的にならざるを得ないという状況に直面させられたのである．こうして，

表 1-1　TPP 凍結項目一覧

・急送少額貨物	・ISDS（投資許可，投資合意）関連規定
・急送便附属書	・金融サービス最低基準待遇関連規定
・電気通信紛争解決	・政府調達（参加条件）
・政府調達（追加的交渉）	・保存及び貿易
・医薬品・医療機器に関する透明性	・知的財産の内国民待遇
・特許対象事項	・審査遅延に基づく特許期間延長
・医薬承認審査に基づく特許期間延長	・一般医薬品データ保護
・生物製剤データ保護	・著作権などの保護期間
・技術的保護手段	・権利管理情報
・衛星・ケーブル信号の保護	・インターネット・サービス・プロバイダ
・マレーシア（国有企業：ペトロナス）	・ブルネイ（投資サービス：石炭産業）

出所）経済産業省ホームページ（meti.go.jp/policy/external_economy/trade/downloadfiles/
　　　 tpp/20181227001.pdf）より抜粋．

当面の方向性として，TPP11の拡大（タイやインドネシアなど参加を検討している国への対応）を図りながらRCEP交渉の加速化を同時に推進していくという，いわゆる「ツー・トラック戦略」へと舵が切られていくことになった．

（2）「メガFTA」の後退

　TPPとRCEPの同時推進という「ツー・トラック戦略」へと舵が切られて以降，日本政府のRCEP交渉への対応は，関税撤廃などに慎重なインド政府の立場を考慮して，これまで以上に柔軟な姿勢が求められることになった．日本政府のこのような姿勢転換は，その後のRCEP交渉にとって弾みとなるはずであったが，自由化レベルでの交渉において大きな開きがあったインドとの交渉が難航し，交渉妥結はしばしば引き延ばされることになった．結局，2019年11月のモディ首相のRCEP交渉離脱表明により[10]，2013年5月以来6年以上続けられたRCEP交渉は，「13億人の巨大市場」と期待されたインドを除いて「ASEAN＋5」の枠組みで発足せざるを得なくなった（表1−2）．

　難産の末に大筋合意されたRCEPではあるが，多くの分野で巨大な国有企業を抱えて今なお政府規制を多く残し，「社会主義」の看板を掲げている中国など異質な経済システムを網羅している性格上，メガFTAとは言え，その自由化レベルはけして高いとはいいがたい．現状では，東アジアには，TPPとRCEPという二つのメガFTAが張り巡らされることになるが，今後RCEP内では，TPP参加国と非参加国の間の格差という問題が再び浮上する可能性もある．

　東アジアにおける広域自由貿易圏をめぐる動向は，結局のところ，米国が離脱して当初の性格を大きく後退させたTPP11の今後の方向性にかかっているといえよう．TPP11が，多くの凍結条項を残したまま今後も推移するとすれば，

表1−2　RCEPの交渉分野

物品貿易	原産地規則	関税手続・貿易円滑化	衛生植物検疫措置
任意企画・強制規格・適合性評価手続	貿易救済	サービス貿易	金融サービス
電気通信サービス	人の移動	投資	競争
知的財産	電子商取引	中小企業	経済技術協力
政府調達	紛争解決		

出所）外務省ホームページ（mofa.go.jp/mofaj/files/000231134.pdf）より抜粋．

「メガ FTA の時代」という認識は修正されなければならないであろう.

　ASEAN の市場統合はどこまで進むのか

（1）「ASEAN　Way のジレンマ」と民主主義の後退

　ASEAN の市場統合は, 曲がりなりにも「経済共同体」と呼ばれるところまで進んできた. しかし, このような市場統合は, ASEAN 統合の力学によるものであり, 基本的には経済的 Win-Win 関係の追求によって推進された「機能的統合」の域を出ないものである.

　それでは, 今後, ASEAN の市場統合はどこまで進んでいくのであろうか. 先述したように, 今後も「ASEAN Way」を堅持し続ける限り, 国家主権の移譲が避けられない「制度的統合」(ASEAN 共同体) に向かう可能性はない. だが, 「ASEAN Way のジレンマ」から抜け出す糸口は, 現在の ASEAN からはまったく見えてこないのである.

　加えて, 「ASEAN 経済共同体」の設立が宣言されて以降, ASEAN 各国では明らかな民主主義の後退現象がみられる.

　タイでは, 2014年 5 月の軍事クーデターを主導したプラユット陸軍司令官が 5 年にわたって軍事政権を掌握し, 民政移管と称して行われた2019年 3 月の総選挙では, 軍事政権によって任命された多数の上院議員を利用して引き続き政権を維持するなど, およそ民主主義とはかけ離れた強引な政治運営が行われた[11].

　マレーシアでは, 2018年 5 月の選挙において, 大方の予想を覆し, 消費税（ 6 ％）の廃止を公約に掲げた野党連合が勝利し, 92歳という高齢にもかかわらず国民に人気の高かったマハティール元首相を再び担ぎ出して政権交代が果たされた. 消費税廃止後の財源についての十分な議論も行われないまま行われた選挙によって政権を獲得するといった手法は, ポピュリズムとのそしりを免れないだろう. しかも, 同年12月, 国連の「人種差別撤廃条約」批准をめぐって「ブミプトラ政策」の維持を掲げる反対派の大規模デモを前にして批准が見送られることになった.

　カンボジアでは, 2017年以降, 最大野党指導者を逮捕して党を解党させるなど, フン・セン政権の強引な独裁化が進行している[12]. フィリピンでは, ドゥテルテ大統領の人権を無視した強引な犯罪取り締まりが人気を博し, そうした体

制に批判的な言論やメディアがあからさまに統制されるなど，強権政治が一層強化されている．ミャンマーでは，依然として軍の政治的影響力が強く，ロヒンギャ問題に対する対応などにおいてアウンサン・スーチー女史への国際的批判が増大している．ベトナムやラオスでは，「社会主義」の名のもとに一党独裁体制が維持されており，変化の兆しはまったく見えてこない．

　「ASEAN Wayのジレンマ」といい，民主主義の後退現象といい，これらはいずれも，かつて隆盛をみた「制度的統合」（ASEAN共同体）論の視点からASEANの市場統合の将来を展望する議論を非現実的なものとしている．したがって，ASEANの市場統合の展望は，最初に指摘した第一の視点，すなわちビジネス環境としてみた場合の「広域市場圏」（統一市場）としての今後の評価と結び付けて考察する以外にはないであろう．では，広域市場圏としてみた場合，そこにはどのような課題が残されているのであろうか．

（2）「ASEAN・ディバイド」と「中所得国の罠」

　「ASEAN経済共同体」が統一市場として名実ともに充実されていくための最大の課題は，「ASEAN・ディバイド」と呼ばれる後発加盟国（CLMV）と原加盟国（ASEAN・5）との経済格差の解消である．その格差は，単純に名目GDP（2018年）でみても，最大のインドネシア（1万222億ドル）と最小のラオス（177億ドル）では，58倍近くの開きがある．1人当たり名目GDPでは，最大のシンガポール（5万7713ドル）と最小のミャンマー（1298ドル）では，実に45倍の開きがある．このような圧倒的な経済格差は依然として市場統合の深化にとっては大きな障害となっている．

　1992年から，アジア開発銀行（ADB）のイニシアティブで始められた「大メコン圏経済協力計画」（Greater Mekong Sub-region Program：GMS）は，大メコン圏諸国の域内経済連携を強化することによって，「ASEAN・ディバイド」の解消につながるものと期待されたが，現状では期待されたほどのディバイド解消には至っていない．たしかに，「東西経済回廊」，「南北経済回廊」を中心としていくつかの経済回廊が整備され，メコン圏の物流はかなりの程度改善されたとはいえ，とくに，ラオスなどは依然として単なる通過国の地位に甘んじており，経済回廊がもたらす経済的効果は小さい[13]．

　しかも，CLMV諸国においても，人口が1億人に迫っているベトナムと，内陸国で人口がわずか700万人のラオスとでは，「ASEAN・ディバイド」のも

つ意味もまったく違っている．「チャイナ＋１」として注目を集めているベトナムは，外国資本の導入を通じた工業化の途を邁進しており，すでにグローバルなサプライ・チェーンに組み込まれた地場産業も成長している[14]．

他方，人口小国ラオスは，依然として70％近い農業人口をかかえた一次産品生産国で，貿易収支は慢性的な赤字が続いており，外資の導入の途も厳しい．このような国の経済発展は，従来の開発論の延長では展望できないことは明白である[15]．

結局のところ，「ASEAN・ディバイド」の解消に道筋がつけられない限り，「ASEAN経済共同体」の深化は期待できないであろう．

他方，ASEAN先発国においても，「中所得国の罠」の克服という重たい課題が横たわっている．東アジアのビジネス・センターとしての発展を歩んできたシンガポールはさておき，基本的には外資導入に依存して発展してきたタイやマレーシアは，賃金上昇に伴う競争力の低下によって（図1-1），産業構造の転換に直面している[16]．いわゆる「中所得国の罠」と呼ばれるこの現象は，年間１人当たりGDPが１万ドルを超えたあたりからその上昇が停滞する状況を指している．現状では，マレーシア（１万942ドル：2018年）がその局面に直面しており，タイ（7187ドル）もその局面に近づきつつある．これを克服するには，

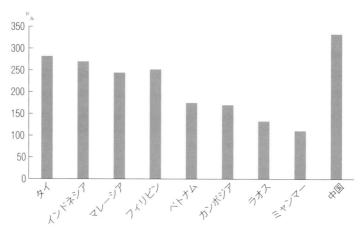

図1-1　ASEAN各国の月額最低賃金（2018年）

注）ベトナム（エリア１），インドネシア（ジャカルタ特別州），フィリピン（マニラ首都圏）
　　は国内最高金額．中国は深圳．
出所）『AREA REPORT 507』三菱UFJ銀行国際業務部，2018年12月．

外資系企業を頂点とした産業構造を支えるすそ野産業（地場産業）の強化が重要であり，地場産業のグローバルなサプライ・チェーンへの参入が欠かせない．「中所得国の罠」の克服は，ひとえにこの点にかかっているといえる．

　また，広域経済圏としてみた場合，「ASEAN経済共同体」は，中国やインドのような巨大市場圏にはない不利な地理的条件を背負わされていることも見逃せない．ASEANは，6.5億人（2020年）の巨大市場といっても，フィリピン（人口1.1億人）やインドネシア（人口2.6億人）のような島嶼国家が人口の半分以上を占めており，6.5億人の市場は半分以上が海によって分断されている．この点は，鉄道やトラック輸送を中心とした中国やインドとは物流面において大きなハンディキャップを抱えていることを意味している．

　「ASEAN経済共同体ブループリント2015」の進捗状況は，ブループリントに盛られた措置の半分程度がクリアーされたようであるが［石川 2018：68-75］，筆者のラオスでの政府関係者への聞き取り調査では，その実態については今後検証されなければならない項目が多々あるという[17]．「ASEAN経済共同体ブループリント2025」では，非関税障壁の撤廃やインフラ整備など多方面での経済協力を模索しているが，現状では「絵に描いた餅」に終わる可能性が高いといわざるをえない．

おわりに

　すでにみてきたように，ASEANには「国家主権」の問題にまで踏み込んで「制度的」な「共同体」（「ASEAN共同体」）の実現を目指すような条件は存在していない．したがって，伝統的な「制度的統合」論の視点からのアプローチはほとんど現実性を持たない．残されているのは，市場としての「機能的統合」がどの程度まで深化するかという視点からの分析だけである．

　その意味では，「ASEAN経済共同体」はたしかに統一市場としての統合を深化させつつあるといえる．しかし，それさえも，重大な国益に抵触しない限りでの経済的Win-Win関係の追求の域を出ず，「マスタープラン」で合意された内容も，実施においては依然として不確実性を内包している．したがって，「ASEAN経済共同体」が「機能的統合」をどの程度まで深化させうるかは，前述したASEAN統合の力学の今後の動向にかかっている．

　この点で，統合の力学の第二の要因として指摘した「中国ファクター」については，中国経済の巨大化に伴って顕著な変化がみられるようになっているという現実を直視しておく必要がある．その変化とは，一言でいえば，ASEANにとっての中国のプレゼンスがもつ二面性である．それは，経済的意味においても政治的意味においても当てはまる．

　改めて指摘するまでもなく，タイ，シンガポール，フィリピン，インドネシア，ミャンマーの5カ国は，輸出，輸入，貿易総額のいずれにおいても中国が最大の貿易相手国である．マレーシア，ベトナム，カンボジアも貿易総額では中国が最大の割合を占めている．近年では，中国による対ASEAN直接投資も急増している．経済的には中国は紛れもなく最重要パートナーである．

　このような変化を背景として，フィリピンのドゥテルテ大統領は，係争中だったスプラトリー問題を棚上げし，中国への急接近を図っていった．同様の事態はラオス政府においてもみられる．中国の援助と借款によって建設されている中国・ラオス鉄道（雲南省ボーテン—ビエンチャン：414km）は，2021年中には開通する予定である．完成すれば，中国各地と首都ビエンチャンが鉄道で結ばれることになる[18]．すでにビエンチャンでは，中国資本による大規模な商業施設やコンドミニアム，統合型リゾートなどが建設されている[19]．カンボジアと併せて，ラオスも中国の圧倒的影響下に置かれる日もそう遠くないであろう．

　このことは，かつての統合の力学であった「中国ファクター」が，いまやASEANの求心力の低下につながりかねない危うさを併せ持っているということをも意味している．

　このような状況に伴って，おそらく，近い将来ASEANを舞台とした日中の企業間競争もし烈なものになることが予想され，ASEANに進出している日系企業も，新たな対応を迫られることになろう．その際，日系企業は，どのような経営戦略をとるのであろうか．日中での企業間ビジネス・アライアンスを追求していくのか，それとも「ASEAN＋1」としてインド市場に展開していくのか．興味深い問題である．

（坂田幹男）

注
1）ASEANに進出している現地日系企業の多くは，日本から一部の部品を輸入して，現地のローカル企業から調達した部品を組み込んで加工・組み立てを行い，最終製品を

　　ASEAN域内で販売するといった行動様式をとっている．筆者の聞き取り調査では，原産地証明の取得のわずらわしさから，FTAの恩恵をあえて受けずに取引している日系企業もあった．

2）ASEAN Wayとは，ASEAN結成の当初から，何よりも地域協力機構としての結束を重視し，「内政不干渉」，「全会一致」を基本原則として，国家間の対立を極力回避しつつ緩やかな地域統合を目指そうとする加盟国が苦肉の策として生み出した道である．しかし，この原則を尊重しようとすれば，コンセンサスを得られない重要問題は先送りされざるを得ず，結果として統合の深化は足踏みすることになる．

3）中国は，日・中・韓のなかでは最も早く，ASEANとの間でFTAの締結を模索し，破格の条件を提示し，2002年には中国・ASEAN自由貿易協定（CAFTA）の締結に合意した．

4）日本政府が，「ASEAN＋3」に代えて，「ASEAN＋6」を持ち出した背景には，中国要因以外にも，日本政府が当時交渉中であったオーストラリアとニュージーランドとのEPAを東アジアでの広域自由貿易圏につなげようと考えたこと，成長著しい巨大市場インドを取り込もうとしたこと，などがあげられる．

5）APECは，発足の当初から「非拘束の原則」（全会一致）を堅持しており，しかも加盟国は21カ国にも及び，中国，ロシア及びASEANの大部分を含むなど，APECを母体とした水準の高い自由貿易圏の創出は非現実的なものになっていた．

6）TPPのもつ政治的性格について，これを「中国包囲網」とする見解が当初からあった．TPPに熱心であった米国は，規制が多く残る中国は参加できないハードルの高い貿易ルールと自由貿易網を張り巡らせることによって中国を孤立させ，「国家資本主義」からの転換とルール遵守を迫る，というものである．筆者も，基本的にはこのような立場に立っていた．しかし，トランプ政権がいち早くTPPからの離脱を宣言したことによって，TPPのもつ政治的性格は大きく変わっていった．

7）Licence Rajとは，British Raj（イギリスの統治）になぞらえてつけられたもので，インド政府による民間企業に対する産業・投資規制を揶揄したものである．ライセンス取得を義務付けた規制は，企業の新規設立はもちろん新たな設備投資や追加投資，輸入などにも及んだ．Licence Rajとは，政府による市場介入の代名詞でもあった．

8）日本政府は，TPPの経済的・戦略的意義について，「モノの関税だけでなく，サービス，投資の自由化を進め，さらには知的財産権，電子商取引，国有企業の規律，環境など，幅広い分野で21世紀型のルールを，アジア太平洋に構築し，自由で公正な巨大市場を作り出す」ことになり，「自由，民主主義，基本的人権，法の支配といった普遍的価値を共有する国々とともに今後の世界貿易・投資ルールの新たなスタンダードを提供」（経済産業省ホームページ）するとの認識を示している．

9）TPP12協定の適応停止（凍結）項目の主なものとしては，知的財産に関する章（著作権の保護期間，バイオ医薬品の保護期間），政府調達に関する章（参加条件など），金融サービスに関する章（適応範囲など）である．これによって，TPPは当初期待さ

れていた効果からは大きく後退することになった．しかし，「他方で，電子商取引，国有企業，労働，環境といった新しい分野を規律する章はほぼ無傷であることは評価に値する．これらはTPP12におけるWTOプラスの先進性を名実ともに象徴する章であり，その実質が維持されたことによりTPP11は依然として今後の通商協定の「ひな形」としての価値を失っていない」という評価もある［川瀬 2018］.

10）RCEPの交渉には，全体交渉分野と二国間交渉分野があり，とくに中国との大幅な貿易赤字を抱え，関税の大幅な撤廃に難色を示しているインドと中国の調整が難航し，交渉妥結の見通しは立っていなかった．このような状況にいら立ちを募らせた中国は，RCEPからインドを除外することも辞さない姿勢をみせ始めた．インドの交渉離脱はインド政府の自主的な判断によって行われたが，それは中国との交渉が難航したことの結果という面が強い．日本政府は，インド政府に対して交渉に復帰するよう説得を続けている.

11）2019年7月に発足した新政権では，軍事政権下でのプラユット暫定首相が新首相として就任し，軍事政権下での主要閣僚も留任した．事実上の軍政の継続とみられている.

12）最大野党カンボジア救国党の党首を「国家反逆罪」容疑で逮捕し，同党を解党させ，さらに100名を超える主だった指導者の5年間の政治活動禁止という強権措置をとって2018年7月に行われた国民議会選挙では，フン・セン党首率いる与党人民党が全議席を独占し，事実上の独裁政権を樹立した．2018年の国民議会選挙をめぐっては，野党救国党の優勢が伝えられていた.

13）「東西経済回廊」沿いに建設された数か所の経済特区（SEZ）への外国企業進出も，この数年目立った変化は見られず，ラオス政府の期待に背く状況が続いている.

14）ベトナムにおけるこのような具体的ケースについては，前田［2018］に詳しく紹介されている.

15）筆者は，ラオスのような人口小国の工業化戦略は，NIES型工業化ではなく，比較優位をもつ農業の高付加価値化（有機農業振興）と農業関連工業の振興を通じた「NAIC型工業化」（Newly Agro-industrializing Country：新興農業関連工業国）に求められるべきである，とかねてより主張してきた．詳しくは，坂田［2017］を参照してほしい.

16）近年注目されるようになった外資系企業の「タイ＋1」とう経営戦略も，このような賃金上昇局面の出現と関連している．「＋1」の投資先として，カンボジアやラオスが語られる場合が多いが，人口700万人の小国ラオスも，1600万人強のカンボジアも，競争力の低下を補う急場しのぎにはなっても，根本的な問題の先送りでしかない.

17）筆者が，ラオス農林省の友人でASEANにおける農業分野での交渉担当者に聞いた現実の交渉過程は，合意された内容でさえきわめて「玉虫色」の妥協的なものであった.

18）中国政府は，さらに，「中国・ラオス鉄道」を，現在ビエンチャン郊外の第一メコン国際橋まで敷設されている「タイ・ラオス鉄道」と連結する計画であり，併せてタイ国内の鉄道の高速化にも取り組む計画である．「中国・ラオス鉄道」と「タイ・ラオ

ス鉄道」が連結されれば，「マレー鉄道」を通じて中国国内の鉄道とシンガポールが結ばれることになる．

19）筆者の現地調査によれば，中国企業が首都ビエンチャンで手がけている大規模な開発区（SEZを含む）は，2019年現在3箇所ある．すでに一部がオープンしている「VIEN-TIAN CENTER」，「VIENTIAN NEW WORLD」以外に，「THAT LUANG LAKE NEW WORLD」が建設中である．とくに2012年12月から着工されている「THAT LUANG LAKE NEW WORLD」（事業主体：Wan Feng Shanghai Real Estate Company：上海万峰房地産有限公司）は，総工費16億ドル，総面積365ha（3.65km²）という巨大な規模のもので，完成すればラオスの金融・ビジネス・リゾートホテル（カジノなどの娯楽施設を含む）・コンドミニアムなどからなる中心的な複合施設となることが謳われている．

参考文献

石川幸一［2018］「実施に移される ASEAN 経済共同体2025行動計画」『世界経済評論』62（5）．

川瀬剛志［2018］「TPP11を読む」独立行政法人経済産業研究所（RIETI），2018年5月19日付コラム（https://www.rieti.go.jp/jp/columns/a01_0496.html，2019年10月10日閲覧）．

坂田幹男［2011］『開発経済論の検証』国際書院．

―――［2014］「『グローバリズムのビッグ・ウェーブ』と日本の針路」『地域と社会』（大阪商業大学），17．

―――［2017］「ASEAN におけるラオスの比較優位について」『福井県立大学経済経営研究』36．

―――［2018］「ラオス農業の現状と高付加価値化への課題」『地域と社会』（大阪商業大学），21．

坂田幹男・内山怜和［2016］『アジア経済の変貌とグローバル化』晃洋書房．

平川均［2019］「グローバリゼイションと後退する民主化――アジア新興国に注目して――」，山本博史編『アジアにおける民主主義と経済発展』文真堂．

前田啓一［2018］『ベトナム中小企業の誕生――ハノイ周辺の機械・金属中小工業――』御茶の水書房．

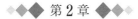

第 2 章

ASEAN 統合の進展と日系自動車企業の生産拠点再編

は じ め に

　本章の課題は，ASEAN 統合の下で貿易自由化が進み，域内完成車輸入関税がゼロとなるなかで，日系自動車メーカーが採るべき生産拠点再編戦略を検討することにある．

　ただし，ASEAN の経済統合の進展状況については本章では紙幅の節約上，詳述しない[1)]．本章の主題は，ASEAN 統合のなかで貿易自由化が進み，完成車に対する輸入関税がゼロとなる国が広がっているという状況を前提とし，そうしたなかで日系自動車メーカーがどのような生産拠点再編戦略を描くかにある．

 ASEAN 統合に伴う変化

（1）関税がゼロとなり，完成車輸出入が増大する

　ASEAN 統合で完成車輸入に対する関税がゼロになりつつある．すでにタイ，インドネシア，マレーシア，フィリピンの 4 カ国においては2010年に完成車輸入関税がゼロとなっている．ベトナム，カンボジア，ラオス，ミャンマーの 4 カ国においても2018年以降に関税をゼロとする措置が始まりつつある[2)][3)]．

　完成車輸入関税がゼロとなると，当然のこととして ASEAN 諸国間で完成車の輸出入が活発となる[4)]．自動車産業の競争力が強い国はみずから生産した自動車を他国に輸出しようとする．他方，自動車産業の競争力の弱い国は，自動車を輸入せざるをえなくなり，それが拡大すれば自国にある自動車生産拠点の閉鎖を余儀なくされる．

　そうしたなかで ASEAN 諸国に生産拠点をおいている日系メーカーは，ある国では生産能力を増大させながら，別の国では生産拠点を縮小，閉鎖せざる

を得なくなることも想定した生産拠点再編戦略を検討している.

　では,そうした戦略を検討する前提として,ASEAN 諸国間の競争力上の格差がどの程度生じているのかを次に見てみよう.

（2）勝ち組と負け組の差は大きい

　表2-1は,ASEAN 8カ国の2018年の生産台数を示している.勝ち組であるタイ,インドネシア,マレーシアの生産台数の合計は407万台に達し,ASEAN の総生産台数の93％を占めている.他方,負け組のフィリピンとベトナム,ミャンマーは合わせて29万台で7％を占めるのみである.他のカンボジア,ラオス（この2カ国にミャンマーを加えた3カ国は CLM 諸国と呼ばれている）の新車生産台数はゼロに近い.これらの5カ国で生産台数が小さい理由が,第一に,自動車市場が小さいからである.最も大きいフィリピンでも年40万台程度の販売台数にすぎず,ベトナムは30万台程度,CLM 諸国は2万台程度である.第二に,完成車生産のための技術と設備が CLM 諸国ではほとんど蓄積されていない故である.第三に,部品メーカーがわずかしか存在せず,部品の現地調達率はフィリピンでさえ10〜20％程度,ベトナムでは数％,CLM 諸国ではほぼゼロである.[5] 後に詳しく見るが,こうした国では自動車製造コストがきわめて高くなり,その国で生産した自動車の国際競争力はまったくない.そうした国では政府の内部から「国内で生産した高い価格の自動車を国民に供給するよりも,輸入した価格の低い自動車を供給する方が国民の経済的厚生につながる」という意見が出てくることもある.

　さらに表2-2によってタイとフィリピンの自動車生産・販売・輸出・輸入台数を比較しよう.生産はタイが217万台,フィリピンが8万台と27倍の差がある.フィリピンは輸出台数がほぼゼロであるが,タイは114万台輸出している.フィリピンでは生産台数8万台の4倍の32万台が輸入されている.国際競争力において,タイは強いパワーを有しているが,フィリピンはまったく持っていない.こうしたなかでフィリピンでは販売台数が増大しつづけても,その増大分は主として輸入によって供給され,国内の生産台数は減少し続けている.その結果,2012年にはフォードが工場を閉鎖してしまった.またフォードに生産を委託していたマツダも生産拠点を失なうこととなった.

　そうしたなかでフィリピンの最大手のメーカーの状況を見てみよう.表2-3はフィリピントヨタの販売モデルとその生産国であり,2013年には合計13モ

表 2-1　ASEAN の自動車生産台数
(2018年)

	生産台数 (万台)	構成比 (%)
タイ	217	
インドネシア	134	
マレーシア	56	
小計	407	93
フィリピン	8	
ベトナム	20	
ミャンマー	1	
小計	29	7
総計	436	100

注) カンボジアとラオスはほぼゼロである.
出所) フォーイン『アジア自動車統計月報』2019年
　　6月.

表 2-2　タイとフィリピンの比較(2018年)

国名	生産 (万台)	販売 (万台)	輸出 (万台)	輸入 (万台)
タイ	217	104	114	1
フィリピン	8	40	−	32

注) −はほぼゼロに近い.
出所) フォーイン『アジア自動車統計月報』2019年6月.

表 2-3　フィリピントヨタの販売モデルと生産国

販売モデル	生産国
ヴィオス, イノーバ	フィリピン
ランドクルーザー, プラド, RAV 4, FJ クルーザー, プレビア, ハイエース, コースター	日本
カムリ, カローラ, ヤリス, ハイラックス	タイ
ヴィーゴ, フォーチュナー, アバンザ	インドネシア

出所) フィリピントヨタでの取材より筆者作成. 2013年時点.

デルが販売されている.

　表 2-4 によって生産国別に販売モデル数を見ると, 日本が 7 モデル, タイが 4 モデル, インドネシアが 3 モデルとなっており, フィリピンはわずか 2 モデルである (なおフィリピンで生産しているヴィオスとイノーバはそれぞれタイとインドネシアでも併産している). 台数シェアで見てもフィリピンは45%, 日本10%, タイ20%, インドネシア25%となっている.

　表 2-5 は ASEAN 各国における国産車率と輸入車率, 関税率を概括的に示したものである. タイとインドネシアでは国産率は90%を超えている. さきほど見た表 2-3 では2013年にフィリピントヨタは国産車率45%を維持していたが, 表 2-5 での2018年のフィリピン全体では国産車率は20%程度に落ちてい

表2-4　生産国別モデル数と販売比率

生産国名	モデル数	販売比率（%）
フィリピン	2	45
日本	7	10
タイ	4	20
インドネシア	3	25

出所）フィリピントヨタでの取材より筆者作成. 2013年時点.

表2-5　国産車率と輸入車率, 関税率 (2018年)

国名	国産率（%）	輸入率（%）	関税率（%）
タイ	100	—	0
インドネシア	93	7	0
フィリピン	20	80	0
ベトナム	75	25	0
ミャンマー	60	40	高
カンボジア ラオス	—	100	高

注）国産車比率および輸入車率は, 販売台数に占める国産車台数およ
び輸入車台数の比率. 2018年時点の概数.
出所）フォーイン『アジア自動車統計月報』2019年6月.

る. ベトナムでは2013年には60%という高い輸入車関税がかけられており, 80%
の国産車率を維持していた. 政府は2018年1月以降に輸入車関税をゼロとする
措置を受け入れたが, 非関税障壁を強化させ, 国産車率75%を維持している.
しかしもし今後ベトナムが非関税障壁も撤廃していくと, ベトナムの国産車率
は, フィリピンの20%以下まで急落する可能性がある. そうしたなかでさらに
ベトナムで自動車工場閉鎖に追い込まれれば, さらに10%以下まで落ちる可能
性もある.

（3）ベトナムなどにおける自動車工場の閉鎖の危機

　このようななかで日系メーカーはタイとインドネシアなどの競争優位のある
国に生産を集中し, そこからフィリピンやベトナムに完成車を輸出する戦略が
有効性を持つ, あるいはそうした戦略を採らないと韓国メーカーなどとの競争
に打ち勝つことができないと判断しつつある. ここでは『The Daily NNA
タイ版』第04561号 (2013年7月30日) に掲載された, トヨタ自動車常務役員/ト
ヨタ・モーター・タイランド社長の棚田京一氏の発言を引用しよう.

　競争力のある国での集中生産については，「アセアン域内拠点間でFTAの進展に伴い，例えばミニバン「イノーバ」をインドネシアからタイへ，ピックアップトラックをタイからインドネシアへ輸出するなど，スケールメリットを生かし，特定車種を一国で集中生産する体制を進めることで，低コスト化を実現してきた」と述べ，さらに「この結果，インドネシアやタイでは10万台単位での増産が今後も続く可能性がある一方，フィリピンやベトナムでは工場が維持できるかどうか，の瀬戸際に来ている」と述べている．

　ここでベトナムトヨタとトヨタ・モーター・タイランド（以下，タイトヨタ）との比較を行おう．まず図2-1に示したように，生産台数（能力）はベトナムトヨタが3万台に対してタイトヨタは90万台である．規模の経済性が大きく働く自動車産業においてこの生産規模の圧倒的格差は台当りコストに大きな影響を及ばしている．次にベトナムとタイにおける部品企業数を比較すると，ベトナムが145社に対してタイが1991社であり，14倍の差がある．

　図2-2はベトナムトヨタが生産した国産車とタイトヨタが生産し，ベトナムに輸入された車の台当りのコスト構造（関税含む）を2013年時点で推量した

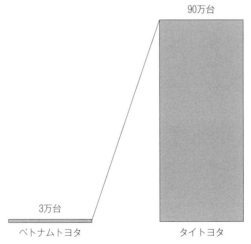

図2-1　ベトナムトヨタとタイトヨタの生産規
　　　　模比較

注）2013年時点.
出所）フォーイン『アジア自動車統計月報』2014年6月.

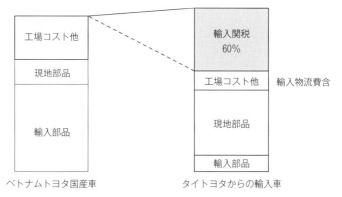

図2-2　ベトナムでの国産車と輸入車のコスト比較

注）2013年時点.
出所）トヨタ・モーター・ベトナム資料より推量.

ものである[7].ベトナムトヨタ国産車では輸入部品のコストが大きく膨れ上がり,それだけでタイトヨタからの輸入車の輸入部品と現地部品を加えたコストよりも大きくなっていた.さらにベトナムトヨタは生産規模が小さいために工場コスト他（輸入物流費含む）が大きくなっている.関税が60％課せられていたために,総コストはタイトヨタからの輸入車の方が大きくなっていたが,今後関税部分がゼロになると,タイトヨタ輸入車のコストが圧倒的に小さくなる.ベトナムトヨタ国産車はコスト競争力を喪失していると考えられる.

　ここで再度,『The Daily NNA　タイ版』での棚田氏の発言を引用しよう.「今後,ベトナムでは域内のトヨタ（タイトヨタやインドネシアトヨタ——引用者注）と,フィリピンでは域外競合他社（韓国・現代自動車——同）との戦いになる.そうすると,「良い車を安く提供する」というコスト競争力の観点から,このままでは現地生産をあきらめ,タイやインドネシアから輸入せざるを得ない」.

　ここで,「域外競合他社」に言及している背景を説明しておこう.それは,韓国・現代自動車などのASEANへの進出である.フィリピンでは2016年に韓国からの完成車輸入に対する関税率が20％から5％に引き下げる計画である.日本からフィリピンへはなおも20％と関税は高くなっている[8].こうしたなかで,コストが割高のフィリピントヨタ製のモデルだけでなく,コスト競争力のあるタイトヨタやインドネシアトヨタからの輸入モデル（関税はゼロ）を追加

投入する，あるいは極端な場合，輸入モデルのみに切り換える可能性，すなわちヴィオスはタイからの，イノーバはインドネシアからの輸入に転換する可能性が検討されていると推測される.

　以上，ASEAN統合の下での貿易自由化に伴って，日系自動車メーカーが生産拠点再編をどのような方向性でもって検討しているかを明らかにした[9]. 次節以降では，生産工場配置戦略および生産モデル配置戦略をパターン化し，2020年代前半と2020年代後半のそれぞれの時期に生産拠点をどのように再編するのか，その具体策を検討する.

２　2020年代前半に生産拠点をどう再編するか

　本節では，まず2020年代前半におけるASEAN統合に伴う生産拠点再編の具体策を検討する.

（1）生産拠点再編の検討の方法
　具体策を提起するために，まず二つの検討軸（対立軸）を設定して四つのパターンを想定し，さらに前提的仮定を設定する.

◆二つの検討軸（対立軸）
　生産拠点の再編を考える上で，二つの検討軸（対立軸）を設定する. **表2-6**に示したように，その第一の検討軸（対立軸）は生産工場配置に関するものである. その検討軸（対立軸）は，一方では，生産工場を競争優位がある少数の国に集中（ハブ）化し，競争力のない国からは生産工場を撤退させるという集中（ハブ）化戦略であり，他方では，その逆にあくまで国（市場）ごとに生産工場を分散化させる分散化戦略である.

　第二の検討軸（対立軸）は生産モデル配置に関するものである. その検討軸（対立軸）は，一方では，生産モデルを可能な限り競争力の強いモデルに特化させ，競争力の弱いモデルは他の生産工場に任せる得意モデル特化戦略であり，他方では，その逆にあくまで「売る国で作る」という，いわば「地産地売」とも言える多数モデル生産戦略である.

　そしてこの二つの検討軸（対立軸）を組み合わせると，**表2-6**に示したよう

表2-6 生産拠点再編の理念的分類

		生産工場配置戦略	
		集中化	分散化
生産モデル配置戦略	得意モデル特化	W	X
	多数モデル生産	Y	Z

出所）筆者作成

にW，X，Y，Zの四つのパターンが考えられる．

　次項では，ある自動車メーカーがそれぞれのパターンを採用した時のメリットとデメリットを検討するが，その前にそうしたメリット，デメリットを明確に示すために，まず国の数やモデル数の前提的な仮定をおくこととする．

◆前提的仮定

　その仮定は以下である．各まずパターンを簡略化するために，第一に，ASEANにおける生産拠点は5カ国（A，B，C，D，E）とする．第二に，A，B国は自動車市場が大きく，同時に完成車生産技術/設備が強固であり，かつ部品産業基盤が存在しており，自動車産業の国際競争力（輸出競争力）を有するが，C，D，E国は自動車市場が小さく，自動車産業基盤が脆弱であるとする．加えてASEAN域外からの部品輸入における，各国間の関税の相違は捨象している．また日本からの完成車輸入も小さく，生産拠点再編に影響を与えていないとする．第三に，ある自動車メーカーのモデル数を5（図2-3〜図2-7では○□△●■）とする．第四に，ASEANの主要5カ国においては完成車輸入関税が一応ゼロとなり，ある国で競争優位を持つモデルは，競争力の弱い他国に輸出しても，そこでも競争優位を持つとする．すなわち，輸入に関わる物流費用などが加わったとしても，競争力の弱い国で製造した同じモデルよりも，輸出した車が優位を持つとする．第五に，為替変動は実務者にとってはきわめて重要な要因であるが，中長期的にはプラスとマイナスが打ち消される面もあると見做し，当面の検討には組み込まない．第六に，自動車メーカー間には当然のこととして生産拠点戦略の相違がある．それは各自動車メーカーの生産台数の多寡やモデル構成に基づいている．本章のパターン分析は，最も生産台数が多く，モデル構成が充実している自動車メーカーが採るべきパターンを想定している．

　こうした仮定を設定した上で，各パターンのメリットとデメリットを次に見ていこう．

（2）各パターンのメリットとデメリット

　各パターンの検討に入る前に，図2-3によって貿易自由化が進む以前はどのようになっていたのかを示そう．当時は輸入に対して高い関税が課せられていたために，ASEAN諸国間の完成車輸出入は小さく，基本は「売る国で生産する」という考え方の下，図2-3に見られるように，生産工場が各国に分散配置され，かつ各国では得意モデルに集中することなく，相対的に多くのモデルが各国で生産されていた．この図2-3は後に説明する図2-7のZパターンに類似している面もある．

◆Wパターン

　ところがWパターンは図2-4に示したように，生産工場は競争力のあるA，B国のみに集中し，生産モデルは得意モデルにのみ特化することを目指すことを狙っている．C，D，E国に対してはA，B国から輸出されることとなる．またA国とB国の間ではモデルを相互補完的に輸出入することなる．このパターンのメリットはA，B国で生産されるモデルは高い国際競争力をもち，すべての国に対して競争力を有したモデルを輸出を通じて供給できることであ

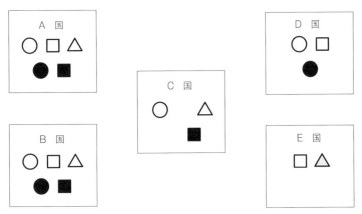

図2-3　生産工場配置とモデル配置（貿易自由化以前）

出所）トヨタ自動車『トヨタの概況』各年版など，日系各メーカーの広報資料を参考に作成．

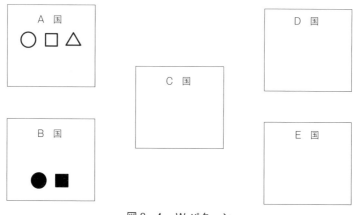

図2-4　Wパターン

出所）図2-3と同じ.

る.

　ただし，このモデルのデメリットは，たとえ関税がゼロとなったとしても，国内税などによって輸入車に対して不利な条件が課せられることがあること，あるいはC，D，E国になおも生産工場を残している自動車メーカーに対して各国政府が有利な条件（補助金など）をあたえて，そうしたメーカーの国産車が輸入車よりも優位になる危険性があることである.

◆Xパターン

　このパターンは図2-5に示したように，生産工場を各国に分散させたままで，各国では一つの得意モデルにそれぞれ特化している．このパターンのメリットは，ある一つのモデルの生産はすべて一つの国に集中しているため，たとえば□モデルはASEANのすべての生産がC国に集中されているため，規模の経済性が得やすいと考えられ，かつ各国政府，とくにC，D，E国の政府からの国産車優先政策を獲得することが容易であることである.

　ただしデメリットは，C，D，E国では自動車産業基盤が整っていないゆえ，たとえASEANの全生産分をたとえ集中したとしても，A，B国で生産するよりも国際競争力が小さくなる点である．たとえば，Wパターンで□モデルをA国で生産する時と比較すると，XパターンでC国で□モデルを生産する時の方が競争力は低下する．もちろんその低下を補填するどころか，さらに上回

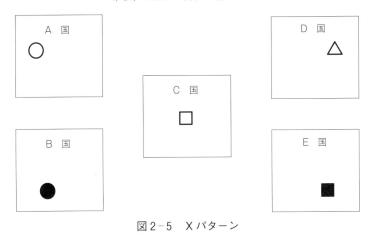

図 2-5　X パターン

出所）図 2-3 と同じ.

る程度の支援を C 国政府から受けることが可能となった場合は X パターンの
方が W パターンよりも優位となるが, そうした政府からのサポートがなされ
る可能性は, ASEAN 統合化の進展のなかでは低いと考える方が自然であろう.
そして今, X パターンの C 国のケースを検討したが, 同じことは X パターン
の D と E 国にもあてはまる. したがって ASEAN 5 カ国において, メーカー
甲が W パターンを採り, メーカー乙が X パターンを採った時, この二つのメー
カーの間の競争を考えると, メーカー甲の採る W パターンが, メーカー乙の
採る X パターンに勝つ可能性が高いと想定できる.

◆Y パターン

　図 2-6 に示した Y パターンと, 前に検討した W パターンの相違は, A, B
国それぞれの国で 5 モデルずつ生産する（Y パターン）のか, 得意なモデルのみ
を A 国で 3 モデル, B 国で 2 モデル生産する（W パターン）のかである. ここ
では, どちらのパターンを採ったとしても A, B 国はそれぞれそれなりに自動
車生産から利益を得られる. それ故どちらかのパターンをメーカーに採らせる
ために各政府（A, B 国）が補助金などを出すような想定は無視してよい. した
がって純粋に経済的観点から考察すると, 得意モデルに特化した W パターン
が Y パターンに対して優位となることは明らかである.

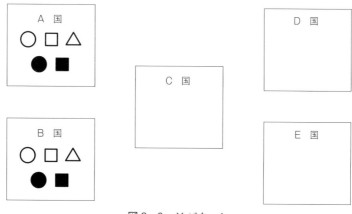

図 2-6　Y パターン

出所）図 2-3 と同じ.

◆Z パターン

　図 2-7 の Z パターンはすべての国ですべてのモデルを生産を目指す. たしかに国の間に高い関税障壁が存在していた時は, 図 2-3（貿易自由化以前）に見られるように ASEAN は Z パターンに近い状態にあった.

　この Z パターンのメリットとしてこれまでに言われてきたことは, 第一に, 将来, 各国で市場拡大が進んだ時すぐに対応できる. 第二に, もし各国政府が貿易自由化に逆行する非関税障壁などの措置を採った時に対応しやすい. 第三に, 市場の動きを敏感に生産計画や生産に反映できる. 第四に, 「顧客からの発注―納車」の物流上のリードタイムが短くなる. 第五に, 各国の経済発展に貢献できる. 第六に, 各国の為替変動に収益が左右されにくい. 最後に, すでに工場がある国では工場閉鎖を避けることができる, 等々である.

　しかしながらこの Z パターンのデメリットは, 適正な量産規模に達するモデルが限られてしまうことである. すなわち 5 カ国でそれぞれ 5 モデル生産しているゆえに, のべ25モデルの生産が 5 カ国でおこなわれているが, この25モデルの内, 国際競争力を有するモデルは僅かとなる. 確固とした自動車産業基盤がある A, B 国においても他の 4 カ国と生産モデルが重複しているため, 生産規模が削がれ, 競争力を奪われる. したがってこの Z パターンは現時点では四つのパターンのなかでもっとも競争力がないパターンである.

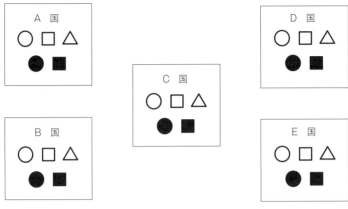

図2-7　Zパターン

出所）図2-3と同じ.

◆Wパターンのリスク

以上の検討により，Wパターンが最も競争優位があることととなった．だがそのリスクはすでに指摘したように，一方で，C，D，E国になおも生産工場を残している自動車メーカーに対して各国政府が有利な条件（補助金など）をあたえ，他方で，工場を閉鎖したメーカーによる，他国からの輸入車に対しては非関税障壁を築くことによって，そうした非撤退メーカーの国産車が輸入車よりも優位を持つ危険性である．そしてよりいっそう重要なことは，2020年代後半をも展望すると，その時にはC，D，E国の自動車市場が拡大し，自国で生産拠点を構築しても充分に経済的合理性が得られるようになることが想定され，そうした将来への備えという点でWパターンは大きなリスクを負っていると言えよう[10]．

こうした現在および将来のリスクを考慮に入れると，C，D，E国にも生産拠点を残すことが重要であると考えられる．だがもちろんそれは現時点では国際競争力のない生産拠点を残すという決定的弱点を抱えることとなる．したがってこうした決定的弱点をどう克服するのかという点を充分に配慮することによって，どのような形でC，D，E国に生産拠点を残すことができるか，その方向性と具体策に議論を移そう．

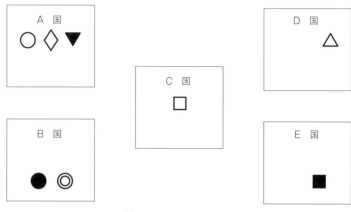

図2-8　WXパターン

出所）図2-3と同じ.

◆WXパターン

　その要点は，C，D，E国に生産拠点を残すが，生産モデルは国際競争力を生みだす可能性のある一つのモデルのみに絞るということである.それは図2-8に示したように，WパターンにXパターンを折衷的に接ぎ木し，かつA，B国に新モデルを追加投入して，モデル構成を変更しているWXパターンである.このWXパターンでは，A，B国ではWパターンと同様に相対的に競争優位のあるモデルを集中生産しながら，C，D，E国にもXパターンと同様に生産拠点を分散させ，それぞれ一つのモデルの集中生産を行っている.

　ただC，D，E国で生産するモデルをA，B国で競合生産しないように，A，B国から□△■のモデルをそれぞれC，D，E国に移管して集中化させ，他方A，B国には新たなモデル◇▼と◎をそれぞれ入れている.モデル配置をこのように変更することによって，A，B国での競争優位を維持しながら，C，D，E国にも生産拠点を残そうとしているのである.

◆WXパターンの弱点克服のための方策

　では，充分な配慮を行わなければならないとした点，すなわちC，D，E国に残した国際競争力のない生産拠点という決定的弱点をどう克服するのか.

　その第一の方策は，生産モデルを一つに絞り込むことであり，かつその1モデルのアジアとその周辺全域，あるいは極端に言えば世界全域の生産台数をす

べてC，D，E国に集中させることである．そうすることによって量産規模を
大きくすることと，輸出を増大させることの二つが同時に可能となる．他国の
事例を挙げれば，VWのアップはスロバキアで集中生産されており，またルノー
の在ルーマニア子会社のダチアではロガンが集中生産されている．とくに後者
のルーマニアにおけるダチアでのロガン生産は参考になる[11]．すなわち，ルーマ
ニアという旧社会主義国で工業基盤とくに自動車産業基盤が脆弱な国で，かつ
自動車市場としても年10万台前後の小さな市場で内需に期待することができな
い国でありながら，ルノーの新興国向け低価格世界戦略車ロガンを集中生産し，
輸出を中心として生産を拡大していくという戦略はASEANにも適応可能で
あると考えられる．とくにASEANではタイ以外の国では自動車輸出がほと
んど見られない故に，ある一つのモデルのASEAN周辺地域の生産をC，D，
E国の一つの国に集中することによって一定規模の輸出を可能とする生産戦略
は現地政府から好感を持って歓迎されることは明白であり，また内需が小さい
という弱点を克服できる方策ともなる．

　第二の方策は，現地政府の自動車産業育成戦略・優遇措置に適合した車種戦
略を採ることである．このように書くと，「時代遅れの保護主義頼りである」
という批判がすぐに返ってくるが，ASEANの新興国における自動車産業の発
展過程においてタイおよびインドネシア政府の自動車産業育成戦略/優遇措置
の果たした役割がきわめて大きいことに注目すべきである．タイにおけるピッ
クアップトラックおよびインドネシアにおけるミニバンという，それぞれの国
で自動車産業の発展を主導したドミナントカテゴリーは自然発生的に生まれた
のではない．各国政府のそうしたカテゴリーに対する首尾一貫した優遇措置（減
税など）によってドミナントカテゴリーの成長が押し進められたこと，とくに
タイでは100万台を超える輸出拡大に繋がっていったことは明らかである[12]．こ
うした点を考慮すると，C，D，E国における各国政府の自動車産業育成政策・
優遇措置に適合した車種戦略を採ることの重要性が理解できるであろう[13][14]．

　以上2020年代前半における生産拠点再編の方向性と具体策について検討し
た．次に市場規模がさらに大きく変化する2020年代後半について見ていこう．

3　2020年代後半に生産拠点をどう再編するか

（1）自動車市場の拡大が続く ASEAN 地域

　自動車市場規模が相対的に安定している北米や欧州とは異なって，ASEAN地域では自動市場が今後急激に拡大することが確実視されている．その根拠は以下である．第一に，ASEAN は人口が大きく，経済成長がなおも続くと見られている地域である．第二に，現時点では自動車保有の水準は低く，今後モータリゼーションに入る国が多いことである．すでに自動車市場の飽和化の兆候が見られるのは，人口1000人当りの保有台数が350台を超えているマレーシアのみで，残りの国の1000人当り保有台数は，タイが150台程度であるが，その他はすべて100台以下であり，飽和化するのはまだまだ先の事である．

　各国の人口は，インドネシア2億4000万人，フィリピン1億人，ベトナム9200万人，タイ6700万人，ミャンマー5100万人等で，ASEAN10カ国全体では6億人に達する．中国は人口13億人で自動車販売台数が2800万台（2018年）であるが，中国の人口のおよそ半分のASEAN地域も，中国自動車市場の三分の一程度の1000万台まで到達することは可能である．2018年時点で450万台前後の販売台数は，2020年には600〜700万台，2030年には1000万台を超える可能がある．このような自動車市場拡大の可能性を考慮して2020年代後半以降の生産拠点再編は検討されねばならない．

（2）2020年代後半の生産拠点再編

　本章では2020年代前半のASEANでの生産拠点の再編の具体策として図2-8のWXパターンを採ることとした．では2020年代後半にこのパターンはどのように変化するのか．主要な変化の特徴を提示すると，第一に，C，D，E国においても自動車市場が大きくなり，自国の生産拠点が国内販売モデルの生産分だけでも規模の経済性を享受できるようになることである．したがって，2020年代前半に絞り込んだ，輸出を主とするモデルだけでなく，内需を主とするモデルを追加することが可能となる．どの程度のモデル数が可能かは，当該国の市場の規模と自動車産業基盤の程度によって異なってくるが，2020年代前半のように1モデルではなく，複数のモデルの生産が可能となる場合もあろう．第二に，A，B国では，推測するに国内市場のさらなる拡大と輸出の増大によっ

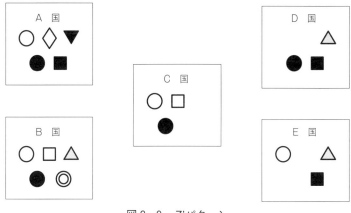

図 2-9　Z'パターン

出所）図 2-3 と同じ.

て生産台数はよりいっそう拡大し，2020 年代前半の得意モデルへの特化から，逆にモデル数の増大が可能となるであろうと考えられる．とはいえ第三に，5 カ国の生産拠点間のモデル分業がより高度の次元でなされることも確実である．その具体的あり方は，貿易自由化が徹底されている EU で欧州メーカー（欧州地域全体で 1 メーカー 200 万〜300 万台程度の生産）が展開している分業構造，すなわち本国では相対的に多くの複数のモデルを生産し，数カ国の他国では 1 〜 3 のモデルに絞る分業構造である．ASEAN では日系メーカーにとって本国は存在しないので，5 カ国でそれぞれ 3 〜 5 程度のモデルに絞ることが考えられる．

　したがって，2020 年代後半に図 2-3（貿易自由化以前）や図 2-7（Z パターン）に戻る可能性は低く，図 2-9（Z'パターン）に示したようなモデル分業になると推察される．

　お わ り に

　本章が提起したことは，ASEAN 統合が進むなかで日系自動車メーカーが採るべき生産拠点再編戦略である．要約すると，第一に，2020 年代前半は図 2-8 に示した WX パターンである．それは A，B 国では新たなモデルを投入しつつもモデル数を絞り，競争優位を維持しつつ，C，D，E 国では生産モデル

を一つに絞り，そのモデルの ASEAN 周辺全域あるいは全世界の生産分を C,
D, E 国に集中すること，および各国政府の自動車産業育成戦略／優遇措置に
適合したモデル戦略を採ることである．第二に，2020年代後半には ASEAN
各国における自動車市場の拡大のなかで，各国の生産拠点では国内販売向けモ
デルの生産が可能となり，図 2-9 に示したような Z'パターンであり，現在の
EU のなかで欧州メーカーが展開している分業関係のようになっていくと推察
される．

　本章は多くの前提的仮定をおいた上での問題提起であり，残された課題は数
多く存在している．ASEAN 各国の今後の動向探りつつ，さらに欧州や北米な
どでのモデル分業の一般化を図る作業が求められている．

（塩地　洋）

付記

　　　本章は，塩地洋「アセアン統合に伴う自動車生産拠点再編を考える——日系メーカー
　　を中心に」『産業学会研究年報』（30, 2015年）を一部改稿したものである．

注

1）ASEAN 統合の進展状況については，とりあえずここでは石川・清水・助川［2013］
　　を挙げておく．

2）本章では，分析対象国を以上の 8 カ国に限定する．シンガポールとブルネイは自動車
　　産業がほとんどないため，分析から外している．

3）ベトナムでは2018年 1 月から完成車輸入関税がゼロとなった．

4）ただし輸入関税がゼロになっても，非関税障壁（輸入業務などの各種規制）や国内税，
　　補助金などの国内政策によってその効果が働かなくなる場合，すなわち完成車輸入が
　　増大しない場合もある．実際にもベトナムでは2018年 1 月から関税はゼロになったが，
　　同時に政令116に基づき，輸入車に対して，品質を保証する生産国での認証の発行や
　　輸入ロットごとの検査などを義務づけ，輸入業務が全面的に滞り，輸入台数は停滞し
　　ている．だが本稿では関税がゼロとなることによる効果が全面的に働き，完成車輸入
　　が増大する場合に備えてどうするかという議論を基本としている．

5）トヨタ・モーター・フィリピン（以下，フィリピントヨタ）およびトヨタ・モーター・
　　ベトナム（以下，ベトナムトヨタ）などでの取材に基づく．

6）ベトナムトヨタ作成資料より引用．

7）ベトナムトヨタ作成資料より推量．

8）ただし大型車両に対しては 0 ％である．小林［2014］参照．

9）なお，ASEAN 統合に伴う部品生産拠点の再編は完成車生産拠点の再編とはまったく

異なる方向に進むと考えられる．この点について筆者は，京都大学東アジア経済研究センター主催アジア自動車シンポジウム（2013年12月）において「日系企業から見たミャンマー自動車産業——現地生産進出のための予備的考察——」を論題とする報告をおこなっている．

10）ベトナムトヨタなどでの取材に基づく．

11）Jullien, Lung and Midler［2012］参照．ロガンは2004年末から生産が開始され，イランなどでも生産している．ロガンはルノーと日産が共同開発したBプラットフォームとルノー・クリオのプラットフォームをミックスして開発した．主要部品の大半は既存のルノー車から流用し，開発費と製造を抑えている．

12）日本において軽自動車が普及しているのも，軽自動車が日本の交通事情に適合しているという面があるものの，数々の軽自動車優遇策（税，保険料，駐車料金，高速道路料金など）が普及に貢献している面が大きいことも事実である．

13）こうした観点から見てみると，ベトナム政府が2014年7月16日に公表した「2025年までのベトナム自動車発展戦略および2035年までのビジョン」では，生産台数・輸出台数の目標数値（2020年23万台・2万台，2025年47万台・4万台，2035年153万台・9万台）はあるが，その目標達成に至るプロセスと政策が示されていない上に，重点カテゴリーが明確に策定されていないという欠陥を持っている．

14）再び前掲『The Daily NNA タイ版』を引用しよう．「しかし，両国政府（ベトナムとフィリピン－引用者注）には「完成車生産を失っても良いのか？」と投げ掛けている．輸入税率は引き下げても，自動車生産企業には，例えばの話だが，生産インセンティブとして政府が税優遇や財政支出などで対応すれば，「トヨタとして現地生産の継続は可能だ」と伝えている．今は政府の出方を見守っている段階だ」．

参考文献

〈邦文献〉

小林哲也［2014］「自由化がフィリピン自動車産業に与えた影響に関する考察」『城西大学大学院研究年報』27．

石川幸一・清水一史・助川成也［2013］『ASEAN経済共同体と日本——巨大統合市場の誕生——』文真堂．

〈欧文献〉

Jullien, B., Lung, Y. and Midler, C.［2012］*The Logan Epic*, Dunod : Paris.

◆◆◆ 第 3 章 ◆◆◆

ASEAN における日系企業の自動車ビジネス

は じ め に

ASEAN の自動車産業は現在のところ，トヨタやホンダ，三菱などの日系自動車メーカーがタイとインドネシアを生産活動の中心に据えてそれぞれの生産基地をハブ拠点とし，地域全体を面で捉えた生産分業体制を構築することで成立している．タイとインドネシア両国での各メーカーの生産拠点は傘下の部品メーカー群の協力のもとで，それぞれ100万台を超える自国市場へ販売車両を供給している．また，完成車の相互供給に加えてフィリピン，マレーシア，ベトナムなど域内各国への完成車輸出や組み付け用部品の供給，さらには中近東やオーストラリアなど域外諸国への完成車輸出も積極的に行っている．Made in タイ，Made in インドネシアの日本ブランド車は日本にも逆輸入され，日本工場ではもう生産されなくなったモデルを供給することで，国内販売の商品ラインアップをサポートしている．

日系メーカーはマレーシア，ベトナム，フィリピンにも生産拠点を抱えてはいるが，その規模は比較的小さく，主として自国市場でのコアモデルの生産を担っている．

本章では，日系メーカーが ASEAN でこのような分業構造を構築するに至ったこれまでの経緯を，① 各国政府の自動車政策とその背景，② 日本メーカーの対応策，③ 消費者の集合体である市場の反応という三つの観点から，インドネシア，タイ，マレーシアを中心に，その姿がいかに変貌してきたのかを考察する．

1　ASEANにおいて日系自動車メーカーは 高い販売シェアを有する

　2018年の世界の自動車新車販売台数は9484万台である．最大の市場は中国で2808万台，次いで米国1770万台と続く．日本は1990年の777万台をピークに縮小傾向が続いているが，527万台で世界第3位の位置を守っている．ついで13

表3-1　2018年各国自動車新車市場

1	中国	28,080,577
2	米国	17,701,402
3	日本	5,272,067
4	インド	4,400,136
5	ドイツ	3,822,060
	ASEAN10カ国計	*3,574,773*
6	イギリス	2,734,276
7	フランス	2,632,621
8	ブラジル	2,468,434
9	イタリア	2,121,781
10	カナダ	1,984,992
11	韓国	1,827,141
12	ロシア	1,821,141
13	スペイン	1,563,496
14	メキシコ	1,421,458
15	インドネシア	1,152,789
16	オーストラリア	1,121,396
17	タイ	1,039,158
18	イラン	959,628
19	アルゼンチン	773,641
20	トルコ	641,541
23	マレーシア	598,714
29	フィリピン	401,345
37	ベトナム	246,500
56	シンガポール	95,206
90	ミャンマー	15,098
94	ブルネイ	13,000
101	ラオス	8,906
117	カンボジア	4,057

出所）OICA　国際自動車工業連盟．

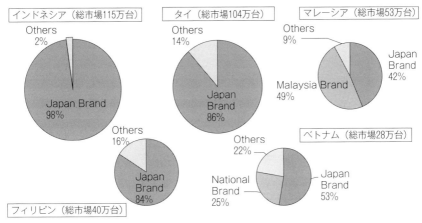

図3-1 ASEAN各国，日本車の市場シェア (2018年)

注）各国の総市場データは表3-1のOICA資料とは必ずしも一致しない.
出所）下記各国資料より筆者作成.
　　　インドネシア―GAIKINDO.
　　　タイ―FTI (Federation of Thai Industries), Toyota Motor Thailand Co., Ltd. (TMT).
　　　マレーシア―MAA (Malaysian Automotive Association).
　　　フィリピン―Chamber of Automotive Manufacturers of the Philippines, Inc. (CAMPI), The Truck Manufacturers Association (TMA).
　　　The Association of Vehicle Importers and Distributors (AVID).
　　　ベトナム―VAMA (Vietnam Automobile Manufacturers' Association)

　億人を抱えるインドが4位で440万と日本を急追している．ASEAN各国の市場をみると，最も大きなインドネシアでも115万台で世界第15位に留まる．続いてタイが103万台で17位，マレーシアが59万台で23位となり，ASEAN10カ国をあわせても357万台とようやく5位のドイツ一カ国に相当するレベルである（表3-1）．商品企画/製品開発や生産販売におけるビジネスモデルや採算性の立てやすい大市場の米国や中国，そして法規や市場特性などの同一性/統一性のあるEU各国とは異なって，海で隔てられた多様な国家の集合体であるASEANでの自動車ビジネスは採算性と競争力の確保が困難である．ところがその市場での日本車のシェアは高く，日本国内市場よりも日本車のシェアが高いインドネシアの98%を筆頭に，タイ86%，フィリピン84%，ベトナム56%，マレーシア42%と続いている（図3-1）．特筆すべきはトヨタやホンダなどの大手メーカーにとってこれらの国での販売台数が日本や米国，中国における販売台数に次いで大きいだけでなく，三菱，いすゞ，ダイハツ，スズキなどの小

規模メーカーの健闘が光っている点である．実のところ，ASEANビジネスは彼らの生命線となっている．

　ASEAN各国において欧米系主要メーカーの販売台数シェアが低い要因は，現在よりさらに市場が小さかった時代に各国政府による国産化規制強化策に彼らが嫌気がさし，同地域へのヒト・モノ・カネのリソース投入をほとんど諦めてしまうか，相対的にコストのかからない高級車販売ビジネスのみに縮小しまったことによる．1990年代には彼らの主要な関心地域は完全に中国に移ってしまった．またこの時期に急速なグローバル展開を現代自動車などの韓国メーカーも，BRICsには大きなリソースの投入をおこなったが，ASEANにはほとんど関心を示さなかった．日系メーカーはASEANで欧米系や韓国の主要メーカーと厳しい競争をすることがほとんどないという状況下で小規模日系メーカーも独自性を発揮していくことができたのである．

② 戦後から1970年代半ばにおける ASEAN各国での自動車産業政策
——フェーズ1から2へ：完成車輸入の許容から制限へ——

　クルマは他の商品と比較するとさまざまなバリューを人々に提供するユニークな商品と言えよう．乗用用途車は人間本来の欲求である移動という価値を提供しかつ人々の所有欲を満たし時として自己顕示欲も満たしてくれる．ビジネス用途車はヒトやモノの輸送という価値を提供しながら所有者に利益をもたらしてくれる．公共輸送車は社会インフラとしての価値を発揮する．そのクルマをつくる自動車産業は3万点もの部品を組み立てる労働集約産業であり知識集約産業でもある．したがって自動車メーカーだけでなくさまざまな部品メーカーや素材メーカーなどの存在が国家全体の産業発展につながっている．そして各国政府はこうした大きなプラスの価値を生む自動車産業に関して多様な関与を行ってきた．他方，自動車メーカーは，採算性や市場の反応を横目で見ながらこれに対応してきた．世界各国における自動車産業の姿はこうした各国政府の政策とメーカーの「せめぎ合い」の歴史とも言える．

　東南アジアでも，戦後から現在に至るまでさまざまな自動車政策が展開されてきたが，自国の産業基盤がないなかでは先ずはすでに発展を遂げている外国

表 3-2　ASEAN での自動車政策の変遷

	期間	自動車政策	ニーズ
フェーズ 1	戦後～60年代	外国からの完成車輸入（戦後賠賠償金の活用，政府テンダー，輸入業者指定）	輸送手段，移動手段の確保
フェーズ 2	70年代	CKD 方式による現地生産の奨励と完成車輸入制限	雇用確保，外貨流出の抑制
フェーズ 3	80～90年代前半	国産化部品の使用率向上政策（国産化率の段階的向上と品目指定方式）	自動車産業振興（保護主義政策）
		アジア通貨危機（1998年）	
フェーズ 4	2000年代	国産化政策の緩和，ASEAN 相互部品補完政策，各国との FTA 締結による自由化政策．	自由化への対応と自国自動車産業の防御
フェーズ 5	2010年代～	エコカー政策から電動車生産普及推進策へ（新保護主義政策？）	自動車量産・量販体制，環境ニーズへの対応，中進国の罠からの脱却

注 1）インドネシア，タイの政策を中心とした記述で，すべての国に当てはまるわけではない．
注 2）期間はおおまかな年代を示し，政策発表やその施行時期とは厳密には一致しないものもある．
出所）筆者作成．

自動車メーカーに協力を求めて，技術移転を図ることから始めなければならならなかった．

　インドネシアやタイの自動車政策はおおむね次のような五つのフェーズを経て現在に至っている．またマレーシアやフィリピン，ベトナムやミャンマーもこの流れのなかでの説明が可能である（表 3-2）．

　　　フェーズ 1　完成車輸入による移動手段・輸送手段の確保（戦後～1960年代）
　　　フェーズ 2　完成車の輸入制限と KD（ノックダウン）生産の推進（1970年代）
　　　フェーズ 3　国産化部品の使用率向上政策の推進（1980～90年代）
　　　フェーズ 4　貿易自由化のなかでの国産化政策の緩和（1990～2000年代）
　　　フェーズ 5　エコカーや電動車の推進（2010年代～）

◆フェーズ 1
　第 2 次世界大戦直後の ASEAN 諸国は戦後賠償金で日本製トラックや四輪駆動車を購入し，人々の旺盛な輸送需要や移動ニーズに応えてきた．その後に

経済発展や富裕層の個人所有需要の伸びもあり，各国は政府入札や輸入業者指定制度により日本など海外で製造されたトラックや乗用車を輸入していた．こうした段階をフェーズ 1 と規定する．

　ところが単価の高い完成車の輸入は外貨の一方的な持ち出しにつながる．また輸入車に頼った輸送・移動手段の確保は，結果的に輸送業，販売業やサービス業の自国での発展にはつながるものの，主要産業である製造業の発展には貢献しないという課題を抱えていた．

◆フェーズ 2

　1960年代に入ると各国政府は現地の雇用創出効果が期待できるノックダウン生産（KD生産）[4]を外国メーカーに課し，完成車輸入は禁止するかあるいは高い関税をかけ制限するようになった．こうした局面をフェーズ 2 と規定する．これに応えるかたちで日本メーカーのみならず欧米系メーカーも，タイ，インドネシア，マレーシア，フィリピンに KD 工場をかかえ乗用車やトラックの組み立てを開始した．こうして，ASEAN 各国には小規模の組立工場が乱立した．

　KD 生産のために輸入される部品はいわば模型のプラモデルのパッケージに例えられる．そこにおいて，組付け設備や組み立てラインをつくれば完成車に仕上げることができる．外板は塗装された状態，エンジンはすでに組み付けや

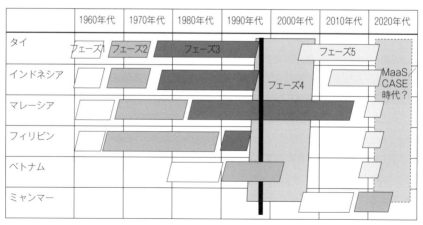

図 3-2　ASEAN 各国の自動車産業のステージ

出所）筆者作成.

調整が終了したユニット状態，内装などもデリケートな部分はすでに組み付けられている．タイヤやバッテリーなどアフター汎用部品として十分な量が期待できそうなアイテムは部品メーカーが現地生産に積極的に取り組むが，一方車両メーカーとしてはプレスラインや塗装ライン，エンジンの鋳造や機械加工といった膨大な設備投資を必要とするものは市場が小さいこの段階では行いたくない，というのが本音であった．ちなみに，ベトナムがフェーズ2に移行したのはタイやインドネシアから20年以上も遅れ1990年代になってからである．そこでは，ドイモイ（刷新）政策や外資開放政策に連動した自動車産業育成策に応えるかたちで10社以上の外国メーカーによるKD工場が小さな市場に乱立し現在に至っている．また，ミャンマーは，2019年5月に大胆な自動車政策を公表したが，現実はフェーズ1からようやくフェーズ2に移行しはじめた段階と言えよう．左ハンドル，車両は右側通行であるにもかかわらずミャンマー政府は日本から（右ハンドル）中古車の大量輸入を容認してきた．ミャンマーは現在ようやくKD生産を奨励するステージに入り，これを受けて各社がKD工場を立ち上げている（図3-2）．

③　部品国産化推進政策のなかでの各国間の競争力格差の形成
——フェーズ3におけるタイ，インドネシア，マレーシア——

インドネシア，タイ，フィリピンでは1970年代に入って工業化推進の機運が起こる．自動車の構成部品のほとんどを輸入し組み立てるKD方式から，部品の国産化推進への移行への試みが始まるフェーズ3の時期である．

外国メーカーの国産化投資推進と現地部品産業や周辺産業育成により，各国では雇用確保や技術移転の推進，ひいては産業発展のドライブをかけようと目論まれた．しかしながら各国が小さな市場，生産台数のまま保護主義を採用し，自動車部品の国産化を推進しようとしたため，対応する日系メーカーはそれまではハードルの低かったKD方式から系列の部品メーカーまで巻き込む国産部品製造のためのヒト・モノ・カネの投入を強いられることになった．

インドネシアでは高い関税が課せられていた完成車輸入をさらに全面禁止へと転換するとともに，1976年8月2日付工業大臣令307号「商用車組立における国産部品使用義務に関する規定」によって商業車の国産化政策が打ち出され

た．これに伴い，KD方式の枠内で日本から送られていた部品を順次国産部品に切り替えることが義務化され，1977年から実行された．バッテリーやタイヤなど汎用部品の輸入禁止措置にボディ，エンジン，トランスミッションなどの大きな現地設備投資のかかる部品を中心に，定められたスケジュールにしたがって国産化していくというきわめて厳しい内容のものであった．この時期にトヨタ，三菱，スズキなどの日系メーカーは市場を守るには政府の国産化政策に従うしかないと決断し，自前のプレス工場やエンジン工場などを建設していった．政府の国産化規制はさらに強化され，1990年には85％必達という目標が出されたが，部品輸入の段階的削減と国産化率引上げ政策[6]という複雑かつ採算性や実現性のみえない施策に日系メーカーは苦慮した．他方，欧米系メーカーは高度国産化政策に対応することを放棄し，インドネシアからの撤退，あるいは高関税でも一定の販売台数の見込める高価格車の販売を継続し，ほそぼそと生き残ることになった．

　他方タイでは，1970年初頭より外国メーカーが輸入完成車やKD部品の関税を引き上げるなどの緩やかな国産部品生産誘導が行われ，のち1978年に「乗用車新国産化法」によって国産化推進の法令が出された．当初はインドネシアのような品目指定方式ではなく乗用車は30％，商用車は25％という国産化率が規定され，各自動車メーカーは自らの判断に基づいて国産化のし易いものから順次国産化していくという方式を取ることができた（付加価値算定方式）．国産化モデルの指定も当初はインドネシアほど厳しくなく，また外資規制も緩やかで2000年の国産化規制そのものの撤廃に至るまで，おおむね外国メーカーとの対話や意見調整を行いながら国産化政策や自動車政策が進められるWin-win関係が築かれた．

　1970年代にインドネシアとタイの両国はほぼ同時期に国産化政策をたちあげ自動車産業発展を競いあっていた．半世紀近くがたった現在では，両国の市場規模はそれぞれ100万台余りとほぼ同等で，国内での部品調達率はコアモデルでは85％以上を達成している．双方はアジアの生産基地の中心となり，ハブ拠点としての役割も果たしている．しかしながら2018年の生産台数を見ると，タイが年間216万台に対しインドネシアは134万台に留まる．それはタイの輸出台数が100万台を超え，世界各国への輸出拠点になっており，「アジアのデトロイト」とも呼ばれるほどに成長しているのに対し，インドネシアはこの点で遅れている．

　この違いについては，国産化を進展させていくフェーズ3の段階での両国の外資系自動車メーカーに対するスタンスの違いであったことは明らかである．タイのほうが日系メーカーにとって国産化しやすい環境が作られたと考えられる．豊富な天然資源と世界4位の人口を抱えるインドネシアにおいてはスハルト大統領の当初の自動車政策は国家による産業管理の側面が強かった．他方，資源に依存できないタイは自動車産業の発展と同時に外国投資促進という点を真っ先に考慮する必要があったからである．

　とはいえインドネシアとタイのフェーズ3は外国メーカーが自動車ビジネスの主体となり，外国のパテントで車をつくることを容認し，外国ブランドの車が国内に走っても止むなしという基本路線をとっていた．ところが，自力で自動車の国産化を進展させようとしたのがマレーシアである．1970年代以前は外国メーカーの KD 生産（フェーズ2）が主流であったマレーシアは，1980年代になるとマハティール首相の国民車構想によって自動車産業は大きな転機を迎える．マレーシアの国産車政策は外国メーカーが開発したモデルの図面を使って生産と国産化を推進するのではなくて，車そのものを開発しそれにナショナル・ブランドをつけて市場に普及させようとするものであった．しかしながら2〜3万点に及ぶ部品点数のコスト/品質管理，「走る曲がる止まる」といった基本性能の達成，安全環境性能の確保，消費者の購買意欲をそそるデザインなど開発のハードルは高く，自国のみの力で自国ブランド車を開発することは容易ではなかった．そこで三菱自動車からの協力を受け，技術援助やエンジンの供給を経て1985年にようやく国民車ブランドであるプロトンのマークがついた4ドアセダンが立ち上がる．他方でマレーシア政府はプロトンの販売台数を伸ばすため，すでに進出していた外国ブランド車の KD 輸入には高い差別関税をかけた．政府による保護主義に基づく「低価格」政策によって一時プロトンのシェアは総市場の60％にまで拡大した．海外への輸出も始まり一時は国際ブランドになっていく勢いかと思われた．

　では，プロトンはインドネシアやタイのような自動車産業の進展に貢献したと言えるのか．残念ながら国策企業として自前の製品開発や生産レベルを継続的に高めて国際競争力を持つには至らず，結果的にプロトンではマレーシア自動車産業は順調に育たなかったと言えよう．その後に品質問題や経営問題が露呈し，フェーズ4（2000年代以降の貿易自由化のなかでの国産化政策の緩和）での自由化政策や国民車優遇策の緩和とともに国内シェアの凋落が目立つようになり，

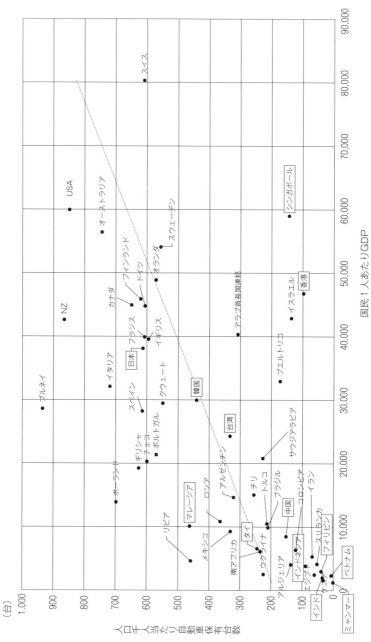

図 3 - 3　国民 1 人あたり GDP と自動車保有台数（2017年）

出所）自動車保有台数：OICA.
　　　人口統計・GDP：IMF（World Economic Outlook Databases）より筆者作成.

現在では第2国民車のプロドゥア（後述）やホンダにも抜かれて3位の座に甘んじている．さらに，2017年には経営難のなかで中国メーカーの資本参加を受け入れて，中国メーカーが開発したクルマにプロトンバッジをつけ，生産販売を行うという苦肉の策での生き残りを図ろうとしている．しかしながら，立ち上がり当初は保護主義の下で，他のメーカーのクルマと比して破格的に価格が低くされたプロトンはマレーシア国民に安価な交通手段を提供し，自動車の普及促進に大きく貢献したことは否めない．企業としてのプロトンは成功しなかったとはいえ自動車普及には大いに貢献したと言えよう．

　国民1人当たりのGDPと自動車保有台数の関係を見ても．マレーシアは他の新興国や中進国と比べて突出した自動車の変及を示している（図3-3）．

　ここでフィリピンにも触れておこう．1970年代にはフィリピンも自動車国産化に熱心であった．トヨタや三菱はインドネシアと同様のパッケージでの現地国産化をスタートさせたが，不安定な経済や政治情勢のために，フェーズ3の進展ではタイやインドネシアに後塵を拝し，十分な自動車産業の発展に到達しないままフェース4になってしまった．現在も国内販売におけるフィリピンの国内生産車比率は30％程度に留まっている．

4　国産化選択モデルが作った市場のデファクト・スタンダード
──フェーズ3における日系メーカーの商品戦略──

◆フェーズ3

　インドネシアとタイ，マレーシアの3カ国のそれぞれの自動車産業が現在の姿を形作った分岐点が1970〜80年代の自動車政策であるとすれば，現在の市場構造が出来上がったのは同時期の日系メーカーの商品選択にあったと考えられる．3カ国を訪れるとそれぞれの国で走っている車のタイプがまったく異なることに気づく．インドネシアでは3列シートで背の高いMPV（マルチ・パーパス・ビークル）と呼ばれるモデルが目立ち4ドアのセダンタイプはほとんど走っていない．タイは我が物顔で走るピックアップ・トラックと小型の4ドアセダンが主流．マレーシアは日本では馴染みのない国産モデルブランドのバッチを付けた小型の4ドアセダンが多い．

　国民車を価格優遇し普及させたマレーシアは理解できるとしても，インドネ

シアとタイの違いはどうして生じたのであろうか．国民性の違いや税制もあるが，その本当の要因は各メーカーが当時の国産化推進モデル（＝量販量産モデル）として投入したクルマのタイプがその国のデファクト・スタンダードを作ってしまったためと考えられる．つまり政府規制下でのデジュール・スタンダードがデファクト・スタンダード[7]になってしまったのである．現在よりもさらに小さな市場でかつ現地部品産業も育っていない状況下では，現地調達率を上げるための国産化投資（設備投資）の早期回収の工夫が必要となる．償却のためにはできるだけ国産化の容易な部品点数の少ないモデルを選んで，モデル数も削減して生産販売台数をかせがなければならない．

　インドネシアでは商用車が厳格に指定モデルとされたため，トヨタは部品国産化のしやすいシンプルな構造をもった発展途上国モデルとして開発したBUV（Basic Utility Vehicle）を「キジャン」として生産・発売し，国産化推進モデルと位置づけた．三菱はキャブオーバーの小型トラック，ダイハツ，スズキは日本の軽トラックの拡幅版をもって高度国産化モデルとした．発売後まもなく高まる個人ユーズや公共交通ニーズを背景に，現地の複数の架装業者（カロセリ）がメーカー出荷後のトラックの荷台部を取り外して改造し，多人数用途のミニバスとして市場投入を行ない市場に普及させていった．それが人々のカーライフに合致し現在のような3列シートの多人数MPVがマーケットの主流モデルとなった．

　他方タイでは，のちに米国でヒットする1トンピックアップトラック（ディーゼル版）と4ドアセダンという二つのモデルを各メーカーが国産化モデルとして選択をしたことが，それ以降40年を経て今日でも変わらない市場構造をもたらし続けている．国民性や顧客嗜好のマジョリティにフィットしたのであるが，それは保護主義下での隔離された国内市場でそれしか手頃な価格で買うクルマがなかったためである．したがって，そのタイプがマジョリティとなり，デファクト・スタンダード化したのである．

　また，小さな市場と少ない販売台数ではモデルチェンジサイクルを伸ばすのがビジネス上は得策と考えられる．こうしたモデルは当時日本のモデルチェンジのサイクルが4～5年であったのに比べると，10年と大変長かった．日本国内向けモデルの開発スケジュールとはずれるかたちでアジア専用の製品企画，開発スケジュールを作ろうという流れになっていく．ちなみに三菱が当初高度国産化モデルとしたキャブオーバーバンL - 300（日本名デリカ）は，インドネ

シアでの国産化開始から40年以上立った現在もほとんどかたちを変えずに都市内近距離輸送用のボックスカーゴ需要に最適なモデルとして生き残っている.[8)]貨客兼用というコンセプトでスタートしたのだが，フレームのついたキャブオーバー構造が積載ユースの頑強なバンやトラックとして最適であり，またモデルチェンジしないことは同じ補給部品がずっと使えることを意味し，商用用途車ユーザーにとっての優位性を現在も持ち続けているのである.

　マレーシアはこれとはまったく異なり，プロトンは独自のスケジュールでさまざまな製品投入をすすめ，低価格を武器にプロトン・ブランドを次々と市場投入していった.一方，既存の外国ブランドは高い輸入部品の関税を払っても成立する少量高付加価値の KD モデルを続け，安価なプロトン市場と中高級モデルで形成された Non プロトン市場という二分された構造が形成されていった.

5　ASEAN 貿易自由化と域内分業進展のなかでの 新興国専用モデルの開発 ──フェーズ4でのトヨタとホンダの製品開発──

◆フェーズ4

　これまで述べてきたような ASEAN 各国でも異なる状況下で，日系メーカーはグローバリゼーションの時代に突入していく.ASEAN 各国の自動車部品のローカルコンテンツ規制は WTO が定める TRIM (Trade-Related Investment Measure：貿易関連投資措置) 協定によって撤廃されることになった.まずインドネシアが1999年に国産化率に連動するインセンティブ制度を廃止，続いてタイが2000年，マレーシアが2002年，そしてフィリピンが2003年にローカルコンテンツ規制を廃止した.また，1993年1月より CEPT (Common Effective Preferential Tariff：共通実行有効特恵関税) によって ASEAN 域内の関税引き下げが開始された.そして，2002年での AFTA 完成によって ASEAN 6 カ国 (インドネシア，タイ，マレーシア，ブルネイ，フィリピン，シンガポール) では原則として域内関税が 0 〜 5 ％になった.

　各日系メーカーでは部品や完成車の集中生産と他国への輸出が格段に行い易くなったことにより ASEAN 域内での効率的な生産が進めやすくなり，ビジ

ネス展開の自由度が増した．ASEANでの分業体制再編の先鞭を付けたのは，トヨタのIMVプロジェクトであった．

　このIMVプロジェクトは，Innovative International Multipurpose Vehicleとして2002年に「海外市場専用車を海外のみで国際分業するプロジェクト」として立ち上がった．タイを中心としてASEAN各国のカーメーカーと部品メーカーの国産化体制がある程度確立してきたこと，BBCスキーム（ASEAN域内の部品補完スキーム[9]）を利用したエンジンやトランスミッションなどの大物部品（ユニット部品）の各国での集中生産・物流体制が出来上がっていることが背景として指摘できる．商品開発はタイ国産車ハイラックスのモデルチェンジ版の3ボディを基本としながらも，同じプラットフォームでSUVやインドネシアの主要モデルであり当時のベストセラーでもあったMPV（キジャン）の後継車というように，5種類のボティを企画し設計コストの削減が図られる．主要大物部品（ユニット部品）生産についてはタイでディーゼルエンジン，インドネシアではガソリンエンジン，フィリピンでマニュアルトランスミッション，マレーシアでステアリングなどの生産を分担した．そして，車両組み立てはタイ，インドネシア，ASEAN域外では南ア，アルゼンチン4カ国で行う体制とした．そのうえで，2004年からIMVの市場投入をタイとインドネシアで開始した．IMVのピックアップ版であるハイラックスは本国タイの市場で大ヒットとなっただけでなく，輸出も好調でタイがトヨタの製造拠点としてさらに発展していく原動力になった．しかしながらIMVのMPV版であるキジャンはインドネシアにおいては価格，排気量などにおいて売れ筋の価格帯よりも一クラス上級のモデルとなり，ベストセラーの地位をのちに導入されるダイハツとの共同開発モデルに明け渡すことになる．同じプラットフォームに基づきながらも異なる市場での異なるボディのモデルを作る難しさが課題として残った．トヨタが始めた①異なるモデルの統一設計，②部品や車両の集中生産，③域内域外への部品や完成車輸出というビジネスモデルは，現在では他社も同様に展開しており，ASEANにおける自動車のビジネスモデルとして機能している．

　ホンダも2010年にはいってトヨタ同様，新興国専用の小型乗用車の企画に着手し，各国異なる市場に対応できる四つのボディ（4ドアセダン，コンパクトハッチバック，MPV,SUV）を一気に開発した．また，低コスト設計によって後述するタイとインドネシアのエコカープロジェクトにも対応している．四つのボディのうちセダンはタイ生産，MPVはインドネシアを生産拠点とし市場のあると

ころでの生産とした．これによって短期間でASEAN市場における低価格モ
デルのラインアップを一気に増やし，インドネシアやマレーシアにおける大幅
なシェアアップにつなげている．ただし，タイをターゲットとしたセダンは結
果的にはタイでの販売シェアを上げる底上げ効果はなく，SUVも今ひとつの
ヒットを飛ばすことはできなかった．トヨタと同じくホンダも地域共通でのモ
デル開発の難しさという課題を残している．

6　低燃費低価格モデル導入政策は成功したのか
——フェーズ5におけるタイのエコカーとインドネシアのLCGC政策——

◆フェーズ5

　タイ・インドネシアとマレーシア・ベトナム・フィリピンの自動車産業の実
力の差が明白になっても，日系メーカーは後者3カ国の生産拠点をドラス
ティックに閉めてしまうという結論は2019年時点では出していない．後者3カ
国においては完成車輸入と現地組付用のKD部品をタイとインドネシアから輸
入しフェーズ3に近い自動車生産を行っているのが実態である．

　そうしたなか，タイとインドネシア政府は自国の自動車生産拠点としてのさ
らなる発展政策として自由貿易協定やWTOに抵触しないかたちでの自動車政
策を打ち出した．100万台規模の自国の市場では自動車産業の発展は限界があ
るとの判断から，安く燃費のいい「エコカー」の普及によって自国自動車市場
を拡大させようとするものである．ただ両国のエコカー政策を比較すると微妙
な差異も見えてくる．

　タイでは2007年にエコカー生産優遇税制が発表され，各メーカーがプロジェ
クト参入に名乗りをあげて生産ラインやエンジンの新規投資を行った．その後，
2011年に発生した大洪水からの復興需要やクルマを初めて購入する顧客へのイ
ンセンティブ政策による販売増加という追い風のあと，2013年は燃費と排気ガ
ス規制を欧米規格並に強化する第二期エコカー政策を発表した．既存メーカー
に新規投資を促したあと，僅か5年での強化策は生産開始より4年目以降は年
間10万台以上の生産や投資額の下限などが条件付けられていた．かつてのイン
ドネシア政府の国産化政策のような厳しさを彷彿させる．

　このようなエコカー政策に欧米メーカーはまったく参加しなかった．日系

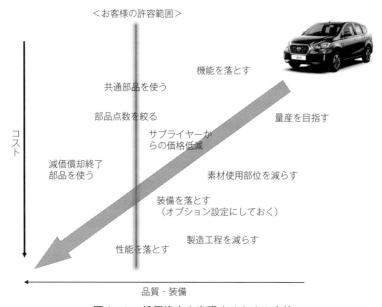

図 3‑4　低価格車を実現するための方策

出所）筆者作成．写真は日産自動車㈱広報資料より．

メーカーのみが対象モデルの排気量1300cc 以下のガソリン車でエコカー市場に参入した．タイのエコカーは現在では市場の約20％のシェアを獲得している．省エネ効果，排気ガスなど当初の目的は達したかに思われるが市場全体があまり伸びていないこともあって，参入メーカー 6 社合わせても20万台と 4 年以内での各社10万台という目標達成は厳しい状況である．

　一方で，エコとは無縁とも思える 1 トン・ピックアップ・トラックの人気は衰えることを知らない．2000cc を超えるディーゼルエンジンを持ち，サイズは日本の規格で 1 ナンバーの普通貨物自動車になるほどの十分大きなピックアップ・トラックは商用ユース，乗商兼用，エントリーユーザーにいたるまでの幅広いユーザー層をカバーしている．エコカーは低価格といっても日本で200万円近くするモデルで1200cc クラスの小さなセダンやコンパクトハッチの市場はあくまで都会の若年層など限定的だと考えられる．

　インドネシアでは2013年に LCGC（Low Cost Green Car：低価格型環境対応車政策）が出された．ここでは排気ガス規制には言及されていないが，国産化率の維持

とも輸出義務などが盛り込まれた.奢侈税の免除はあるものの,タイのようなカーメーカーの投資に対する優遇策はない.また,「インドネシア語の名前をつけるべし」といった付帯条件がつくところがインドネシアでの政治の複雑さを物語っている.こうしたエコカー政策は「庶民が手にいれることのできる低価格のクルマが発売されることによってバイクユーザーがクルマのユーザーにとって代わり,人々はより快適な生活が享受できるようになり,インドネシアは自動車大国に一歩近づく」とのスローガンによって推進されている.価格のガイドラインが100万円以下と大変厳しく,各社とも減価低減を極限に近い状態まで進めた専用開発車を作る必要があった(図3-4).結果的に手をあげたのはトヨタ,ダイハツ,ホンダ,日産,スズキの5社で,対応車種を開発し順次現地生産を進め市場投入している.ダイハツは日本の軽自動車のノウハウなども活かしながら割り切った設計やスペックとし,さらに調達先も日系にこだわらず地元企業なども取り入れ徹底的に原価低減を実施.生産した完成車はトヨタへも供給する双子車モデル(トヨタの「アギア」とダイハツの「アイラ」)とし投資回収期間を稼ぐといった方式を採用した.ホンダも前述の通りモジュール開発の一つにLCGCモデルを加え,設計コストと部品コストを稼ぐという方式で対応をおこなった.日産はインド向けに開発したモデルをLCGCとすることに決定したが,日産の冠をつけることのできない品質やスペックとなるため「ダッツン」という別ブランドを選択し,工場の新規投資まで実施した.そのうえで,ニッサン・ブランドの既存販売店でのダッツン併売という方式を採用し,低価格車での新規ユーザー獲得にインドネシアでのビジネスの舵を大きく切った.現在のところインドネシアのエコカーの販売はタイと同様に市場の20%程度を占めている.

　結局のところエコカーはタイやインドネシアで新規購入顧客の継続的な取り込みで市場を伸ばすという効果はまったくなく,市場全体が価格のより安いところにシフトし各メーカーの収益性を圧迫しただけとも言えよう.ただし,他社の困惑を尻目にLCGC政策を利用し一気に事業を拡大したのはダイハツである.ダイハツが市場に出した商品は割り切ったコスパを持つコンパクトハッチとして市場に受け入れられ,トヨタの販売力(インドネシア国内や域内輸出)にも支えられて順調に生産台数を伸ばし投資回収すすめた.さらにマレーシア第2国民車プロドゥアの合弁モデルとしてインドネシアでのLCGCの流用モデルを次々と市場投入し,プロドゥアがマレーシアでトップブランドに躍り出る

原動力ともなった．プロトンが開拓した低価格ユーザーをしっかり取り込む事に成功したのである．

おわりに

　本章では ASEAN における各国の自動車産業政策の変遷とそれに対応した日系自動車メーカーのビジネスモデルの動向を明らかにした．

　各国の自動車産業政策は，戦後直後には完成車輸入を許容していたが（フェーズ 1），その後完成車輸入に対する高関税政策が採用され，さらに完成車輸入が禁止されていった（フェーズ 2）．そして国内で自動車産業を育成するために，外資の自動車メーカーを誘致し，KD 生産を開始した．当初は国産部品の使用比率（国産化率）は低かったが，段階的に国産化率を引き上げる政策が採られた．こうした自動車産業政策に対応するために日系自動車メーカーは部品の国産化率を引き上げることに協力していかざるを得なかった（フェーズ 3）．

　本章のオリジナルなファクトファインディングは，かかるフェーズ 3 における各国政府の自動車産業政策のあり方の相違が，2020年現在の ASEAN 各国の自動車産業の競争力の相違を形成する一つの重要な要因となったという事実の指摘である．すなわちインドネシアはやや強制的な部品品目指定方式によって部品国産化政策を進め，結局は自動車産業の発展は停滞した．他方タイは外資自動車メーカーの自由裁量にある程度まかせる形の付加価値算定方式によって部品国産化政策を進めた結果，ASEAN で最も自動車産業の発達した国となった．最も国家主導の国産化政策を進めたマレーシアは，当初はプロトンの成功によって自動車の普及に成功したが，長期的な観点ではプロトンは成功したビジネスモデルとはならなかったと言えよう．

　本章は上記の論定に加えて，ASEAN の貿易自由化のなかで日系メーカーによって試みられている新興国専用モデルの開発（フェーズ 4）や，タイとインドネシアで進められているエコカー政策（フェーズ 5）についても検討を試みたがなおも端緒的な分析に終わっている．今後の課題として引き続き分析を続けたい．

（藤井真治）

注

1）日本車とは日本メーカーのブランドを付けたクルマと定義.

2）2018年の日本国内販売台数は527万2067台，うち輸入車（除く日本ブランド）は30万9405台．日本市場の日本車シェアは94.1%である.

3）2000年代に入って著しい成長を遂げているブラジル，ロシア，インド，中国の4カ国の総称.

4）構成部品の多くの部分を外国から輸入し現地で組み建てる方式の総称．ただ，本章では現地調達率が低い状態という意味でこの用語を使う.

5）自動車組立工場での新車組付け用の部品ではないアフターサービス用のメンテナンス部品．必ずしも，組付け部品と同じメーカーの部品であるとは限らない.

6）部品国産化が目標どおり進んでいるかをフォローするために，輸入部品リストを点検する方式.

7）デジュール・スタンダードとは政府など標準化機関が決めた規格，サイズ，スペックなどに基づく標準化を意味し，デファクト・スタンダードとは市場における競争や広く採用された「結果として事実上標準化した基準」を指す.

8）インドネシアやフィリピンの排気ガス規制が緩いという理由もあり，各メーカーにとってモデル・チェンジのプレッシャーがかからないことも理由の一つと考えられる.

9）ASEAN 6カ国が1988年に交わした自動車部品補完協定のこと．各自動車メーカーがそれぞれのブランドのもとに域内調達率50%を達成した部品は ASEAN 域内であれば低関税で自由に輸出入できる仕組みを言う.

参考文献

大鹿隆［2015］「グローバル製品・市場戦略論：日本自動車産業のケース研究（1）日本自動車生産台数の長期推移とそれぞれの時代の特徴」『MMRC *DISCUSSION PAPER SERIES*』，470.

―――――［2016］「グローバル製品・市場戦略論：日本自動車産業のケース研究（8）アジア自動車産業と世界自動車メーカーのアーキテクチャ分析」『MMRC *DISCUSSION PAPER SERIES*』486.

太田志乃「タイの電動車奨励政策が同国の自動車産業に与える影響」［2019］『機械振興協会経済研究所小論文』3.

川辺純子［2018］「インドネシアにおける自動車産業政策と日系自動車メーカー：トヨタ・モーター・インドネシア（TMMIN）の事例研究」『城西大学経営紀要』14.

田中武憲［2006］「タイにおけるトヨタの経営現地化とトヨタ生産システム――IMV+TPS＝現地化の法則――」『名城論叢』7（3）.

トヨタ自動車［1978］『トヨタのあゆみ：トヨタ自動車工業株式会社40周年記念誌』.

「トヨタ・モーター・ベトナムの KD 生産」［2016］『早稲田大学自動車部品産業研究史紀

要』17.

日本政策投資銀行［2015］「AEC発足後のASEAN自動車産業の考察——多様性への対応等で高度な経営力が必要に——」『今月のトピックス』, No.226-Ⅰ.

野村俊郎［2015］『トヨタの新興国IMV——そのイノベーション戦略と組織——』文眞堂

塙賢治［2016］「ASEAN自動車市場の概況」『JAMAGAINE』50.

藤本隆宏［2004］『日本のものづくり哲学』日本経済新聞社.

————［2017］「現場から見上げる企業戦略論——デジタル時代にも日本に勝機はある——」KADOKAWA.

第Ⅱ部

進出日系企業の役割と貢献

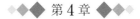

第 4 章

日本企業のタイ進出はタイの経済社会に何をもたらしたか

はじめに

　本章では，日系企業の進出としてあらわされる海外事業展開の先としてタイ王国（以下，タイ）をとりあげながら，これまでの日本企業のタイ進出が，タイの経済社会に何をもたらしたかを明らかにしていくことを目的とする．

　ここでいう日系企業とは，日本に本社機能を有している企業である．本章では，日系企業のなかでも，主に機械金属業種に属する企業を念頭に議論していく．また，進出とは，国際化の発展段階のなかでの直接投資であり，現地法人設立に至るきっかけから工場の操業展開に至る一連のプロセスを指すことから，海外事業展開とも呼ばれる．

　日系企業のタイへの進出は，機械金属業種のなかでも加工組立型産業に属する大企業を中心とした古くからの歴史があり，タイには一定の日系企業の集積がある．一方で中小企業のタイ進出は，比較的最近の動きであり，2000年代以降に本格的に展開されてきている．しかしながら，2010年代以降におけるタイにおけるさまざまな情勢変化から，日系企業のタイ進出は新たな動きを見せている．このような時間の経過をともなう動きを的確に把握していくためには，タイに進出している企業や企業に従事する個人のケースを個別に集めてその事実を言語化していくしかない．

　そこで本章では，筆者が2010年代に継続的に独自に行ってきた，タイに進出している日系企業ならびにタイのローカル企業，またそれら企業の日本人出身者に対するインタビュー調査から，そこで得られたデータを基に日本企業のタイ進出はタイの経済社会に何をもたらしたかを明らかにしていく．なおインタビューは質問事項をゆるやかに設定した半構造化インタビューによって行われた．第1節では，日本企業の国際化とその成果という文脈で先行研究をレビューし，本章で考察していく射程を明らかにする．第2節では，タイに進出している日系企業の外観をいくつかのデータをもちいて説明する．第3節では，筆者

が行ったインタビュー調査結果を示しながら，日本企業がタイ進出によってタイの経済社会にもたらした成果をみていく．第4節は，いくつかのケースから明らかとなったこれからの日本企業のタイ進出の展望をみていく．

1　日本企業の国際化とその成果

　大企業の国際化は，国際経営などの分野で研究が展開されてきたが，本国の拠点を海外に移管するという視点から，本国の拠点を含む経済社会にとってマイナスの影響をもたらすと考えられてきた [吉原 1997]．その一方で，大企業の国際化は，当該企業と直接的に受発注取引関係にあった受注企業の事業転換に代表される「経営自立化」を促すなど，一部のケースに限られているが，プラスの影響をもたらすこともあるとの見方がある [天野 2005].[1]

　中小企業の国際化は，いかなる成果をもたらすのであろうか．中小企業の国際化は，日本の拠点にとって，大企業よりも明確に，企業としての生存・成長の実現，雇用創出などプラスの影響をもたらすという考え方がある [中小企業庁 2012；松島 2012].

　日本では，2010年代以降，政府による海外事業展開支援などもあり [中小企業庁 2012]，中小企業の国際化は新しい展開を迎えてきている．この動きもあり，日本の中小企業研究者によって研究成果が発表されてきている．例えば山本 [2012] は，国際化している中小企業と国際化していない中小企業とを比較し，国際化している中小企業の方が，労働生産性などが高いことから良好なパフォーマンスを実現していることを指摘する．藤井 [2014] は，日本政策金融公庫総合研究所が実施したアンケート調査から，[2]国内事業と海外事業との双方を見据えた経営がプラスの相乗効果を生み出すこと，また，直接投資企業のなかには当初想定していたこと以外の「思わぬ好影響」をもたらすことを指摘するとともに，国際化の時期とデータがリンクしていない点を課題として指摘する．山藤 [2014] は，海外展開が国内拠点に寄与する直接的な効果を検討し，「グローバル受注」，「営業拠点機能」，「利益移転」という三つの効果が，国内事業の維持・拡大に貢献していること，さらにはこれら三つのなかでも「営業拠点機能」は海外拠点の顧客の紹介により国内拠点の顧客が増加することから「ブーメラン効果」とし，三つの事例からこのことを明らかにしている．

　しかしながら，企業が国際化をしたからといって，そのことが成果にプラスの影響を即座に及ぼすわけではない．実際には，中小企業の場合，国際化の初期段階にとどまるケースが多いことも指摘されている［遠原2012］．国際化してからの事業展開がある程度の段階に入らなければ，その成果は表れてこないのかもしれない．さらに言えば，国際化の成果といっても，国際化を実現したその企業に直接的にもたらされる成果もあれば，国際化の結果としてある一定の時間を経て経済社会に与える影響など間接的にもたらされる成果もあるであろう．成果の内実は多様なのである．このように考えると，国際化がもたらす成果というのは，ある一時点でなく，ある一定の時間の経過のなかで，どのような成果がどこにどのように享受されたのかを把握していくことが重要となると言える．日本の中小企業が国際化を実現していくそのプロセスのなかで，いかなる成果をどこにどのようにもたらすかという点については，先行研究では必ずしも明らかになっているとは言えない．これが本章の学術的な貢献となりうる．

 ## 2　タイに進出する日系企業の概観

（1）統計的データからの把握

　タイではこれまでにも多くの日系企業が事業を行っていると言われる．例えば，経済産業省ならびに中小企業庁など政府機関をはじめ，東洋経済新報社などの統計データがある．

　経済産業省による「海外事業活動実態調査」（2016年度）は，日本企業の現地法人を対象にアンケート調査を行ったところ，有効回答企業数2万4959社のうち，進出先の国・地域をみると，66.2％がアジアで，そのうち30.2％が中国，次点の18.1％がASEANであり，ASEANの比重がこのところ高まっていると指摘する．また中小企業庁による「中小企業海外事業活動実態調査」（2016年度）によれば，有効回答企業数1万656社のうち43.9％にあたる5995社が海外で事業展開を行っている．このうち海外拠点を設置している企業は31.2％であり，進出先の国・地域をみると，86.4％がアジアで，なかでも785社が中国である．次点が311社でタイ，次々点が207社でベトナムである．

　東洋経済新報社は，ASEANに展開する日系企業の進出数を2011年と2016年

とで比べて，日系企業のタイ進出を実現する日系企業の数が，2011年の1777社から2016年の2412社へと635社ほど増加していることを指摘している．東洋経済新報社が示すデータのなかで，2016年現在においてタイ進出を実現している日系企業の数は，ASEAN加盟国のなかではもっとも多くなっている（なおタイの次点はシンガポールの1386社，次々点はインドネシアの1218社）．

（2）独自データからの把握
①『タイ国経済概況』

　これらのデータは，日本企業の海外進出の実情を知ることができることは間違いない．また，それに代わる公的なマクロデータも存在しない．しかし，この調査はアンケート調査であるため，日本企業の全てを調査対象としていない．このため，回答割合は参考の一つになるが，実数値としては日本企業の海外進出の実態を把握することは困難という問題がある．実際にどのくらいの数の日系企業が進出しており，どのような経済活動を展開しているのかを把握することは必ずしも容易ではない．日本企業の海外進出の実態をより把握しようとすると，別のデータを独自に収集する必要がある．

　タイ進出を実現している日系企業の数をもっとも的確に把握しているとされるものの一つに，バンコク日本人商工会議所が発行する『タイ国経済概況（2010/2011年度版）』のなかで示されたデータがある．このデータは，アンケートベースではなく，商工会議所のスタッフが把握されうる所在地や電話番号など連絡先に直接アクセスし，状況を把握したものである．このデータによると，タイには6773社の日系企業が進出しており，そのうち企業活動が確認された企業は3651社（53.9％），閉鎖が確認された企業は183社（2.7％），登記住所に存在しない企業が873社（12.9％），電話番号が入手できない企業が2066社（30.5％）となったことを明らかにしている．このデータは，企業活動の有無を直接確認しているという点で有用であるが，分析のために把握されたものでないために，これ以上の知見はこのデータからは得ることができない．

②TDBのデータベース

　そこで，タイ進出日系企業の企業活動をより具体的に把握するために有用になると考えるのが株式会社帝国データバンク（以下，TDBとする）のデータベース，とくにCOSMOS 2と呼ばれる企業概要データである．TDBでは，訪問調

査により信用調査の報告書を作成しているが，それ以外にも，聞き取り項目の少ないCOSMOS 2を電話調査などにより毎年更新している．COSMOS 2には，企業所在地，創業年，従業員数，資本金規模，売上高，海外拠点の有無などが入力されている．TDBのデータベースは，中小企業の海外進出の実態を把握するために収集されたものではない．このためデータから導き出される含意には，十分に留意を払う必要がある．しかし，そうした制約がありながらも，TDBのデータは，限定的ながらも事業展開先の国・地域を把握することができ，また海外における中小企業の事業活動の実態をより把握することができる．

　TDBのデータベースであるCOSMOS 2データ（以下，C 2データと略記）で，タイに拠点を有する企業（以下ではこうした企業を「タイに進出している企業」とする）を抽出したところ，2011年10月31日時点で3133社にのぼることが明らかとなっている．業種別にみると製造業が55.4%（1735社）と過半数を占めている．この数は，上述のDBDとバンコク日本人商工会議所との双方のデータベースで，業種が判明している3884社のうち製造業に該当する企業が48.4%（1879社）よりも高くなっているが，タイに進出している企業の多くが製造業であるということは共通している．

　以下では，タイに進出している企業のうち，製造業に焦点を当てる．なかでもとくにタイでもその集積が著しい機械金属業種に分析対象を限定する．具体的には，金属製品製造業，一般機械器具製造業，電気機械器具製造業，輸送用機械器具製造業，精密機械・医療機械器具製造業，の5業種である．これらの業種に限定する理由は，タイでは，日本を代表する自動車企業ならびに家電企業が多く立地しており，関連企業の厚い集積が各地にみられることで知られているためである．こうして抽出された機械金属業種企業は，1015社にのぼる．

　また，TDBのデータをもちいれば，企業規模ごとの差異をみることができる．これは，自動車企業ならびに家電企業が加工組立型産業であることから，特定の親企業を頂点とする階層的な分業・取引構造が形成されていることが想定され，そうした親企業に比べて相対的に規模が小さな中小企業の多くが親企業の進出に付随してタイに進出していると考えられるためである．

　特定の親企業と取引をしている中小企業のなかには，日本において支配的関係の下に置かれている企業も少なからず存在する．こうした企業群は系列企業と呼ばれる．TDBでは，「出資の多寡，意思決定への影響の強弱を問わず，実質的な支配的関係の下にある」企業群を「グループ系列」としている．このよ

うにグルーピングされる企業群を系列企業と呼ぶと，TDB のデータベースで
は，機械金属業種企業1015社のうち，29.2％（296社）が系列企業となっている．
系列企業ではない企業群を独立企業とすると，独立企業は70.8％（719社）存在
している．このように，タイに進出する企業の多くは，特定の親企業と支配的
関係の下に置かれていない独立企業である．

　TDB のデータからは，政府などが実施したアンケート調査と同様に，タイ
進出を実現している日系企業の総数や企業活動のより詳細な実態を把握するこ
とはできない．しかしながら，TDB のデータは，従業員数を大企業と中小企
業とに分けて，さらに業種を機械金属に限定したうえで，何らかの拠点をタイ
に設立した年数を時系列に把握することができる．これを示したものが，図4-
1である．この図から，次の三つの点を指摘することができる．一つは，規模
が比較的大きい大企業は，タイ進出が早い段階から行われている．二つは，独
立企業のタイ進出は，2000年代に入って第三次のブームを迎えており，多くの
独立企業がタイに拠点をもつようになっている[5]．三つは，この2000年代の第三
次の進出ブームを支えたのが，従業員数300人未満の中小企業である．

　以上の三つの点を前提としながら，日系企業がタイ進出を実現したことに

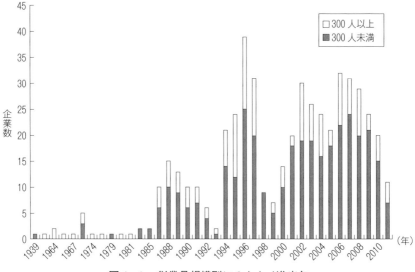

図4-1　従業員規模別にみたタイ進出年

出所）関［2014b］.

よって，タイの経済社会にもたらした成果を，インタビュー調査をつうじて具体的に明らかにしていく．

 3 **日系企業がタイの経済社会にもたらしたもの**

　日系企業のタイ進出は，タイの経済社会に何をもたらしたのであろうか．
　日系大企業が，タイにおいて先駆的に製造拠点を設立したことは，タイの経済社会に次の三つの点をもたらした．一つは，タイ国内における日系サプライヤー・システムの構築とタイのローカル企業の経営・技術・品質力向上に対するモチベーションの高揚である．二つは，日系企業のさらなる集積とタイ人の就業機会の増大である．三つは，日系大企業に従事する日本人およびタイ人の労働者を中心とした起業家予備軍の輩出である．これら三つの諸点は，相互にかかわりのある内容であり，排他的な関係にない．

（1）日系サプライヤー・システムの構築とタイローカル企業のモチベーション向上

　日系大企業が先駆的にタイにて生産を開始したことにより，日本で取引先であった企業が要請を受け，その展開に追随してタイで事業展開を行うようになった．このような追随型の日本企業のタイ進出は，今日においてもみられる．例えば，京都府宇治市に本社をおく自動車や油圧機器関連の部品製造を行う企業（創業1954年，資本金額1000万円，従業員数約100名）は，当初はタイへの進出は考えられなかったが，日本国内の取引先からの要請に伴い，2011年にタイへ進出した[6]．こうして日本国内で取引のあった企業が，タイ国内においても取引関係を構築しようとする日系サプライヤー・システムが構築されていき，第三国輸出の拠点として機能していくことになった．
　さらに日系大企業は，タイで生産を開始したことで，タイのローカル企業の経営・技術・品質力向上のモチベーションを高めた．タイ国内の日系サプライヤー・システムが生み出す製品が要求する技術力の水準は高く，結果として付加価値が高いと言われる．この日系サプライヤー・システムは，当初は日本国内で取引のあった日本企業同士による取引関係から構成されていた．しかしながら，タイのローカル企業も1970〜80年代にかけて創業してきた部品メーカー

は，創業以降，トヨタ生産方式などを積極的に導入するなどによって，経営・技術・品質の水準を着実に向上させてきている．今日，タイのローカル企業のなかには，日系サプライヤー・システムのなかに組み込まれたり，あるいは日本企業との国際合弁によって新会社を設立し，日本企業から技術供与を受けることで部品や技術を提供したりすることで，一部の部品については日本市場の要求をクリアする企業も出てきている．例えば，バンコク東部に本社をおく自動車のシートフレームを製造する企業（創業1975年，従業員数約500名）は，日系企業との取引を実現するべく設備投資を先行させ，付加価値の高いシートフレームの半製品の製造を行うことができるようになった[7]．また，バンコク郊外に本社をおく自動車用部品ならびに家電向けのスタンピング部品を製造する企業（創業1989年，従業員数約400名）は，約20社の日本の中小企業と国際合弁を締結し，日本企業向けの部品供給をすることができるようになった[8]．

（2）日系企業のさらなる集積とタイ人の就業機会の増大

　日系大企業の進出によって，日系サプライヤー・システムが形成され，これにともなってタイにおいて日系企業が着実に集積していくことになったが，この日系企業の集積形成は，日系企業のさらなる集積を促した．具体的には，まだ日本以外の国で事業展開をしていない日本企業にとって，タイ進出の動機づけを与えることになった．主に2000年代以降の中小企業の進出をみると，日本で取引実績のなかった企業との取引をタイ国内で新規に構築しようとする動きが出てきた．例えば，兵庫県三田市に本社をおく主に鉄道車両に搭載される部品製造・加工を行う企業（創業1937年，資本金額4000万円，従業員数約40名）は，日本では受注元企業からの出資を受けている系列企業であるが，2013年にタイに進出し，「しがらみのない」かたちでの新規顧客の開拓を展開している［関2012][9]．また，すでにタイに進出していた日系企業の日本本社の所在地と比較的に地理的に近接している中小企業もまた，日本国内での関係性から，タイでの事業に関する情報交流などを経て，タイ進出の動機づけを高めることになった．例えば，大阪府八尾市に本社をおく熱処理メーカー（創業1969年，資本金額1500万円，従業員数約60名）は，すでにタイに進出していたマグネシウム加工を事業とする日本の本社が八尾市内の企業ならびにその企業のアドバイザーの紹介を経て，タイのローカル企業との国際合弁のかたちで2014年に会社を設立し，タイ進出を果たした［関2014a；2015a][10]．これらの結果，日本企業の進出が中小

企業も含めて持続的に起こっていくことになり，日系企業の集積がさらに厚みを増していくことになった．

　タイにおける日系企業の集積促進は，たんに日系企業の数が増えただけではない．一つに，日系企業の集積は，タイ人の日系企業への就業機会を増大させた．日本企業がタイに法人を設立し，日本からの駐在員をおくためには，その駐在員がタイで就労する前に一定人数のタイ人を雇用しなければならないとされていた[11]．このようにタイで日系企業に雇用されたタイ人は，日本からの駐在員の管理下のもと，日本的な経営の実践にかかわっていくことになり，日本的な経営を着実に身につけていくようになっていた．もう一つに，日系企業の集積は，関連産業の形成を促した．日本大企業の社員が駐在員としてタイ国内（とくにバンコク近郊）で居住をするようになると，場合によってはその駐在員の家族も同行するなど，日本人のコミュニティが形成されていく．そして，日本人の居住生活に必要な関連産業の形成（飲食店などサービス業の進出など）が生み出されていった．在タイ日本国大使館によると，タイ国内には，2017年10月1日現在において，日本人の長期滞在者・永住者は約7万3千人であり，そのうち約5万3千人（約73%）がバンコクに集中している[12]．この結果として，バンコクには多くの日本人向けの飲食店などサービス業が新規に開業し，またタイ人の日本ブームと相まって，タイのローカル企業の日本食など関連産業への参入を生み出すこととなった［藤岡 2019］．

（3）タイ国内での日本人およびタイ人の起業家予備軍の輩出

　日系大企業が進出することでタイの経済社会にもたらした三つめは，タイ国内での起業家予備軍の輩出である．具体的には，日系大企業に従事する労働者が，タイ国内での起業の担い手となったのである．

　これには日本人とタイ人のそれぞれについての二つのパターンがある．一つのパターンは，日本人に関するものである．日本から派遣された日本人駐在員は，ある一定期間の駐在を終えると日本に帰国するが，駐在の期間が終わったさいに日本に戻らずに，日系企業を退職して，そのままタイに居住をしていくというパターンである．

　その際，さらに二つのパターンに分かれる．一つは，日本人駐在員経験者が，タイのローカル企業に雇用されるケースである．タイのローカル企業に雇用された日本人は，タイのローカル企業の技術力向上のための要員として活躍し，

タイのローカル企業の技術的発展に貢献していくことになる．例えば，前述の兵庫県三田市に本社をおく，主に鉄道車両に搭載される部品製造・加工を行う企業のタイ法人の副社長は，いまは日系中小企業の副社長であるが，もともとは日系の大手家電メーカーの海外工場の立ち上げメンバーとして世界各国を渡り歩き，最後にたどり着いたタイにおいて，その大手家電メーカーに追随しタイに進出した（後にタイで上場まで果たした）日系家電部品メーカー企業（仮にM社とする）の従業員として雇用され，さらにその後に，タイのローカルの機械金属メーカーに再雇用され，そこで工場の現場指導を行っていた[13]．

　もう一つは，日本人駐在員経験者ないしは現地で雇用された日本人従業員が，勤務していた日系企業を退職した後に，独自に起業機会を見つけ，独立開業するケースである．例えば，上述のタイで上場した日系企業M社に勤務していた人物は，退職後に日本に戻ろうとしたこともあったが，最終的にタイに居住することを決め，タイでの日系企業向けの顧客開拓のサポートを主に行う会社を2014年に立ち上げた．現在では製造機能も付与し，加工サービスも行っている[14]．このM社にて駐在員としてタイで働いていた人物も，8年間勤務した後，2013年にM社を退職し，2年の活動期間を経て，2015年からタイで日本企業のタイ進出をサポートするコンサルタント会社を設立するなど，同じようなかたちで独立開業している．

　もう一つのパターンは，タイ人に関するものである．タイで日系企業に雇用されたタイ人労働者が，日系企業をのちに退職し，独自に製造業として起業する場合である．例えば，バンコク郊外に本社をおく電気製品部品メーカー（創業1992年，従業員数約50名）は，大型トラック向け冷蔵庫に用いる複雑な部品を製造しているが，もともとは日系の同じような企業で勤務していた男女が，後に結婚し夫婦となり，夫はエンジニアとして7年間，妻は人事と総務に6年間の勤務を経て，夫が退職したことをきっかけに創業し，後に妻を呼び戻し，現在は夫婦で経営している［関 2015a][15]．

 4 　日本企業のこれからのタイ進出――その展望と課題――

　以上が，今日からみた，日本企業のタイ進出がタイの経済社会にもたらした成果である．最後に，以上の検討を踏まえて，これからの日本企業のタイ進出

がどのように展開していくか，その展望と課題を二つみていくことにしたい.

（1）顧客起点に立った日本企業とタイのローカル企業との共創関係

これからの日本企業のタイ進出は，一つには，顧客起点に立った日本企業とタイのローカル企業との共創関係によって展開されていくであろう.

日本企業の海外進出，とくにタイなど新興諸国への進出動機の多くはコストダウンを目的としていた．タイでは，日本企業同士のサプライヤー・システムを構築し，賃金が相対的に安かったタイ人を労働者として活用し，日本企業同士が製造したものをタイ以外の国に輸出していた．しかしながら，いまやタイのローカル企業の経営・技術・品質レベルは着実に向上しており，日系サプライヤー・システムの一翼を成し，全てでなく部分的ではあるものの，付加価値の相対的に高い日本市場への供給を実現している.

タイのローカル企業が相対的に付加価値の高い市場である日本市場に供給される製品を日本企業に納品するためには，日本企業との協業が必要になる．この手段の一つが国際合弁であり，高い技術力を有してきた日本の中小企業との合弁である．前述のとおり，ここに日本の中小企業のタイ進出の機会がある．しかし，ここで重要なことは，日本企業（とくに中小企業）は，自社だけのメリットを追求するのでなく，タイのローカル企業，さらには進出先国・地域のメリットを同時に追求していくということである．タイにおいては，2010年代に入ってから，タイ政府による制度転換，なかでも外資企業の誘致奨励制度の転換が行われ，かつてに投資奨励された従来型の事業はタイのローカル企業でも実現可能であることからもはや歓迎されていない．そのような経営環境下では，日系企業は「しがらみ」のある日本企業同士の「日本村」の取引関係から撤退し［関 2012］，日本企業に代わってタイのローカル企業をパートナーとし，互いに知識や技術を交流していくことによって，タイの経済社会の高度化にいっそう貢献していかなければならない.

サプライヤー・システムを受発注取引関係の束とみると，タイにおける日系サプライヤー・システムは，いかに受発注取引が行われ最終製品が製造されるかという B to B の視点から，すなわち日本企業同士の関係から，着実に経営・技術・品質レベルを向上させてきたタイのローカル企業と日系企業との関係へとシフトしている［関 2014a］．しかしながら，近年のタイにおける日系サプライヤー・システムでは，タイのローカル企業と日本企業との間の受発注取引を

つうじて製造された最終製品が，最終的にどこの市場で販売されるかという，B to B to C としてみるべきであろう［関 2016］．これが顧客起点に立った日本企業とタイのローカル企業との共創関係である［村松 2010］．この共創関係のなかでいっそう貢献していく経営を実践できないような日本企業は，タイへの進出をしていくことが難しい状況になると推察される．

（2）タイプラスワンに基づいたダイバーシティ経営

　これからの日本企業のタイ進出のもう一つには，タイプラスワンに基づいたダイバーシティ経営によって展開されていくであろう．かつて日本企業がタイに進出しようとする動機の一つは，低賃金利用がその代表であった．しかしながらタイもその後着実に経済発展していくなかで，もはやタイの労働者の賃金は他の周辺国と比べて必ずしも低い水準というわけでなく，低賃金利用としての活用は限界があり，さらにタイにおける生産年齢人口の減少から，タイ人のブルーワーカーを採用することが困難になっている．それゆえ，労働集約的な生産工程については，タイ国内では厳しい状況となる．このことから，日本企業がこれから労働集約的な生産を海外にて行うとするならば，タイと比べて相対的に経済発展がまだ途上でかつ低賃金利用としての活用ができうる，タイの周辺諸国に生産拠点を確立し，周辺諸国の労働力を活用していかなければならない．このようなタイと周辺諸国との経済格差をビジネスという文脈で活用していく経営実践はタイプラスワンと呼ばれる［藤岡編 2015］．

　例えば，タイとカンボジアの国境地域であるポイペトには，日系企業を誘致する工業団地が整備されつつある．そこに進出している自動車向けのワイヤーハーネスを製造する日系企業（その企業は正しくは，日系企業のタイ法人の子会社）（創業1951年，資本金額9700万円，従業員数約160名）は，タイ国内でも設備投資を追加的に行うだけの余地があったが，タイの労働市場の状況を踏まえ，ポイペトに進出し，労働集約的な事業をカンボジア人中心に展開しようとしている［関 2018c］[16]．このような大陸 ASEAN における国境地域のタイプラスワンの実践は，ASEAN 経済共同体（AEC：ASEAN Economic Community）やアジア開発銀行が主導的に進めている大メコン圏（GMS：Greater Mekong Subregion）開発などから，現実的に実現可能な取組となっている．

　これまでの日系企業のタイ進出は，かつてタイ政府がゾーニング制度として外資企業の誘致奨励制度をとってきたにもかかわらず，バンコク周辺地域（バ

ンコク市街地から車で 2 ～ 3 時間程度）の工業団地あるいはその近郊に集中して立地してきた．ゾーニング制度が廃止された以降も，日系企業が集積している地域への立地が展開されてきた．しかしながら，タイプラスワンの実践をとることになると，国境地域へと立地が引き寄せられていくことになる．しかしこのような国境地域への展開は，必然的に多国籍な労働者を抱えることになり，ダイバーシティ経営が求められることになる．このダイバーシティ経営による「「ヒト」の国際化」［関 2018b］が実践できないような日本企業は，タイへの進出をしていくことが難しい状況になると推察される．

　これら共創関係やタイプラスワンによるダイバーシティ経営は，日本企業のタイ進出という文脈のなかでまさに実践途上である．今後の日本企業のタイ進出の動向を，今後も継続して観察していく必要がある．

お わ り に

　本章では，これまでのタイにおける日本企業の進出が，タイの経済社会に何をもたらしたかというその成果について，今日的視点から評価することを目的とし，タイに進出している日系企業ならびにタイのローカル企業，またそれら企業の日本人出身者に対する一連のインタビュー調査から，日本企業のタイ進出がタイの経済社会に何をもたらしたかを明らかにしていくことを検討課題としていた．

　調査データから明らかとなった成果は，次の 3 点である．すなわち第一に，タイ国内における日系サプライヤー・システムの構築とタイのローカル企業の経営・技術・品質力向上に対するモチベーションの高揚である．第二に，日系企業のさらなる集積とタイ人の就業機会の増大である．第三に，日系大企業に従事する日本人およびタイ人の労働者を中心とした起業家予備軍の輩出である．

　これらの成果は，日系企業，とりわけ日系大企業が先駆的にタイに進出をし，その後，取引関係の維持継続のために追随してきた日系企業やその後新規に顧客を開発するために進出してきたとりわけ規模が相対的に小さい日系中小企業が，タイに一定の集積を形成するなかで，直接的間接的に生じたさまざまな成果である．日系企業がタイに進出してきて以降から，今日までに至るある一定

の時間の経過のなかでこれらの成果が明らかとなったことは，国際化の成果に関する先行研究では必ずしも明らかにされておらず，学術的貢献に寄与するものと考える．

　また最後に，日本企業のこれからのタイ進出として，一つには，顧客起点に立った日本企業とタイのローカル企業との共創関係によって，またもう一つには，タイプラスワンに基づいたダイバーシティ経営によって，それぞれ展開していく可能性を示した．これらに示される諸点は，まだケースの数こそ多くないものの，着実に出てきている経営実践の方向性である．この提示は，これからタイに進出していこうとする日本企業にとって経営実践上の貢献に寄与するものと考える．

　本章では，筆者が2010年代に継続的に独自に行ってきたインタビュー調査に基づき，そこで得られたデータから，日本企業のタイ進出がタイの経済社会にもたらした成果を描いてきた．それは事実であるとしても，それは部分的であり，日本企業のタイ進出の全体像を描き出すことに成功しているわけではない．今後も，継続して個別ケースを積み重ねながら，その全体像を描き出していくことが肝要である．

（関　智宏）

付記

　　本章は，関［2020］を，本書の収録のために加筆・修正したものである．

注

1 ）洞口［2008：56］は，天野［2005］のケース・スタディのなかで「経営自立化」に成功したのは3分の1弱にすぎず，むしろ地方の受注企業にとって「事業構造を転換することは容易な課題ではく，3分の2以上の企業にとっては，雇用拡大につながらない性質のものであった」と指摘する．

2 ）このアンケート調査は，融資先1万500社に対して実施されたものであり，回収は2524社，うち直接投資を実施している企業は168社であった．

3 ）https://tooykeizai.net/articles/amp/172367?page=2，2020年2月10日閲覧

4 ）その他のデータ項目に関しては帝国データバンクウェブページ（http://www.tdb.co.jp/lineup/cnet/cn_conct_c2.html#01，2019年12月20日閲覧）を参照されたい．

5 ）しかし，それは2000年代後半に大きく落ち込んでいる．今日の進出が，新しい第四次のブームを迎えているかどうかについては，今後の趨勢を見て検討することが必要であろう．

6) 2016年 2 月19日に，同社の専務取締役に対して実施したインタビュー調査に基づく．また2017年10月28日に，同社のタイ法人の Managing Director に対してインタビュー調査を実施している．

7) 2013年 5 月31日に，同社の代表に対して実施したインタビュー調査に基づく．詳細は，関［2015a］を参照のこと．

8) 2012年 9 月 4 日，2014年 6 月23日に，同社の役員に対して実施したインタビュー調査に基づく．詳細は，関［2015a］を参照のこと．

9) 2017年12月 4 日ならびに2019年 4 月24日に，同社の代表取締役社長に対して実施したインタビュー調査に基づく．また2017年10月27日，2019年 2 月26日，2019年 5 月31日，2019年 9 月19日に，同社のタイ法人を訪問し，同社の代表取締役社長と現地法人の副社長に対してインタビュー調査を実施している．

10) 2012年10月 9 日ならびに2013年 5 月24日に，同社の代表取締役社長に対して実施したインタビュー調査に基づく．なお，同社のタイ進出のプロセスについては，関［2014a］を参照のこと．また，八尾市内の中小企業の間で，これらタイ進出の情報が，八尾市内の異業種交流のネットワークのなかで共有され，タイ進出の志向が高まっていくことになる．このような日本国内のある地域における産業集積内に立地していた企業が海外進出をしたことにともなって，産業集積内に海外展開志向を強めていくが，このような日本国内の産業集積に及ぼす影響については，関［2015c］を参照のこと．

11) タイの雇用局によれば，「外国人 1 対タイ人 4 の比率は原則として適応せず，必要性および妥当性に応じて審査する」としており，4 人雇用の証明を提示しなくてもよい場合があるという（https://www.jetro.go.jp/biznews/2015/09/0b4ff93f99faca63.html，2019年12月20日閲覧）．

12) https://www.th.emb-japan.go.jp/itpr_ja/consular_zairyu17.html, 2019年12月20日閲覧.

13) 2015年 9 月 2 日に同氏に対して実施したインタビュー調査に基づく．会社の設立はこのインタビュー後である．

14) 2015年 3 月19日に，同社の代表取締役社長に対して実施したインタビュー調査に基づく．なおこの会社は，兵庫県尼崎市に本社をおく自動車関連の製造を行う企業のタイ法人としての機能も有している．

15) 2013年 6 月 1 日に，同社の代表取締役である夫に対して実施したインタビュー調査に基づく．詳細は，関［2015a］を参照こと．

16) 2017年 7 月27日に，同社の代表取締役社長に対して，また2017年 8 月23日に同社のタイの現地法人の President と Assistant General Manager/Purchasing に対して実施したインタビュー調査に基づく．ポイペトへの進出プロセスについては，関［2018c］を参照のこと．

参考文献

天野倫文［2005］『東アジアの国際分業と日本企業——新たな企業成長への展望——』有

　　斐閣.

中小企業庁［2012］『中小企業白書2012年版』日経印刷.

遠原智文［2012］「企業の国際化理論と中小企業の国際化戦略」, 額田春華・山本聡編『中小企業の国際化戦略』同友館.

バンコク日本人商工会議所［2011］『タイ国経済概況（2010/2011年度版）』盤谷日本人商工会議所.

藤原辰紀［2014］「中小企業の海外直接投資が国内事業に影響を及ぼすメカニズム」, 日本中小企業学会編『アジア大の分業構造と中小企業』同友館.

藤岡資正編著［2015］『日本企業のタイプラスワン戦略』同友館.

藤岡芳郎［2019］「外食産業の国際化についての研究──タイ市場の現状調査から──」『アジア市場経済学会年報』22.

洞口治夫［2008］「天野倫文著『東アジアの国際分業と日本企業──新たな企業成長への展望──』を読む──「鍵概念」としての比較優位と競争優位──」, 日本貿易振興機構アジア経済研究所『アジア経済』49（7）.

松島大輔［2012］『空洞化のウソ』講談社.

村松潤一［2010］「マーケティングと顧客──志向論から起点論へ──」, 村松潤一編『顧客起点のマーケティング・システム』同文舘出版.

関智宏［2012］「日系中小企業の進出──タイビジネスの魅力と課題──」, 藤岡資正・C.ポンパニッチ・関智宏編『タイビジネスと日本企業』同友館.

────［2014a］「タイの大企業との国際合弁をつうじた日本の中小サプライヤーの価値創出プロセス」『アジア市場経済学会年報』17.

────［2014b］「タイビジネスと中小企業──タイにおける事業展開の現状と課題──」『多国籍企業研究』7.

────［2015a］「新興国における日系サプライヤー・システム──タイにおけるローカル企業と日本中小企業の便益創出メカニズム──」『アジア市場経済学会年報』18.

────［2015b］「ものづくり中小企業のタイ進出の実態と課題──ネットワーキングとビジネスの深耕──」, 大野泉編『町工場からアジアのグローバル企業へ──中小企業のアジア進出戦略と支援策──』中央経済社.

────［2015c］「中小企業の海外事業展開は産業集積にいかにして影響をもたらすか──大阪府八尾地域における集積内中小企業のタイ事業展開プロセス──」, 日本中小企業学会編『多様化する社会と中小企業の果たす役割』同友館.

────［2016］「顧客起点のサプライヤー・システム──タイにおけるローカル企業のケース・スタディ──」『同志社商学』67（5・6）.

────［2018a］「メコンビジネスと日本中小企業──タイにおける事業展開を中心として──」, 藤岡資正編『新興国市場と日本企業』同友館.

────［2018b］「中小企業の国際化と成長発展プロセス──「ヒト」の国際化による企業組織の質的変化──」, 日本中小企業学会編『新時代の中小企業経営──Globalization と Localization のもとで――』同友館.

――――［2018c］「中小ものづくり企業による国際化とタイプラスワンの経営実践――カ
　　ンボジア・ポイペトにおける事業展開をケースとして――」『社会科学』48（2）.

――――［2020］「日本企業のタイ進出はタイの経済社会に何をもたらしたか――2010年
　　代におけるインタビュー調査から――」『同志社商学』71（5）.

山藤竜太郎［2014］「海外事業と国内事業の両立可能性――ブーメラン効果に注目し
　　て――」，日本中小企業学会編『多様化する社会と中小企業の果たす役割』同友館.

山本聡［2012］「企業の国際化理論と中小企業の国際化戦略」，額田春華・山本聡編『中小
　　企業の国際化戦略』同友館.

吉原英樹［1997］『国際経営』有斐閣.

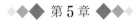

第 5 章

日本の直接投資と地場企業の成長
──タイ自動車部品産業の事例──

は じ め に

　タイは戦後，着実に経済成長を遂げ，2011年に低位中所得経済から高位中所得経済への移行を果たした［World Bank 2011］．アジア通貨危機（1997年）以降，経済成長率は低水準で推移しているものの，1952年から2011年に至る60年間の年平均経済成長率は，6.2%に達した［Jitsuchon 2012］．成長開発委員会［2009］が選出した，持続的な高成長を達成した13カ国（経済）のなかにタイも含まれる[1]．その結果，国別の貧困ラインに基づく貧困率は，2000年の42.3%から2016年の8.6%へと著しく低下した[2]．しかし，近年の年平均経済成長率は9.4%（1986～96年），5.4%（2000～07年），2.9%（2010～15年）と低下傾向にある［World Bank 2017］．さらに，タイが「中所得国の罠」に陥っている可能性についても議論[3]されるようになった．

　World Bank［2013］は，罠の要因として，低所得国の成長の促進力となる低コストの労働力と，海外で開発された技術の適用が容易であることが，高位中所得国の水準に到達すると消滅するという点を指摘する．そして海外技術に依存することから脱して，イノベーションを通じた生産性の上昇を実現できなければ，これらの国は「中所得の罠」に陥ってしまうと分析する．プラユット政権が打ち出した「タイランド4.0」ビジョン[4]は，この「中所得国の罠」を回避するための戦略である．このビジョンは，物的資本に依存した成長からイノベーションが主導する成長への移行を目的として掲げている．

　タイの工業化の特徴は，外資依存かつ輸出主導型であったという点に集約できる［Phongpaichit 2017］．そこで大きな役割を果たしたのが日本企業による海外直接投資（FDI）である．自動車産業がタイの主要産業に成長したのは，日本企業のFDIを積極的に受け入れたことによる．本章はこの自動車産業に焦点を当て，日本のFDIが地場企業（自動車部品メーカー）の成長にどのように貢献したのかについて考察する．

　FDI は，その受入国の物的資本のみならず人的資本のストックを増大させるという重要な役割を担う．本章は，日本企業による FDI がタイに技術を伝播し，地場の企業家の育成に貢献したという点を明らかにすることを目的としている[5]．

 1　日本企業の FDI が牽引した自動車産業の発展

　タイの自動車生産は，サリット政権（1959〜63年）が導入した輸入代替工業化政策の下で，輸入部品の組立（CKD 生産）という形で開始した．タイは自国ブランドの自動車メーカーを育成する方針はとらず，海外のメーカーを誘致することによって，自動車産業を興す戦略を採用した．これに呼応してタイに進出したのが日本の自動車メーカーとそれに追随した日本の部品メーカーであった．日本企業は現地でサプライ・チェーンを構築し，タイは日本自動車メーカーの世界における一大生産及び輸出拠点となった．2018年におけるタイの4輪車生産台数は216万7694台に達し，世界第12位の生産国である[6]．

　自動車産業の発展は，タイの経済成長つまり1人当たり所得の上昇と密接に関係している．1989年，タイの自動車生産台数は21万台に達し，インドネシアを抜いて ASEAN 最大の自動車生産国となった［川邉 2011：95］．1988〜90年は，タイが2桁の GDP 成長率（11.2%〜13.3%）を経験した高成長期に相当する[7]．その後も生産台数は拡大し，アジア通貨危機発生の前年（1996年）には55万9428台に達した［フォーイン 2015：57］．この生産増加を支えたのは，1980年代以降の国内自動車市場の拡大である[8]．アジア通貨危機後は，国内市場は縮小したものの，輸出が急速に伸びていく．バーツ安により輸出競争力が増し，自動車メーカーが戦略的に輸出に力を入れるようになったからである[9]．生産台数は2002年に1996年を上回る58万4951台（うち輸出は31.0%），2005年には112万5316台（うち輸出は38.6%）と100万台を突破した．2012年（245万3717台，うち輸出は41.6%）と2013年（245万7057台，うち輸出は45.6%）においては200万台の大台を上回り，かつ輸出比率も上昇した［フォーイン 2015：57］．

　また自動車産業はタイの主要産業である．2016年において，自動車産業が生み出した付加価値は GDP の12%に相当する［BOI 2018］．2018年の自動車及び同部品の輸出は全輸出（金額ベース）の11.4%を占める主要輸出品となっている[10]．

　自動車産業の保護育成を開始した当初，政府が期待したのは裾野産業の成長
であった．自動車の生産には多くの部品を必要とするからである．ただし，こ
の裾野産業の発展を主導したのは地場企業ではなく，日本から進出してきた部
品メーカーである．タイ投資委員会（BOI: Board of Investment of Thailand）は，
国内で生産や入手が困難である自動車部品の生産については，日本の部品メー
カーの誘致を促進するという方法で対応してきた．拡大する自動車生産に地場
部品メーカーの成長が追い付かず，それを日本の部品メーカーによる FDI で
補完してきたのである．つまり，日本からの投資がタイの製造技術と人的資本
ストックの不足を補ったといえる．タイの自動車生産は，日本からの FDI と
日本の技術に大きく依存しながら拡大した．

　「タイランド4.0」ビジョンにおいては，次世代自動車が重点産業と位置付け
られている（前出注 4）．BOI は，ピックアップトラックからエコカーへ，さら
に PHEV（プラグインハイブリッド電気自動車）などの次世代自動車への移行を目
指している．このように自動車産業の高度化が目標とされるようになっても，
BOI の基本姿勢は変わっていない．これまでと同様，日本企業の力を借り，
その投資を奨励することで産業の高度化を目指すという方針である[11]．

　そこでタイ経済における日本からの FDI の重要性を確認しておきたい．ま
ず日本の対外直接投資残高（2018年末）については，タイは世界のなかで 7 番
目に残高が多い国である．アジアに限定すると，タイ（689億7200万ドル）は中
国（1237億7500万ドル），シンガポール（785億1900万ドル）に次いで日本からの直
接投資残高が多い[12]．また経済産業省が海外に現地法人を有する日本企業を対象
に行ったアンケート調査（有効回答企業数：本社企業数6632社，現地法人 2 万5034社）
によると，2018年 3 月末においてタイで操業中の日系企業数は2221社に上り，
これは中国（7463社），アメリカ（2992社）に次いで多い［経済産業省 2019］．なお，
ジェトロバンコク事務所の調査によると，2017年 5 月時点での日系企業数は
5444社で 3 年前に比べて877社増加したという［ジェトロバンコク事務所 2019］．

　末廣［2015］によると，2005年から2013年の期間における日本からタイへの
FDI 総額は約275億ドルに達し，同期間のタイにおける対内 FDI の約35％を占
めている．また大泉［2016］は，1973～2014年において BOI が認可した日本か
らの投資案件7584件を業種別に分類し，1970年代から一貫して一般機械・輸送
機器に対する投資案件が高い比率を占めていることを明らかにしている．
38.4％（2924件）が同セクターへの投資である．以上より，タイが多額の FDI

を日本から受け入れてきたこと，そしてそれが自動車産業に集中していたことを確認できる．

　前述したようにタイにおける近代的自動車産業は，輸入代替産業としてスタートを切る．1962年の投資奨励法改正により，自動車組立業が投資奨励産業（グループB）として選定されると，同年，トヨタ（Toyota Motor Thailand）が設立され，また日産自動車の自動車組立工場が稼働を開始した．さらに，1963年にいすゞ（Isuzu Thailand）が組立生産を開始し，1964年には三菱自動車の組立工場が設立されている[13]．

　このように日本の自動車メーカーによる自動車生産は半世紀以上の歴史をもち，その国内市場シェア（2019年1月から7月までの合計）は88％に達している[14]．加えてタイ政府が日本の自動車部品メーカーを積極的に誘致したことも手伝って，タイでは日本企業によるサプライ・チェーンが構築された．BOI［2018］によると，2010年代中頃においてタイで操業する自動車部品の1次サプライヤーは710社（うち外資系58％，タイ系39％，合弁3％），2次・3次サプライヤーは1700社以上に達している．ただし，タイにおける日本の自動車部品サプライヤーの正確な数は不明である．

　そこで参考になるのが1952〜2008年の期間にタイで設立された自動車部品メーカーに関する**表5-1**である．日本の部品メーカー数が全体の45.5％を占めていることから，タイ自動車産業のサプライ・チェーンにおける日本企業の重要性を確認できる．

　表5-1から明らかになる2点を，整理しておきたい．第一にプラザ合意（1985年）以降に，日本の部品メーカーの設立が急増しているという点である．表には示していないが，日本の部品メーカー設立数は1987年から急激に増加し，その傾向はアジア通貨危機が発生した1997年まで続いた．したがって，円高要因が日本の部品メーカーのタイ進出を急速に推し進めたことがわかる．

　円高に加えて1988年に始まったBBC（Brand to Brand Complementation）スキーム[15]も，この時期における日本の部品メーカー設立の急増を後押しした．このスキームの成立を機に，トヨタをはじめとする日本メーカーは東南アジアでの投資を拡大した．さらに1993年，閣議で新規の乗用車組立工場設立を禁止する規定の廃止が決まり，1994年には乗用車組立工場の新設が認められるようになった［東 2000］．この自由化により，多くの自動車メーカーとサプライヤーは，タイを生産及び輸出拠点として位置付ける戦略をとるようになった［Te-

表5‐1　1952～2008年にタイで設立された自動車部品メーカー625社[注1]に関するデータ

設立年[注2]	設立された部品メーカー数(総数)	設立された部品メーカー数(日本企業[注3]のみ)	自動車産業政策と関連事項	タイの自動車年平均生産台数	タイの自動車年平均輸出台数
1952～54	1	0		N/A	0
1955～59	4	2		N/A	0
1960～64	7	4	1962年：BOI，自動車組立業を投資奨励産業として選定.	3,119[注4]	0
1965～69	18	9		11,938	0
1970～74	26	9		20,993	0
1975～79	26	8	1975年：部品国産化規制（LCR）適用開始. 1978年：乗用車（2300cc未満）の完成車輸入禁止，乗用車組立工場の新設禁止.	54,347	0
1980～84	33	6		91,745	0
1985～89	81	42	プラザ合意（1985年）とその後の円高. 1988年：BBCスキーム成立. 自動車の輸出開始.	124,629	N/A
1990～94	113	49	1991年：乗用車（2300cc未満）の完成車の輸入を解禁. 1993年：新規の乗用車組立工場設立禁止規定の廃止を決定.	353,156	21,300[注5]
1995～99	141	81	1997年：アジア通貨危機.	386,155	51,719
2000～04	74	43	2000年：LCR撤廃. 2003年：ASEAN，ASEAN経済共同体（AEC）の結成を決定.	626,937	215,356
2005～08	2	1		1,125,316	440,705
設立年不明	99	30			
合計	625 (100.0%)	284 (45.4%)			

注1）データが入手可能な625社について作成.
注2）設立年が不明で生産開始年が判明している企業については，後者によって分類した.
注3）「日本企業」とは，資本所有比率にかかわらず日本資本が参加している企業を指す.
注4）1961～64年の年平均生産台数.
注5）1994年の輸出台数.
出所）JETRO Bangkok [2011], Tiasiri [2012], Ueda [2009], 東洋経済新報社 [2015], 東 [2000], フォーイン [2011a, 2011b] より筆者作成.

chakanont and Terdudomtham 2004].　したがって，1980年代後半からアジア通貨危機までの期間において日本のサプライヤーの進出が急増した背景には，円高に加えてタイ国内外の自由化（ASEAN域内の関税引き下げとタイ自動車産業における規制撤廃）の動きがあった．

　そしてBOIが熱心に行った日本企業の誘致活動についても言及する必要がある．BOIは，タイ国内で調達できない自動車部品は，技術力のある日本のサプライヤーを誘致することによって補填するというやり方を採用した．

　また表5-1が示す通り，1980年代後半から1990年代前半において，自動車の生産台数が急増した．前述したように，1988～90年の3年間はタイ経済の高成長期に当たり，家計最終消費支出も1989～90年は10％を超える伸び率を示した．川邉[2011：96]は，円高が農海産物関連の輸出を促進して，「所得の増えた農村地域を中心として，1トン・ピックアップトラックなどの自動車の需要が増加した」と述べている．さらに，1980年後半以降は，中間所得階層の拡大によって乗用車に対する需要も増大した[川邉2011：108]．この国内市場の拡大も，自動車メーカーがタイを生産及び輸出拠点と位置付ける戦略を後押ししたと考えられる．

　表5-1が示唆する第二の点は，1975年から適用された部品国産化規制（LCR：local content requirement）が，日本の部品メーカーのタイ進出を促したのか否かについてである．表のデータからは，LCRの導入が日本からの部品メーカー進出を増大させたという関係は確認できない．1975年以降の10年間は日本の部品メーカーの新設数に動きはみられず，前述の通り，その急増のきっかけとなったのは1980年代後半の円高などの理由による．

　LCRは輸入代替工業化政策の一環であり，国産部品の使用を義務付けることで，貿易赤字の是正と部品産業育成を目的としていた．当時タイ国内で生産可能であった部品は7種類（バッテリー，燃料タンク，燃料チューブ，ドラムブレーキ，ラジエーター，排気管など）に過ぎなかったため，トヨタは地場の部品業者を探し回ったという[Ueda 2009：7]．ところが，日本の自動車メーカーは「自国の系列部品企業にタイへの進出を要請」することになる．「当時の地場系部品企業は，補修部品や模造品を生産する小規模工場が大部分で，製品の価格が高く，品質も規格に達していない」からであった[東2000，139]．しかしながら，今回のデータからは，LCRが日本の部品メーカーの進出を促進した点について確認することはできなかった．

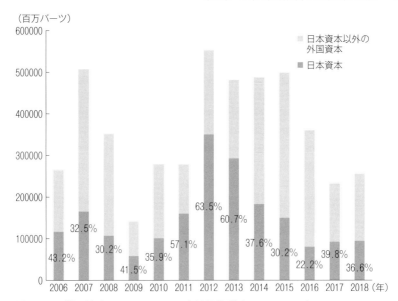

図 5-1　　外国資本によるタイへの直接投資動向2006〜2018年（BOI 認可ベース）

注）%の値は，外国資本による直接投資のなかで日本資本による直接投資が占める比率を示す．
　　日本資本による直接投資とは，日本資本が少なくとも10%を占める投資案件を指す．
出所）BOI（http://www.boi.go.th/ index.php?page=statistics_foreign_direct_ investment/,
　　2019年12月28日閲覧），ジェトロバンコク事務所［2019］より筆者作成．

　1987〜1997年の期間の次に，日本からの投資が急増したのはリーマンショック（2008年）後である．図 5-1 が示すように，2006〜2010年の期間は，海外からの FDI 全体に占める日本資本による FDI（BOI 認可ベース）の比率は30〜40%で推移している．これに対して2011〜2013年の 3 年間はその比率が，60%前後にまで跳ね上がり，2012〜2013年においては，日本資本による FDI の総額も大きく上昇した．

　この日本からの FDI 急増は，リーマンショック後に日本の国内市場が縮小したことによっている．自動車部品メーカーは日本国内で販路を確保することが困難となり，3 次・4 次サプライヤーという小規模あるいは零細な部品メーカーまでもが,自らの判断でタイに進出してくるようになった.リーマンショックの前は，顧客のタイ進出に追随する形で中小企業がタイ進出を決断することが多かったが，その状況は2008年を境に大きく変化したという．日本の小規模

企業のタイへの進出は2011年から急増した[17].　その多くは自動車関連の企業で，特に2010年から始まったエコカー[18]の生産がこれらの企業の進出を後押しした［上田 2018］.

　日本の小規模企業がタイ進出を果たすようになった背景には，次の2点が関係している.　第一に，タイにはASEAN最大の自動車関連のサプライ・チェーンが構築されており，そのなかで日本企業が大きな役割を果たしていたからである.　海外進出の経験を持たない小企業にとっても，タイは生産活動を始めることが比較的容易な国であったと考えられる.

　第二に，日本では部品サプライヤーはいわゆる「系列」向けに部品を供給する比率が相対的に高いが，タイでは「系列」の縛りがない.　日本において，特定の自動車メーカーの系列下にある部品メーカーであっても，タイでは他の自動車メーカーとの取引を幅広く行っている.　この点も，日本の市場縮小をタイ進出により克服しようとした日本の部品メーカーにとっては，大きな誘因となった.

　以上のように，タイの自動車生産は日本企業を積極的に誘致することによって拡大し，ASEAN最大のサプライ・チェーンが構築された.　次節では，この日本からのFDIが，地場部品メーカーの成長にどのように貢献したのかを明らかにする.

 2　日本の直接投資と地場資本の自動車部品メーカーの成長

　本節では，筆者による地場部品メーカーの創業者・経営者に対するインタビュー調査［上田 2018：Ueda 2009[19]］に基づき，FDIを通じて日本企業から地場の企業家にどのように技術が伝播し，地場部品メーカーが成長したのかについて分析する.「タイランド4.0」が目標とするイノベーション主導型の経済に移行するために，高い技術力を有する企業家は不可欠である.　日本のFDIがタイの企業家の人的資本のストック増大にどのように貢献したのかを明らかにしたい.

　本節では，第一に日本企業によるFDIを通して日本の技術がタイに伝播され，地場部品メーカーが成長した，第二に，しかしながら，拡大する自動車生産に地場部品メーカーの育成と成長が十分に追い付いていなかった，第三に，

リーマンショック後の日本の部品メーカーの進出は，地場部品メーカーの経営
を悪化させたという 3 点について論じる．

（1）FDI を通じた技術伝播

日本の FDI を通じて技術が日本からタイへ伝播し，地場部品メーカーが成
長していく経路としては，二つの経路が観察された．第一の経路は，タイの企
業家が日本の自動車メーカー（トヨタ）の 1 次サプライヤーとなることによっ[20]
て製造技術を習得し，部品メーカーとして成長するという経路である．これに
該当する企業家は，トヨタから製造技術のみならずトヨタ生産方式や工場のレ
イアウトなどに関しても指導を受け，技術力を伸ばし成長した．

これは，多国籍企業（最終財企業）がより高品質で低価格の中間財（部品）を
確保するために，現地のサプライヤーに技術指導を行うという事例に相当する．
Blalock and Gertler［2008］は，インドネシアのケースを分析し，途上国が多
国籍企業による FDI を受け入れることによって技術が伝播し，それが途上国
の経済成長を促進することを明らかにしている．多国籍企業が，地場のサプラ
イヤー（部品メーカー）に技術指導を行うことによって，サプライヤーの生産性
向上や中間財（部品）の価格低下が実現し，その結果，途上国の他の生産者や
消費者にも利益が及ぶという外部性が生じるのである．

この多国籍企業から地場のサプライヤーへの技術伝播を後押ししたのが，
1975年から適用された LCR である．LCR 導入後，トヨタは品質や規格を満た
す部品を製造できる現地の業者を懸命に探し回った［Ueda 2009：7］．筆者の調
査によると，この時期にトヨタに部品を納入するようになるのは，LCR 導入
前から機械や自転車の部品などの生産に参入していた華人系タイ人の企業家で
ある．彼らは学校教育を受けていない，あるいは低学歴である．つまり，正規
の学校教育を通じて技術を学んだのではなく，「機械いじり」が得意で，その
器用さを生かして見よう見まねで機械や部品を作るようになった人材である．
彼らは LCR 導入後に，トヨタと接点を持ち部品を納入するようになり，その
後，1 次サプライヤーとしての地位を確立していった．彼らのなかには，トヨ
タから指導を受けながら，独自に開発した技術を進化させて難易度の高い部品
を生産する部品メーカーも存在する．

タイでは伝統的に企業家層は，ほぼ華人系タイ人によって占められている
［Suehiro 1989；Ueda 1995］．LCR は輸入代替工業化という国内産業保護政策の一

環であったとはいえ，幅広い階層に恩恵を与えたはいえない．LCR はものづくりに携わっていた華人系タイ人を優遇することになった．

　ところで第3章で述べられているように，タイでは LCR は緩やかに適用された．この点も，地場部品メーカーの成長を促進する力となったと考えられる．つまり政府は自動車メーカーに対して，部品国産化率の引き上げを強く要請しながらも，国産化達成率や，優先的に国産化すべき部品品目の選択，それらの進捗ペースなどを各自動車メーカーの裁量に委ねたのである．そして，より高い国産化率や重要部品の国産化を達成した自動車メーカーに対して，法人税に関する優遇などのインセンティブを供与するという誘導的な政策を採用した[21]．インドネシアのように，政府が国産化すべき部品品目を指定し，決められたスケジュールによる国産化を強制するという厳格なやり方を採用したならば，地場部品メーカーが成長する余地は生まれなかった可能性がある．タイの事例は，途上国の裾野産業発展のためには，自動車メーカーの要望を取り入れながら，部品の国産化規制を緩やかに適用する方が望ましいということを示唆している．

　日本の FDI を通じて日本からタイへ技術が伝播した第二の経路は，日本企業（あるいは日本企業との合弁企業）に勤務する技師（technician）が，自ら部品工場を設立して独立（スピンアウト）するという経路である．第一の経路と異なる点は，彼らが正規の学校教育（職業教育を含む14年間）の修了者であるという点である．タイの学校教育修了者を日本企業が雇用し訓練することで，日本企業の技術が彼らに伝えられたのである．

　筆者の調査では，これに該当する部品メーカーの創業者のなかに，貧困地域である東北タイ出身のタイ人が含まれていた．華人系タイ人が企業家層を独占するタイにおいて，これは特筆に値する．この創業者の工場では，高度な技術を要する精密部品を製造しており，米国の航空機メーカーから航空機部品の引き合いもきている．よってこの創業者は高い技術力をもつと推測できる．また彼は，主に地場の自動車部品メーカーが加盟する Thai Autoparts Manufacturers Association の会長を務めた経験を持つ実力者である．

　さらに，この創業者が，日本の自動車メーカーを退職して自動車部品工場を設立した年（1993年）に注目したい．第1節で述べたように，1993年において新規の乗用車組立工場設立を禁止する規定の廃止が決まり，これを契機として，日本の自動車メーカーはタイを重要拠点として位置付けるようになっていく．

1990年に，自動車部品製造工場を立ち上げた別の自動車部品メーカーの創業者（華人系 2 世）は，「1990年当時は，自動車部品の供給が需要に追いつかない状況であった」，「1995年～1996年頃になると，自動車部品に対する需要が一層拡大した」と述べている．第 1 節で述べた通り，1990年はタイ経済が高成長を遂げて国内市場が拡大した時期で，1996年にはモータリゼーションが本格化しつつあった（前出注 8 ）．なお，この創業者は日本と台湾の合弁企業（自動車部品製造メーカー）に技師として勤務した経験を生かして，独立した企業家である．以上より，自動車産業政策の自由化とそれに対応した日本の自動車メーカーの戦略，そこに高成長という好条件も加わり，自動車・同部品に対する需要が急増し，スピンアウトという形での地場の企業家の成長を促したといえる．

（2）自動車の生産拡大と地場部品メーカーの成長

このように日本からの FDI により技術が伝播し，部品製造に携わる企業家が育成された反面，地場部品メーカーの成長は，拡大する自動車生産に追いつくことができなかった．そのため，BOI は，国内で供給できないあるいは不足している部品を調達するために，海外（日本）から部品メーカーを誘致するという戦略をとった[22]．第 1 節で述べたように，1980年代後半から1997年頃まで多くの日本の部品メーカーがタイに進出しているのは，この熱心な誘致活動の成果でもある．

ここで，地場部品メーカーの成長が遅れた原因を，人材育成の観点から検討したい．タイの根本的な問題として，日本企業が指摘するのは，技術者などの人材不足である．換言すると，タイの人的資本（労働の質）のストックが乏しく，企業家や労働力の能力が低いということになる［大塚 2014 : 46-47］．この点は，タイ政府がその追い上げを脅威としているベトナムと比較すると明確になる．ベトナムの 1 人当たり実質 GDP（購買力平価，2011年基準価格）は6608.6ドル（2018年）と，タイ（16904.7ドル）の約40％に過ぎない[23]．ところが，2018年に世界銀行が発表した人的資本指標（HCI: Human Capital Index）によると「今日生まれた子供が18歳までに得られる人的資本の規模」はベトナムの方がタイよりも大きい．つまり，「今日生まれた子供の将来の労働生産性」は，ベトナムの方が高いと世界銀行は予測している［World Bank 2018］[24]．

人的資本のストックに影響を与えるのは，企業家や労働力の知的能力と健康状態のストックであるが，タイの問題は知的能力の蓄積が乏しいことである．

そこで，ある国の知的能力のストックの指標となる学校教育の水準を比較する．生産年齢人口（15歳以上）の平均就学年数（2010年）をみると，タイ7.99年，ベトナム7.15年とタイの方が長い．これは教育の量的な指標であり，これについてはタイの方が勝っている．ところが教育の質をみると，両国の関係は逆転する．OECD が実施する国際的な学習到達度に関する調査である PISA（Programme for International Student Assessment）の結果（2015年）によると，読解力，数学的リテラシー，科学的リテラシーの3分野すべてにおいてベトナムはタイを上回る成績をあげている．つまり，一般論としてタイ人は，ベトナム人よりも長い学校教育を受けているにもかかわらず，ベトナム人よりも知的能力のストックが少ないということになる．タイは教育投資を行っているが，相対的に十分な成果を上げていないのである．タイに進出した日本企業が指摘する人材不足の問題は，この知的能力のストックが乏しいことと関係していると考えられる．

　地場部品メーカーの成長が，自動車の生産拡大に追いつかなかったという点は，地場の大手部品メーカーの経営戦略にも表れている．それは，日本企業との合弁事業を立ち上げることによって部品製造の多角化と拡大を図るという戦略である．資金力のあるタイの大手部品メーカーにとって，生産技術を持たない部品の生産に手っ取り早く参入する方法は，技術を有する日本企業との合弁事業であった．この場合，タイ企業は労務管理や政府との交渉を担当し，生産は合弁相手の日本企業に任せることになる．したがって，日本企業の技術によって生産が行われる［Ueda 2009］．

　新技術の開発には，多大な時間を要する．人的資本のストックが乏しいタイにおいては，資金力のある地場部品メーカーは，日本企業との合弁を繰り返すことによって，効率的に事業拡大と新分野への参入を図って成長してきた．さらに，BOI の積極的な外資誘致政策がこれを後押しすることになった．

（3）競争激化と地場部品メーカー

　最後に本節の第三の論点，リーマンショック後に，地場部品メーカーが厳しい状況に立たされているという点について検討する．これは第1節で述べたように，日本の小規模な3次・4次の部品メーカーによる FDI がこの時期に急増し，部品メーカー間の競争が激化した結果である．外資依存型の工業化政策が継続してきたことによる弊害でもある．

　筆者の調査によると，日本の自動車メーカーの1次サプライヤーではない地場部品メーカーが，この影響を強く受けていた．彼らは，日本企業が構築したサプライ・チェーンのなかで，日本企業と比べて不利な立場に置かれていると認識し，「我々が生産する部品は，日本企業の製品と品質は同じであるのに，日本企業は日本企業よりも低い価格で取引を行うよう要求する[28]」という不満をもっていた．

　さらに，「BOIのFDIを促進する政策がタイの部品メーカーを苦しめている」，「タイの部品メーカーのなかで生き残れるのは，大規模な1次サプライヤーのみである」という声も聞かれた．日本からのFDIは地場部品メーカーの成長に貢献はしたものの，その恩恵を受けたのは一部の企業家にとどまり，幅広い地場企業家層の成長の芽を摘んでしまった可能性も否定できない[29]．

　ただし，自動車部品市場で活路を見いだせなくなった地場部品メーカーが，他分野に参入して生き残りを図ろうとしている例も見られた．（1）で言及した，日本の自動車メーカーあるいは自動車部品メーカー（日本企業と台湾企業との合弁）からスピンアウトして部品メーカーを立ち上げた企業家達は，高度な技術力を生かして，他製品（航空機部品，歯科治療器具，water jet cutting table）の生産に参入あるいは参入を検討していた．このように日本のFDIを通じて誕生した部品メーカーのなかには，高い技術力を有し市場の動向に機敏に対応できる企業も存在し，この点でも日本のFDIの貢献を確認できた．

おわりに

　タイは外資依存かつ輸出主導型の成長戦略を採用し，少なくともアジア通貨危機までは順調に経済成長を遂げてきた．その過程で，日本企業によるFDIを通じて主要輸出産業に発展したのが自動車産業である．本章は同産業に焦点を当て，日本のFDIが地場部品メーカーの成長に貢献したこと，日本からタイへ技術が伝播したことについて論じた．

　しかしながら，地場部品メーカーの成長が十分ではなかったこと，その背景にタイにおける人的資本に関する問題が存在すること，リーマンショック後は，地場部品メーカーの経営が苦境に立たされていることについても言及した．ただし，日本企業からスピンアウトした企業家のなかには優れた技術力を持ち，

生き残りのため新分野への事業拡大を試みる事例もみられる．

　日本のFDIの恩恵を受けて成長した地場の企業家（自動車部品メーカー）が持つ技術や知識はタイ経済にとって貴重な人的資本のストックである．日本技術を習得し，さらに独自の技術を開発する能力を持ったタイの企業家層は，イノベーションが主導する経済成長を目指しているタイ経済の担い手となる重要な人材である．「中所得の罠」に陥っている可能性が指摘されているタイにとって，この人的資本や彼らの技術力をより一層有効活用することが今後の経済発展にとって重要である．

（上田曜子）

注

1）成長開発委員会［2009：1］は，「1950年以降，年平均7％以上で25年間以上にわたり成長した国」を持続的な高成長に成功した国とみなした．タイの場合，1960〜1997年の期間がこの高成長期に相当する．成長開発委員会（Commission on Growth and Development）は世界銀行の支援を受けて22名の政策立案者，学者，ビジネス界のリーダーによって結成された独立機関である．

2）World Bank（https://databank.worldbank.org/reports.aspx?source=world-development-indicators，2019年12月20日閲覧）．

3）「中所得国の罠」に陥っている国とは，低所得国から中所得国へ成長することに成功したものの，中所得国（高位中所得国）の所得水準で経済成長が停滞し，高所得国より大幅に低い所得水準で1人当たり所得が伸び悩んでいる国を指す．ブラジルなどのラテンアメリカ諸国やタイがこの罠に陥っているとされる［戸堂2015；Felipe, Abdon and Kumar 2012；Gill and Kharas 2007；Kharas and Kohli 2011；Otsuka, Higuchi and Sonobe 2017］．

4）「タイランド4.0」においては，産業の高度化と高付加価値産業への移行を目標として，10の重点産業（次世代自動車，ロボティックス，スマートエレクトロニクスなど）への投資を拡大することを通じて，持続可能な経済成長を目指している［ジェトロ2017；ジェトロバンコク事務所2019］．

5）本章は上田［2018］・Ueda［2009］に修正および加筆を行なったものである．本章の考察の多くは，筆者によるインタビュー調査などに基づいている．情報の出所については上記の参考文献を参照されたい．

6）「日本自動車工業会」（www.jama.or.jp/world/world/world_t1.html，2019年12月19日閲覧），OICA（International Organization of Motor Vehicle Manufacturers, http://www.oica.net/category/production-statistics/，2020年3月5日閲覧）．

7）World Bank（https://databank.worldbank.org/reports.aspx?source=world-develo

pment-indicators, 2020年3月4日閲覧).

8) 塩地［2016］は，1人当たり所得が3000ドルを超えると，モータリゼーション，つまり当該国の自動車販売台数あるいは保有台数の急激な増大が進むと分析している．アジア通貨危機の前年（1996年）に，タイの1人当たり名目GNI（世界銀行アトラス方式）は2950ドルとほぼ3000ドルの水準に達していた．よって，この時期にタイは本格的なモータリゼーションを迎えようとしていたと推測できる（World Bank, https://databank.worldbank.org/reports.aspx?source=world-development-indicators 2020年3月6日閲覧）．この時，国内の自動車販売台数は1991年の26万8560台から58万9126台（1996年）へと急速に拡大している［フォーイン 2015：57］．

9) アジア通貨危機の後，日本の自動車メーカーはタイの生産拠点を支援するために，日本で生産・日本から輸出していた自動車の一部を，タイで生産・タイから第三国へ輸出するように切り替えた．特に中東向けの輸出に力を入れた．この戦略により，タイにおける2000年代の生産及び輸出台数は拡大した．塩地洋氏（第2章担当）の指摘による．

10) Ministry of Commerce, Thailand（http://www.ops3.moc.go.th/infor/MenuComen/default.asp, 2019年12月21日閲覧）.

11) 2017年当時，副首相であったソムキットは「タイは改革を急がなければならない．タイがここまで発展したのは日本のおかげであり，この改革も日本の官民の協力がなければ成功しない．現在の変革期にも日本からの投資をお願いしたい」と述べている［ソムキット 2017］．

12) 「ジェトロ」（https://www.jetro.go.jp/world/japan/stats/fdi.html, 2019年12月24日閲覧）.

13) Isuzu Thailand（http://isuzu-tis.com/about/），Mitsubishi Motors Thailand（https://www.mitsubishi-motors.co.th/en/about-us/who-are-we），Toyota Motor Thailand（https://www.toyota.co.th/en/index.php/app/page/group/about/view/company_profile），日産（https://www.nissan-global.com/PDF/ff_fy01j6.pdf, 2019年12月21日閲覧）．2018年現在，この4社以外に日野（1965年），ホンダ（1996年），マツダ（オートアライアンス（タイランド）社，1995年），三菱ふそう（2004年），スズキ（2012年）がタイで操業している．括弧内は，工場の操業開始あるいは工場設立の年を示す［フォーイン 2015；マツダ, https://www.mazda.com/ja/about/profile/activity/asia/, 2019年12月25日閲覧］．なお2016年時点で，タイで操業する自動車メーカーは18社（日本・米国・EU・中国企業）である［BOI 2018］．

14) Nikkei Asia Review, September 18, 2019（https://asia.nikkei.com/Business/Automobiles/Thailand-production-slump-threatens-Japanese-automakers, 2019年12月26日閲覧）.

15) BBCスキームは，ASEAN各国における自動車部品生産の重複を避け，規模の経済を享受するために，日本の自動車・自動車部品メーカーの要請にしたがって導入され

た．ASEAN 6 カ国は1988年，自動車部品相互補完に関する覚書を交わし，同スキームが誕生した．「自動車メーカー各社がそれぞれのブランドのもとに，ASEAN 内の現地調達率50％を達成した部品を自由に輸出入できる仕組み」で，「当該部品に対する各国の関税は50％減免され，貿易障壁が大幅に緩和された」（「トヨタ自動車75年史」，https://www.toyota.co.jp/jpn/company/history/75years/text/leaping_forward_as_a_global_corporation/chapter1/section4/item3. html，2019年12月27日閲覧）．BBC スキームは，1996年に AICO（ASEAN Industrial Cooperation）スキームに発展した．

16) World Bank（https://databank.worldbank.org/reports.aspx?source＝world-development-indicators，2020年 3 月 9 日閲覧）．

17) 関智宏氏（第 4 章担当）によると，日本の中小企業は，BOI の認可を得ずにタイに進出するケースが多いという．したがって図 5-1 のデータには，このような中小企業による FDI が含まれていない可能性もある．

18) エコカー・プロジェクトは，当時の政府が掲げていた持続的発展と産業の高度化という目標に即して始められた．それまでの自動車生産の中心であった 1 トン・ピックアップトラックに続く次世代自動車として位置付けられた．BOI は，エコカー部品が国内で不足していたため，海外からの投資を奨励した．

19) 調査対象者（約20名）の内訳は，ほとんどがタイで自動車部品製造に携わっているタイ人経営者である．他に，タイの部品メーカーに勤務する日本人の技術者や管理職が含まれている．また，タイ資本の部品メーカーと合弁事業で，タイで部品を製造する日本の部品メーカー 2 社に対しても日本の本社で聞き取り調査を行った．

20) 筆者の調査よると，トヨタはタイで操業する日本の自動車メーカーのなかで「サプライヤーは自ら育成する」という方針を強く持っている企業である．

21) 塩地洋氏（第 2 章担当）からの指摘による．

22) 筆者の調査によると，政府関係者は「国内で部品メーカーを育成していたのでは間に合わない」と認識していた．

23) World Bank（https://databank.worldbank.org/reports.aspx?source＝world-development-indicators，2020年 1 月 9 日閲覧）．

24) 世界銀行は，「人的資本，つまり生涯をかけて培われる知識，技術，健康」が持続的な経済成長の原動力であるとして，2018年に HCI を発表した．HCI は「今日生まれた子供が18歳までに得られる人的資本の規模を予測」し，「今日生まれた子供の将来の労働生産性を，良好な健康状態で，質の高い教育を十分受けた場合と比較して，0 から 1 （最高点）の段階で評価」している．ベトナムの HCI （0.67）は，タイ（0.60）よりも高く評価されている．タイの値が0.60というのは，今日タイに生まれた子供は，18歳になった時に彼らの潜在的な生産性の60％しか達成できないということを意味する（World Bank, https://www.worldbank.org/ja/news/press-release/2018/10/11/if-countries-act-now-children-born-today-could-be-healthier-wealthier-more-productive?cid=EXTIK_Tokyo_eNews_P_EXT_HumanCapital，2020年 1 月 9 日閲覧）．

25) Barro-Lee Educational Attainment Dataset, v.2. 2, June 2018（http://barrolee.com/，2020年1月9日閲覧）.

26) 「国立教育政策研究所」（https://www.nier.go.jp/，2020年1月9日閲覧）.

27) OECD/UNESCO［2016］は，タイの教育における問題点として，貧しい農村の子供たちが置き去りにされている点を指摘している.

28) 筆者の調査によると，日本企業側は，地場部品メーカーの技術力について日本企業よりも相対的に劣ると判断していることが明らかになった. タイで操業する日本企業にとって，地場部品メーカーの強みは，技術力ではなく価格の安さにある場合が多い.

29) メキシコでは，外資系部品メーカーの進出により北米サプライチェーンが構築され，1980年代以降，地場部品メーカーが淘汰された［星野 2014］.

参考文献

〈邦文献〉

上田曜子［2018］「タイ自動車産業における日本の直接投資と地場部品メーカーの形成」『社会科学』（同志社大学），48（2）.

大泉啓一郎［2016］「タイに集積する日本企業──海外にあるもう一つの工業地帯──」『Research Focus』，No.2015-043，日本総研（https://www.jri.co.jp/MediaLibrary/file/report/researchfocus/pdf/8613.pdf，2018年2月19日閲覧）.

大塚啓二郎［2014］『なぜ貧しい国はなくならないのか』，日本経済新聞出版社.

川邉信雄［2011］『タイトヨタの経営史──海外子会社の自立と途上国産業の自立──』，有斐閣.

経済産業省［2019］「第48回海外事業活動基本調査」（https://www.e-stat.go.jp/stat-search/files?page=1&layout=dataset&toukei=00550120&kikan=00550&tstat=00000101 1012，2019年12月24日閲覧）.

ジェトロ（日本貿易振興機構）［2017］「タイ投資シンポジウム：アジアの次世代ハブを目指して」（ジェトロ主催，2017年6月7日，東京）配布資料.

ジェトロバンコク事務所［2019］「タイの概況とアセアン経済　2019年7月」ジェトロバンコク事務所.

塩地洋［2016］「新興国におけるモータリゼーションの析出方法──標準保有台数とSカーブを指標として──」『アジア経営研究』22.

末廣昭［2015］日タイ経済協力セミナー「タイとCLMV及び中国の関係──アセアン経済共同体発足による変化──」（2015年3月9日，一般社団法人日タイ経済協力協会主催）配布資料.

成長開発委員会編［2009］『世界銀行　経済成長レポート──すべての人々に恩恵のある開発と安定成長のための戦略──』一灯舎.

ソムキット・チャトゥシーピタック［2017］「タイ投資シンポジウム：アジアの次世代ハブを目指して」（ジェトロ主催，2017年6月7日，東京）における基調講演「タイラ

ンド4.0により拡大するオポチュニティ」.

東洋経済新報社［2015］『国別編　海外進出企業総覧2015』東洋経済新報社.

東洋経済新報社［2017］『国別編　海外進出企業総覧2017』東洋経済新報社.

戸堂康之［2015］『開発経済学入門』新世社.

東茂樹［2000］「産業政策——経済構造の変化と政府・企業間関係——」末廣昭・東茂樹編『タイの経済政策——制度・組織・アウター——』アジア経済研究所，pp.115-178ページ，所収.

フォーイン［2011a］『アジア自動車産業2011』フォーイン.

————［2011b］『アジア自動車部品産業2012』フォーイン.

————［2015］『ASEAN自動車産業2015』フォーイン.

星野妙子［2014］『メキシコ自動車産業のサプライチェーン——メキシコ企業の参入は可能か——』

〈欧文献〉

Aghion, P., Akcigit, U. and Howitt, P. [2014]"What Do We Learn from Schumpeterian Growth Theory?" *Handbook of Economic Growth*, 2.

Apaitan, T., Disyatat, P. and Samphantharak, K. [2016]Dissecting Thailand's International Trade : Evidence from 88 Million Export and Import Entries," *PIER Discussion Papers* 43, Puey Ungphakorn Institute for Economic Research.

Blalock, G. and Gertler, P.J. [2008]"Welfare Gains from Foreign Direct Investment through Technology Transfer to Local Suppliers," *Journal of International Economics*, 74（2）.

Board of Investment of Thailand（BOI）[2018]"Thailand's Automotive Industry - The Next Generation"（https://www.slideshare.net/boinyc/thailands-automotive-industry-the-next-generation-2018，2019年12月21日閲覧）.

Felipe, J., Abdon, A. and Kumar, U. [2012] Tracking the Middle-Income Trap : What Is It, Who Is in It, and Why?, *Working Paper*, No.715, *Levy Economics Institute of Bard College*.

Gill, I., and Kharas, H. [2007] *An East Asian Renaissance : Ideas for Economic Growth*, Washington, DC : World Bank.

JETRO Bangkok [2011] "Basic Data of Thailand's Automobile Industry,"（Mimeographed），JETRO Bangkok.

Jitsuchon, S. [2012] "Thailand in a Middle-income Trap," *TDRI Quarterly Review*, 27（2）.

Kharas, H. and Kohli, H. [2011] What Is the Middle Income Trap, Why do Countries Fall into It, and How Can It Be Avoided? *Global Journal of Emerging Market Economies*, 3（3）.

OECD/UNESCO［2016］*Education in Thailand, An OECD-UNESCO Perspective*, Paris : OECD Publishing.

Otsuka, K., Higuchi Y., and Sonobe, T.［2017］"Middle-income Traps in East Asia : An Inquiry into Causes for Slowdown in Income Growth," *China Economic Review*, 46 (Supplement), S3–S16.

Phongpaichit, P.［2017］"Trade Implications of the ASEAN＋ Agreements for Other Asian Countries," *Proceedings of the Consortium for Southeast Asian Studies in Asia (SEASIA) 2017* (Bangkok, December 17, 2017).

Suehiro, A.［1989］*Capital Accumulation in Thailand 1855-1985*, Tokyo : Center for East Asian Cultural Studies.

Techakanont, K., and Terdudomtham, T.［2004］"Historical Development of Supporting Industries : A Perspective from Thailand," *Annual Bulletin of the Institute for Industrial Research of Obirin University*, Vol.22, pp.27–73.

Tiasiri, V.［2012］"Thailand's Automotive Investment Opportunity," Thailand Investment Seminar : Thai Economy after the Flood and Investment Environment for Japanese Companies, by BOI, Nagoya, March 8, 2012.

Ueda, Y.［1995］*Local Economy and Entrepreneurship in Thailand : A Case Study of Nakhon Ratchasima*, Kyoto : Kyoto University Press.

――――［2009］"The Origin and Growth of Local Entrepreneurs in Auto Parts Industry in Thailand," *CCAS Working Paper*, No.25 (Center for Contemporary Asian Studies, Doshisha University).

World Bank［2011］"Thailand Now an Upper Middle Income Economy, Press Release : World Bank," August 2, 2011 (http://www.worldbank.org/en/news/press-release/2011/08/02/thailand-now-upper-middle-income-economy, 2019年 9 月12日閲覧).

――――［2013］*China 2030 : Building a Modern, Harmonious, and Creative Society* (https://www.worldbank.org/en/news/feature/2012/02/27/china-2030-executive-summary, 2019年12月10日閲覧).

――――［2017］*Getting Back on Track : Reviving Growth and Securing Prosperity for All (Thailand : Systematic Country Diagnostic)*. (https://www.worldbank.org/en/country/thailand/publication/thailand-systematic-country-diagnostic-getting-back-on-track-and-reviving-growth, 2019年12月10日閲覧).

――――［2018］*The Human Capital Project*, Washington, DC : World Bank.

◆◆◆ 第 6 章 ◆◆◆

中小製造業のマレーシア進出と複数国展開

は じ め に

　日本の中小企業の海外進出は増加傾向にある．中小企業庁 [2019] によれば，中小製造業で海外子会社を保有しているのは14.2％である．海外での生産は困難も多くチャレンジの連続である．しかし，最近の中小企業のなかには，1カ国だけではなく，複数国に進出する中小企業も散見される．海外生産を通じて中小企業は成長への道をたどることができるのだろうか．

　本章では，電機・自動車産業を中心に日本に大きな経済的価値をもたらしている金属・機械加工関係の中小企業を対象とする．そしてマレーシアに進出した中小企業の事例から，日本の中小企業が成長するためのプロセスを，特に販売面に焦点をあてて探っていく．

1　既存研究との関連でみる本研究の位置づけ

（1）関連する既存研究

　本章に関連する既存研究として，四つの分野をとりあげたい．「中小企業の国際化に関する研究」「海外展開による企業成長に関する研究」「中小企業の海外における新規顧客開拓に関する研究」「中小企業の複数国への海外展開に関する研究」である．

　第一は，中小企業の国際化について扱う Born Global に関わるものである．この研究では中小企業の国際化を時期に応じて二類型にし，創業後すぐにグローバル化する中小企業を Born Global 企業，創業から一定の時間を経て国際化する企業を Born Again Global 企業としてあつかう．売上に対する輸出比率の高さで国際化をはかっているため，本研究で扱う海外生産とは厳密には異なるが，示唆に富む議論が展開されている．

　Born Global, および Born Again Global の議論では, 企業に能力が備わっていることが, グローバル化できた要因であると考えている. Knight & Cavusgil [2004] は, Born Global 企業が早期に海外展開できるのは, 組織内部の能力が背景にあるとしており, 特に技術力の高さを強調している. 高井・神田[2012] もまた, 国際化できる背景として,「コア技術を軸に差別化」「内部資源と外部資源の連動」「事業の仕組みで模倣を防止」といった要素をあげており, すでに企業が保持している能力に着目している. また, 中村 [2015] は, Born Again Global 企業を分析するなかで, グローバル・ニッチトップ企業との類似性に着目する. そしてニッチトップになれる能力が, Born Again Global になることを後押ししているというのである.

　しかし本章では, こうした能力が予め備わっていなくとも, 国際化に着手したことにより能力が向上し, 成長するという可能性を見出していく. 例えば, 現在ニッチトップでなくても, またコア技術や事業の仕組みがまだ不十分であったとしても, 海外生産に挑戦して Born Again Global になることはできるであろう. そして海外生産によって新たな顧客や案件と出会うことで, 戦略の選択肢を拡大できる可能性もあろう.

　第二は, 海外展開による日本企業の成長を扱った研究である. 天野 [2005] は, 東アジアとの国際分業に焦点をあてて, 定量・定性的なアプローチから日本の大企業を分析している. そして東アジアへの進出は企業にとって国際的な成長の機会であると同時に, 本国の事業の再編と事業全体の効率化を図る転機となると示唆している. 中沢 [2012] は中小企業を中心に観察し, 海外展開している企業ほど国内で成長していることを豊富な事例をもとに示している. 同様に, 田口 [2013] は, グローバル化を積極的に位置づけることで新たな可能性を見いだした金型産業の中小企業を分析している. このように海外での活動が企業成長につながることは, 既存研究で明らかにされているが, 本章では販売面, 複数国展開も視野に入れて企業成長のメカニズムを明らかにしたい.

　第三は, 海外における新規顧客開拓を扱った研究である. 関連する研究としては日本政策金融公庫 [2014] があげられる. この研究では, 非日系企業の開拓に焦点をあてて欧米系企業と地場企業に分けて論じ, 欧米系企業の開拓については,「本国あるいは日本拠点で取引実績をつくることが有効である」としている. しかし筆者らの調査では, マレーシア拠点において欧米系企業からの受注に成功した企業が複数あった. 欧米系企業のアジア統括拠点がマレーシア

や隣接しているシンガポールにあることも影響している．また同研究では，欧米系は受注する際のボリュームが大きい傾向にあると指摘されているが，筆者らのマレーシアの調査によれば受注のボリュームが大きいとは限らず，むしろ中小企業は高い利益率や長い製品ライフサイクルを受注のメリットとしていた．

　また，地場企業の開拓については，「ローカルメーカーのニーズによっては部品の設計や仕様を変更し，製品品質を下げるスペックダウンを行うことも必要となる」とあるが［同上］，これについても，筆者らのマレーシアでの調査によれば，地場企業との取引だからスペックが低くなると捉えている中小企業はなかった．マレーシアの地場企業に納入していても，最終顧客はヨーロッパ企業だったりすることから，高いスペックを求められることが多いという．

　同研究では，「ローカルメーカーとの取引には代金回収など多くの課題も存在する」という点も指摘しているが［同上］，日本企業の進出の歴史が長いマレーシアでは，日本の大手企業でも担当者がローカル社員になりつつあり，必ずしも代金回収が早いわけではなくなってきている．つまり地場企業に特有の課題とは言い難い．以上のように，マレーシアでは取引関係の類型化が多様になっていることを考慮しつつ，本章では海外の顧客開拓がもたらす可能性を改めて整理したい．

　第四が，複数国展開に関する研究である．海外生産が企業成長にポジティブな影響を与えるのだとすれば，1カ国ではなく複数国に進出することによってさらにその効果は高まる可能性があるだろう．企業の複数国への進出は，国際経営の分野を中心に，以前から扱われてきた（例えば原・林・安室［1988］など）．しかし，これらは大企業を対象・想定した議論である．こうした大企業を対象とした研究は，資金や人員に制約のある中小企業にそのまま適用できるとは限らない［寺岡 2013］．だが「中小企業」の「複数国への進出」については，Eriksson et al.［2014］をのぞいてはほとんど扱われてこなかった．彼らは複数国展開を議論しているが，販売拠点も含めて議論しており，本研究のように海外生産を中心に扱っているわけではない．経営資源に制約のある中小企業だからこそ複数国への進出は負担がかかると推察できる一方で，一国への集中投資でダメージを受けるよりは，リスク分散になるとも考えられる．

（2）本研究の位置づけ

　以上，本研究に関連する四つの分野についてみてきた．「中小企業の国際化に関する研究」では，輸出を中心に中小企業の海外展開が扱われている．またすでに何らかの能力を有することが海外展開の推進力とされてきた．それに対して本研究では海外展開のなかでも海外生産に焦点をあて，海外での事業活動を行うことによる能力の開発に着目する．具体的には顧客開拓やそれに伴う技術の応用可能性の拡大である．

　「海外展開による企業成長に関する研究」では，海外展開によって企業成長が促されることが明らかにされてきた．本研究もその文脈に沿いつつ，特に販売面と複数国展開を中心に論ずる．「中小企業の海外における新規顧客開拓に関する研究」においては，非日系企業の開拓について，欧米系と地場系にわけて新規顧客開拓が持つ意義が異なることが示されていた．しかし本研究では，マレーシアでの状況をもとに，そうした区別をすることなく新規の非日系企業を開拓する意義を探る．

　複数国への海外展開に関しては大企業を中心に研究の蓄積があるが，中小企業については，まだ研究の蓄積が内外ともにほとんどない状況である．そこで本研究ではマレーシアに進出した後に他国にも積極的に進出している中小企業の事例から，複数国展開による企業成長について試論したい．

 ## 2　マレーシア進出後の顧客開拓

（1）日本の中小企業とマレーシア進出

　本章では，筆者らが2014年から継続している日本の中小企業の海外生産に関するインタビュー調査から，マレーシアで海外生産を行っている4社の事例を紹介する．この4社は金属・機械産業に属し，日本の中小企業が出資して海外生産を開始し，進出から20年以上経過している．また，複数国で海外生産を行っている．

　マレーシアでのビジネスの特徴を簡単に紹介すると次のようになる．第一に，他の東南アジア・南アジア諸国へのゲートウェイとなる地理的位置にある．陸路で物流が可能な国も多く，第三国とのビジネスもしやすい環境にある．第二に，多民族国家であるため，共通の言語としてビジネスでは英語が多用されて

おり，通訳がなくてもローカルの社員とのコミュニケーションがしやすい環境
にある．第三に，隣国シンガポール同様にマレーシアにアジアの調達・販売拠
点をおいている欧米系の大企業も多いことから，世界中の企業と出会える環境
にある．

　中小企業の海外生産を考える上で，マレーシアを取り上げる意義は三点ある．
第一に，90年代に多くの日本企業が進出したために，海外生産開始後に一定年
数が経過している中小企業が多く，顧客開拓の経緯をふりかえるのに最適と考
えられる．第二は，進出した日本企業の多くが数々の不況や経済的困難を経験
しているためである．日本の中小企業の進出後に，バブル崩壊，アジア通貨危
機，リーマンショックが次々と起こった．しかも隣国のタイやインドネシアと
比較して，マレーシアは人口が2800万人と少なく国内市場が限定されている上
に，経済発展が早く賃金も高騰した．こうした要因が重なって，進出していた
日本の大企業でも，事業の縮小や撤退が続いた．しかし中小企業は社運をかけ
て進出しており，顧客の日本企業がマレーシアで縮小・撤退したとしても，自
らもともに撤退するわけにはいかない．つまりマレーシアで生き残る道を探ら
なければならなかったのである．こうした苦難を乗り越えて生き残っているマ
レーシア進出の中小企業の歴史は，今後，中小企業が国際化を通していかにし
て成長をするかを考える上で参考になる．

　第三にマレーシアで海外生産を経験した後に，後述するように他の国でも海
外生産を実施する例がよく観察され，複数国展開について議論するのにふさわ
しい．

　そこで，以下ではまず中小企業4社について，マレーシアへの進出と顧客開
拓に焦点をあてて，みていくこととしよう．

（2）A社の事例
① 企業概要と進出前の状況
　日本本社は従業員250名，資本金4200万円である．創業者が海外進出に高い
関心を抱いていたことから，1994年にマレーシアに進出した．当時は国内で主
として印刷関係の技術を活用して，電機産業向けに納入していた．

② 顧客開拓のプロセス
　同社がマレーシアに進出したのは，特定顧客からの依頼によるものではな

かった．そのため操業を開始した当時から，採算を成り立たせるために主体的
に動いた．初期には，国内で生産していた AA 社向けの生産を移管した．そ
の後は，徐々に同じ電機業界の他の日系企業を顧客として開拓していった．ま
た，日本企業だけではなく，現地に進出しているヨーロッパ系やアジア系の企
業も積極的に開拓した．

　同社は，新しい分野の受注を獲得することにも積極的に動いた．白物家電，
基板，携帯電話，自動車など次々と納入分野を広げ，製品のライフサイクルの
盛衰があってもそれを乗り越えることに成功した．結果として，アジア通貨危
機，マレーシアの変動相場制への移行などの厳しい状況を乗り切ることができ
た．

　また日本本社が，印刷技術に加えて，塗装や成形・プレスなど手がける加工
分野を拡大するにしたがって，マレーシア拠点でも工程・設備の多様性を高め
た．このことも，受注内容の幅を拡大することにつながった．

（3）B 社の事例

① 企業概要と進出前の状況

　日本本社は従業員75名，資本金5000万円である．マレーシア進出当時は，国
内で精密加工を手がけており，精密機械系の BA 社や BB 社と取引をしていた．

② 顧客開拓のプロセス

　日本の市場が縮小してきたと感じて，1994年にマレーシアに進出し，日本で
取引のあった BA 社，BB 社のマレーシア拠点の納入を開始した．その後，新
規の業界として運動用具，自動車，電機，航空機関係の企業を開拓した．この
間に，日系企業の一部顧客が現地の事業を縮小し，そこへの売上が減少すると
いったことも体験しているが，新規開拓を継続することでカバーしている．

　非日系企業についても精密機械，電子部品，モーター，航空機といった分野
の新規開拓に成功した．このなかには世界的に有名な企業もあり，海外のサプ
ライヤーと競合した末に，B 社の得意技術を活用して受注することができた．
非日系企業からの受注は，付加価値が高いものがある一方で，部品サイズが従
来経験したものより大型であったり，品質保証の期間が長かったりなどクリア
しなければならない課題も多いという．

　同社のマレーシア拠点は，日系企業に加えて非日系企業を開拓するという役

割が大きいという．現在の売上比率は非日系企業が6割近くまで高まった．日系企業の比率こそ減少しているが，新規顧客開拓により売上高そのものは増加している状況である．

（4）C社の事例
① 企業概要と進出前の状況
　日本本社は従業員820名，資本金8800万円である．マレーシア進出当時は，国内では主として自動車部品の熱処理を手がけていた．

② 顧客開拓のプロセス
　1996年に自動車部品の主要顧客がマレーシアに進出したことがきっかけで，進出した．進出直後にアジア通貨危機が起き，撤退を検討したこともあったが固定費用削減と顧客の新規開拓でのりきった．
　日系企業では，自動車関係の他に，多くの電機関係の企業を開拓している．また非日系企業の開拓にも積極的に取り組み，自動車，医療，文具関係の新規開拓に成功した他，マレーシア政府の業務も受注している．ヨーロッパ系の企業は取得が必要な認証も多く，要求水準，品質保証が厳しいと感じている．地場企業も同様に厳しい品質要求をする企業があり，その理由は最終顧客がアメリカ・ヨーロッパ企業だったりするためだという．
　進出当初にメインだった自動車関係は売上の3割程度となり，納入する業界が多様化している．また売上の3割近くを非日系企業が占めるようになっている．

（5）D社の事例
① 企業概要と進出前の状況
　日本本社は従業員90名，資本金は2100万円である．マレーシア進出当時，国内では主として精密加工技術を武器にモーターや歯車関連を手がけていた．

② 顧客開拓
　同社の最初の海外進出は台湾で，顧客である光学機器メーカーとの取引がきっかけで進出した．当該顧客はその後台湾から撤退することになったが，D社はすでに設備や人材育成の投資をしていたことから台湾拠点の継続を決め，

他の日系の精密機器メーカーや二輪車メーカーなどの新規顧客を開拓していった.

そして第二の海外拠点であるマレーシアへは特定の顧客への売上依存を前提とせずに,自社の判断で1992年に進出した.進出後には他の光学機器メーカーからの受注を開拓したほか,精密機器や電子部品も手がけるようになり,日系企業だけでなく非日系企業とも取引をしている.

ITバブルの崩壊後もマレーシア拠点は独自にローカルの銀行から資金調達をしたり,新工場を設立したりするなど成長をとげている.現在では,マレーシアでしか加工できないような超極小の部品加工を手がけ,めっきや熱処理の設備も保有するなどしている.

(6) 事例企業にみるマレーシアでの顧客開拓

筆者らの調査によれば,マレーシアに進出した中小企業は,日本で取引していた既存顧客にマレーシアでも納入することを前提として海外生産を開始したケースが大半である.しかし進出後に数々の世界的不況にみまわれ,進出時に頼りにしていた顧客に依存できなくなるという厳しい状況となり,撤退を選択する中小企業もあった.

それに対して事例の4社は厳しい経済状況のなかでも,生産を継続し,マレーシア拠点にて,以下のように,独自の新規顧客開拓をすすめた.第一に,日系企業を開拓するだけでなく,非日系企業,つまりアメリカ・ヨーロッパ・アジア(中国・台湾・韓国など)・マレーシア地場企業にも積極的にアプローチしている.

第二に,これまで取引していた業界だけでなく,業種の枠を超えて顧客を開拓している.第三に,マレーシア国内だけではなく,他のASEAN諸国,南アジアといった第三国にも納入するなど,納入地域の広がりをはかった.

　マレーシア拠点での顧客開拓が中小企業に与えた影響

(1) 顧客開拓による変化

新規の顧客開拓は,中小企業に以下の3点の変化を与えている.

① 多様な顧客との関係構築

　海外拠点で新規顧客を開拓していくことで，事例企業は特定顧客への売上依存から脱している．日本国内では中小企業同士の競争が激しく，新規の顧客を獲得することが難しい．系列やグループ内取引も以前よりは制限が少なくなったとはいえ，顧客の競合相手にあたる会社への納入が難しい場合もある．しかし海外拠点を持つことにより，顧客の同業他社の開拓がしやすくなる．また事例企業では，これまでとは異なる業界への納入も実現していた．

　さらに，日系企業に限らず世界的な優良企業との取引を実現している企業も出てきた．このように多様な顧客との関係が構築できている．

② 新規顧客開拓による技術の変化

　新規の顧客からは，これまでの受注にはなかった新たな要求が多くあり，それがきっかけで設計変更や工法開発などが行われる．類似した注文であっても，サイズや精度の大幅な仕様変更に対応したり，加工レベルをさらに向上させなければならない場合もある．

　このように受注内容が変化することで，自社技術を応用する機会が広がったのである．これは日本本社の開発・設計力を活かす機会ともなる．

③ 納入業界の変化によるライフサイクルの影響からの回避

　事例企業では，日本で取引していた業界だけでなく，新たな業界の顧客も開拓している．これまで納入していた業界にこだわらず，他の業界にも積極的に売り込んでいるのである．これは製品・市場ライフサイクルの影響を軽減することにつながる．製品・市場のライフサイクルは，導入期・成長期・成熟期を経て衰退期とたどることが多い．しかし納入先の業界を変更していけば，このライフサイクルを企業の盛衰に直結させずにすむ．4社は，カメラ，家電，携帯電話などの製品のライフサイクルの衰退を経験しながらも，常に新しい業界を開拓して生き残ってきた．

（2）中小企業にとっての顧客開拓の意義

　それでは，中小企業が成長する上で，なぜ国内での既存顧客との関係を継続・充実させるだけでは不十分なのだろうか．それは，顧客と限定的・受動的な関係にあっては，まず自社技術を活用する機会が限定されるからである．また特

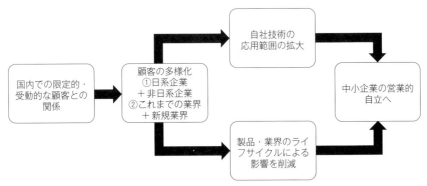

図 6-1　新規の顧客開拓と中小企業の経営的自立

出所）筆者作成.

定の顧客・業界と取引するということは，その業界・製品のライフサイクルの
盛衰に企業の盛衰が左右されることになりかねないからである.

　しかし新規顧客を開拓していくことで，さまざまな要望にこたえることにな
り，技術の応用可能性が広がり，受注できる部品や加工の種類も増えていく.
またライフサイクルの波に左右されることもない. つまり中小企業の経営的自
立が高まるという好循環が生まれるのである（図6-1）.

 4　国際化の深化

　海外生産による顧客開拓は，生産の国際化だけでなく，販売の国際化をも促
進し，中小企業の真の国際化に結びつく.

（1）生産の国際化と販売の国際化

　ここで生産の国際化と販売の国際化を考えてみよう（表6-1）. 本章が対象
としている中小企業ではⅠからⅢの段階に進んだ企業が多い. ここで課題とな
るのが，生産が国際化しても販売が国際化していないことが多いということで
ある. つまり海外においても，これまでと同じ日本の企業を顧客とし，国内と
同様のサプライヤー構造に組み込まれてしまうのである. 筆者らの調査のなか
で，「現地に進出している中小企業は，従来から取引している日系企業からの

表6-1　生産の国際化と販売の国際化

	販売先が「日本」企業		販売先が「非日系」企業
生産拠点が「日本」	Ⅰ　国内生産		Ⅱ　輸出で対応
生産拠点が「海外」	Ⅲ　生産の国際化	ギャップ ➡	Ⅳ　生産と販売の国際化

出所）筆者作成.

待ちの営業をしていることが多いのではないか」という意見もあった．取引をしていた日系企業からの受注がなくなってくると売上が確保できなくなり，日本人駐在員をおくコストが支出できなくなる．やがて，拠点の撤退という流れになってしまう．しかし事例の4社は，日本企業に限らず，非日系企業も積極的に開拓し，販売の国際化を実現している．自社の技術を最大限に活用して売上を拡大するためには，非日系企業にも門戸を広げることでそのチャンスが広がる．日本の大企業が弱い製品・市場分野にも食い込むことができ，長期的な意味で中小企業の経営の安定性にも結びつくと考えられる．

（2）販売の国際化に向けて

　生産を国際化したⅢの段階と，販売を国際化したⅣの段階には実は大きなギャップがある．このギャップを埋めるためには，組織面での国際化が求められる．

　第一ステップは，海外生産拠点におけるローカル社員の登用である．日本の企業は「人の現地化」をはじめマネジメントの国際化が，大企業でさえ他国と比較して遅れていると指摘されてきた［吉原1992，古沢2008］．しかし，とりわけ営業については早急にローカル社員の登用を促進すべきであろう．多くの中小企業は海外生産拠点の現地責任者として，生産・品質に強い日本人社員を派遣することが多い．営業をローカル社員がカバーできれば，効率的な分業になる．

　非日系企業の開拓に成功している事例の中小企業では，ローカル社員の営業担当者が活躍している．マレーシアで育ってきた彼・彼女ならではの血縁・友人・地縁といったネットワークが活用できるからである．駐在する日本人社員がこうしたネットワークのなかに入りこむことはかなり困難である．事例企業でも，日本人社員が思いもつかないような企業にローカル社員が積極的にアプ

ローチして，商談を成立させたというケースが複数存在した．また，ローカル
社員が活躍するのは対ローカル企業だけではない．欧米系の企業はローカル社
員の登用が進んでいることから，日本の中小企業がローカル社員を登用すれば，
マレーシア人の担当者同士で商談を進めることもでき，交渉も成立しやすくな
る．

　確かに，現地の日系企業の顧客は日本人の担当者を好む場合もあるだろう．
しかしそれにこたえて営業の担当者を日本人だけにすると，商機を見逃すこと
になる．また，日本の大企業も徐々にローカル社員が調達責任者になってきた
ことから，ローカル社員の営業職が活躍するフィールドはますます広がってい
くと考えられる．

　第二のステップは，日本本社の国際意識の向上である．優秀なローカル社員
に長く勤務してもらうためには，会社全体で進出先の文化や商習慣，言語を理
解していく必要がある．例えば日本本社で，日頃から日本人社員に外国語の修
得を奨励したり，異なる文化の理解を促進したり，さらには社員に海外拠点へ
の出張などを経験してもらうことなど，国際感覚の向上につとめるべきであろ
う．これによりローカル社員が「自分が企業の一員だ」という意識を強く持つ
ことになり，コミットメントも得られやすくなる．また国際意識が向上すれば，
企業として業界・市場の世界的なトレンドが把握でき，非日系企業との取引も
視野に入れた戦略を構築できるようになる．

 ## 5　複数国展開に向けて

　事例の4社について，注目すべき点は他にもある．マレーシアでの海外生産
を経験した後に，他の国にも進出している点である．A社はタイ・中国・イ
ンドネシア・メキシコへ，B社は中国・タイへ，C社は中国・メキシコへ，D
社は中国・タイに進出して海外生産を行うようになった．

　4社のマレーシア進出後の事業は，決して順調満帆だったとはいえない．度
重なる国際的な経済危機や顧客のマレーシアでの事業縮小や撤退に直面し，苦
労を重ねている．それにもかかわらず，4社が他の国でも海外生産をすること
を選択した理由として，インタビューでは以下のような点があげられていた．

　第一に，マレーシアで新規顧客開拓に成功したことが，他の諸国への展開に

おいての自信になっている．4社とも，その後の海外進出において，自社で積極的に顧客を開拓する方針で臨んでいる．つまり，海外拠点について独立して採算にのせる覚悟で進出しているのである．

　第二に，現地法人設立のプロセスについて，経験を蓄積している．国によって法人設立の法制度などは異なるが，土地や工場の準備，従業員の採用など，流れはほぼ同等である．複数国に展開するに連れてノウハウが蓄積されるとともに，海外生産に対する経営陣・従業員の心理的障壁が低くなるという．

　第三に，ビジネスで英語を使うことに抵抗がなくなる．日本人駐在員の英語力が向上し，他の国でビジネス上の交渉をする上でも言語の障壁が下がったと考えられる．

　第四に，多民族国家であるマレーシアで，さまざまな民族や宗教と接することにより，企業としての異文化への適応能力が向上している．中国語を話す中華系マレーシア人の社員が中国や台湾・香港へのビジネスに活躍したり，マレー語を話すマレー人社員が類似言語であるインドネシアとのビジネスに活躍したりすることも多いという．

　上記の第一の点は，販売面と技術面に関連する．複数国に進出して各国で新しい顧客を獲得できれば，自社の技術を応用するチャンスもますます増える．第二，第三，第四の点は，人材・組織面に関連する．マレーシアでの経験が，次に展開する国での人材・組織のマネジメントにも好影響を与えていると解釈できる．このようにして，事例の4社では，複数国に展開するにつれて，販売・技術面，組織面のそれぞれで企業成長に向けたループが循環していた(図6-2)．

　販売・技術面に関して言えば，各拠点で顧客開拓をするようになることで，企業の国籍も，業種も異なるさまざまな顧客に納入することになる．そうなれば顧客各社のニーズに応えるために，日本本社も含めて新たな工法開発や部品設計に取り組むことになる．そうやって守備範囲が広がれば，さらに受注できる内容も増加し，さらに顧客開拓のチャンスが大きくなる．また，一つの拠点で開拓した顧客と，別の拠点でも取引するといった，拠点間の連携も生まれる．

　組織面においても同様である．複数国に進出するに連れて海外子会社の運営ノウハウを蓄積できる．事例企業の進出先は2カ国目以降もアジア地域がメインであるため，応用もしやすかったと推察できる．事例企業ではローカルの管理職を育成・登用する経験も蓄積し，なかにはローカル社員が現地拠点のトップをつとめるケースもみられた．中小企業は資金だけでなく人員数も限られて

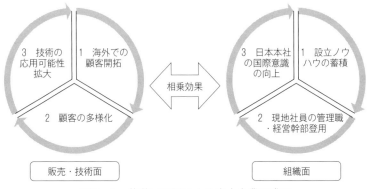

図6-2　複数国展開による中小企業の成長

出所）筆者作成.

いるゆえに，複数国進出にあたって，駐在員として派遣できる日本人社員の数も限定される．そのため，いかにして現地の管理職を育成し，経営幹部に登用できるかが鍵になると考えられる．

　拠点が増えれば，日本人社員の出張機会や，海外拠点のサポート業務も増え，日本本社の国際意識も向上する．インタビュー調査では，複数国に進出することで，経営判断がしやすくなるという意見もあった．例えば日本とX国の状況を比較するだけでは，どちらが特殊なのかが不明であるが，日本とX国とY国の3カ国を比較することで，業界動向なども相対的に判断しやすくなるというのである．

　当然ながら販売・技術面と組織面には相乗効果が生まれる．例えば，現地社員の管理職・経営幹部登用は，新規の顧客を開拓し技術を応用する上で効果的だろう．逆に日本本社の国際意識向上も，海外での顧客開拓や顧客の多様化を推し進める要因となるであろう．

　お わ り に

　以上，本章では中小製造業のマレーシアでの海外生産の事例を通じて，顧客開拓に焦点をあてて議論した．第一に，海外生産によって新規の顧客を開拓できる機会が高まること，既存の納入先業界だけでなく異なる業種にも納入でき

るチャンスが高まり，それが技術面を強化する上でも効果があることを示した．

　第二に，金属・機械系産業の中小企業は，生産の国際化が進んでいても販売の国際化が進んでいないことを指摘し，海外拠点を持つことで日本企業だけでなく非日系企業との取引が実現できる可能性とその意義も示唆した．

　第三に，マレーシアに進出していた事例 4 社が，その後に他の国でも海外生産を開始している事実に鑑み，複数国展開することによって「販売・技術面」と「組織面」で好循環が生み出せる可能性を指摘した．

　経営資源が希少な中小企業にとって，海外展開，とりわけ海外生産は大きな資本投下を伴う．しかしながら国内市場が成熟し，労働力が極端に不足している現状において，海外生産は有効な選択肢になりうる．また中小企業がコントロールできない経済摩擦のようなカントリーリスクを考えるならば，複数国展開はリスクヘッジの手段にもなりうる．そうであるならば，中小企業を支援する機関も，中小企業がどのようにして海外生産を企業成長につなげられるのかという点についても着目すべきであろう．

　最後に本研究の主たる課題を示しておきたい．

　第一が量的サンプリングによる実証がなされていないことである．紙幅の関係で 4 社しか事例を上げることができなかったが，マレーシアに進出して複数国に展開している企業は他にも多い．統計的分析によって，海外生産や複数国展開の効果を明らかにすべきであろう．第二が複数国展開に関するフレームワークの精緻化である．今回は販売・技術面と組織面をとりあげたが，複数国進出によるマネジメントの洗練を考える際には，さらに掘り下げて検討する必要があるだろう．例えば事例でとりあげた 4 社の進出国はアジアがメインとなっているが，まったく文化背景の異なる地域に進出する場合には，組織面でのノウハウを活かす機会が限定される可能性があるため，分析を深める必要があろう．

（弘中史子）

付記

　　本章は，弘中史子「中小企業の海外生産と顧客開拓」『中小企業学会論集』第37巻，同友館，pp.17-30と，2019年06月09日の日本情報経営学会第78回全国大会（静岡大学）での報告（弘中史子「中小企業の海外生産と複数国進出」）をベースとして，加筆・修正し，再構成したものである．

また，科学研究費補助金（基盤Ｃ：26380503）（基盤Ｃ：17K03873）による研究成果の一部でもある．

参考文献

〈邦文献〉

天野倫文［2005］『東アジアの国際分業と日本企業――新たな企業成長への展望――』有斐閣.

高井透・神田良［2012］「ボーン・アゲイン・グローバル企業の持続的競争優位性に関する研究」『情報科学研究』21.

田口直樹［2013］「中小企業のグローバル化と事業領域の拡大」『商工金融』63（1）.

寺岡寛［2013］「中小企業とグローバリゼーション」，中小企業総合研究機構編『日本の中小企業研究　2000〜2009　第1巻　成果と課題』同友館.

中小企業庁［2019］『2019年版中小企業白書』経済産業省.

中沢孝夫［2012］『グローバル化と中小企業』筑摩書房.

中村久人［2015］「ボーン・アゲイン・グローバル企業とグローバル・ニッチトップ企業：新タイプの国際中小企業出現の意義」『経営力創成研究』（11）.

日本政策金融公庫［2014］「海外メーカー開拓に取り組む中小企業の現状と課題：アジア新興国で欧米系・地場メーカーとの取引を実現した中小自動車部品サプライヤーのケーススタディ」『日本公庫総研レポート』2014（3）.

古沢昌之［2008］『グローバル人的資源管理論――「規範的統合」と「制度的統合」による人材マネジメント――』白桃書房.

吉原英樹［1992］『日本企業の国際経営』同文館書店

吉原英樹・林吉郎・安室憲一［1988］「日本企業のグローバル経営」東洋経済新報社.

〈欧文献〉

Eriksson, T., Nummela, N., & Saarenketo, S.［2014］"Dynamic capability in a small global factory," *International Business Review*, 23（1）.

Hironaka, C. and Terazawa, A.［2015］"A Literature Review and Conceptual Framework for Overseas Production : Toward a Unified View of Technology Enhancement and Organizational Strength for Japanese Manufacturers," *Working Papers, Shiga University*, 220.

Knight, G. A. and Cavusgil, S. T.［2004］"Innovation, Organizational Capabilities, and the Born-Global Firm," *Journal of International Business Studies*, 35（2）.

◆◆◆ 第7章 ◆◆◆

進出日系企業・日本人技術者との深い絆に基づく
ベトナムの製造業基盤形成

は じ め に

このところの東南アジアを取り巻く世界経済情勢は劇的に変化している．第1章でも詳述されているように，TPP11やRCEPなどのメガFTAの動き，そして米中貿易摩擦や日韓・中韓政治対立の激化等々が今日のASEAN貿易の方向と規模に大きな影響を及ぼしている．もちろん，これらの動きに伴って製造業を中心としたグローバルなサプライチェーンのあり方が変容を迫られるのは間違いない．

この間，日本など先進諸国による直接投資が中国回避の動きもあってベトナムに向かう傾向が高まりを見せている．そしてTPP11域内では対米輸出拠点としてもベトナムが俄然注目を浴びている．そのような状況のなか，ベトナムでは製造業の基盤分野が着実に充実しつつある．

本章で検討するのはベトナム北部における製造業での起業活動とそれによる製造業の基盤形成である．若いベトナム人起業家が進出日系企業や日本人技術者たちとの深い絆を活用しつつ積極的に創業に挑む様子について，アンケート調査と訪問先でのヒアリング調査を通じて検討をすすめる．今のところ目立つようなイノベーションはまだ生まれてはいないが，進出日系企業・日本人技術者とのインフォーマルな絆を深めることにより，彼ら・彼女たちによる活発な創業がベトナムでの製造業の基盤整備と雇用創出とに一定程度とはいえ寄与しているのは明らかである．ベトナム人の若き起業家は進出日系企業・日本人技術者との密接な関係を深めながら製造業の基盤形成とベトナム経済の漸進的な発展に向けての歩みに着実に貢献している．

１　ベトナム人起業家の創業事情
──主要創業者の開業以前での他社勤務歴──

　ここではまず，ベトナム人技術者の側における創業の事情を探ってみよう．ベトナムにおいてトップ大学を卒業したエリート層が先導するかたちで，このところ地場の中小企業が続々と誕生していることに関しては，後述する本書第12章ならびに前田［2018a］が明らかにしている．これらエリート層の創業動機にいっそうの刺激を与え，またこれら人々が技術面や経営管理，組織運営など企業経営についての知識や他の企業・技術者との人脈づくり等々を体得し，彼らに新規開業についての自信と経験を与えているのは他ならぬ進出日系企業を中心とするベトナム進出の外資系企業であった．以下では，これらのことを詳細に論じていく．

　ここで依拠するデータは，われわれが，「ベトナム企業（機械金属関連製造業）の創業者の属性把握に関する調査（2016年10月現在）」という地場企業に対するアンケート調査をベトナムで行ったものをベースとしている[1]．調査は機械金属関連中小企業に限ったものであるが，2000年代に入って年を追うごとに創業がますます活発になっている事実を明らかにしている．ベトナム経済の世界市場への参入にともなって，現地での起業活動が積極的に展開されている事実が浮かび上がる．

　主要創業者の創業以前での他社勤務歴についてその社数を示しているのが**表７−１**である．ここからは主要創業者の多くが他社勤務歴を有していることが明白である．企業勤務経験をまったくもたずに新規開業に踏み込んだケースはそう多くない．他社での勤務歴が１社というものが41件ともっとも多いが３社や５社も含まれている．具体的なケースを拾うと，29歳の人物が他４人と一緒になって治具製造業を創業した場合での主要創業者は，2002～2004年，2004～

表７−１　**主要創業者の創業以前での他社勤務歴**（勤務していた会社数）

社数	0社	1社	2社	3社	4社	5社
回答件数	10	41	7	5	0	1

注）未回答や不明分については省略．
出所）前田［2018b：72］．

2005年と日本で2社の勤務を経験したのち，2006年にベトナムで新規開業した（表7-2の48番）．後にも詳述するが，日本企業における2社での勤務経験がその後での彼の創業に大きな刺激を与えた．さらに，主要創業者が34歳のときにもう1人と共同して金属プレス業を新規創業したケースでは，ベトナム国有企業，ベトナム民営企業のほか，韓国系，台湾系，アメリカ系進出企業と合計で5社も渡り歩いた事例があった（表7-2の14番）．この場合でも，日系に限らず，外資系企業での勤務経験が彼の新規開業にきわめて大きな刺激となっていると考えられる．

　さらに，他社での勤務経験がある場合でのその内容を具体的にピックアップしたのが表7-2である．ここでは，主要創業者の開業時年齢，開業業種，そして以前に勤務していた企業（国籍別など）の3項目のすべてについて記載があるものを中心にピックアップし作表した．

　本表からは，ベトナム人起業家が実に多様な道筋で苦労を重ねつつ創業にまで辿り着いた経緯が明らかにされている．

　第一に，創業者の多くが外資系企業での勤務経験を有していることが明確になった．新規開業以前に全体51件のうち32件は日系など外資系企業での勤務経験ありとの者である．今回実施したようなアンケート調査ではそもそも設問項目に合致しない企業は最初から回答を寄せることが少ないという制約のあることは承知しているが，それでもなお今回調査からはベトナムでの地場企業の新規開業者に日系などの外資系企業がなんらかのかたちで大きな刺激と影響を及ぼしていることは明らかである．ベトナムの工業化に果たしている外国直接投資の役割の大きさが鮮明になったと考えられる．

　第二は，外資系企業のなかでは日系企業が圧倒的な影響力を発揮している．すなわち，外資系企業での勤務経験者32件のなかで，22件は日系企業と大多数を占めていた．創業者がスピンオフする前の日系企業の名としては，キャノン（Canon Vietnam），マブチモーター（Mabuchi motor Vietnam），いけうち（Ikeuchi Vietnam）などが記されている．このように，外資系企業勤務暦のなかでは日系の存在感が大きいのであるが，他方で韓国系，台湾系，米系はそれぞれ3件，そして欧州系は2件に留まった．調査前ではベトナム北部にはサムスン電子の巨大な携帯電話組立工場があることから韓国系企業が多いのではと予想していたが，今回の結果を見る限りではそのような事実は拾い出せない．これについては，サムスン電子の工場稼働開始時期が本調査結果に影響していると思われ

表7-2　主要創業者の他社での勤務経験

番号	主要創業者の開業時年齢	開業業種	以前に勤務していた企業[注]
1	27歳	金属プレス，樹脂成形，金型製造，機械加工	日系進出企業
2	60歳	樹脂成形，金型製造	シンガポール系企業（Amura Singapore）
3	40歳	金属プレス	日系進出企業
4	40歳	金属プレス	日系進出企業
5	36歳	金属プレス	日系進出企業
6	47歳	樹脂成形	韓国系進出企業，ベトナム民営企業
7	39歳	機械加工，板金	米系進出企業，欧州系進出企業
8	不明	樹脂成形	ベトナム民営企業，日系進出企業
9	31歳	機械加工，生産財	日系進出企業
10	28歳	電子部品・電気制御	米系進出企業
11	27歳	金型製造	ベトナム企業
12	35歳	樹脂成形，ゴム成形	ベトナム企業
13	28歳	電子部品・電気制御	日系進出企業（Canon Vietnam）
14	34歳	金属プレス	ベトナム国有企業，ベトナム民営企業，韓国系進出企業，台湾系進出企業，米系進出企業
15	29歳	機械加工，プラント部品	日系進出企業
16	54歳	表面処理	ベトナム国有企業（ホーチミン市公共照明会社），ベトナム民営企業（THU DUC 電力会社）
17	31歳	機械加工	日本サンテクニカ工業
18	36歳	その他（圧力鉄パイプ），プラント部品，建築部品	ダナン技術学校教員（1975年から）
19	33歳	機械加工	日系進出企業
20	32歳	生産財	ベトナム民営企業，日系進出企業
21	50歳	鋳造	ベトナム国有企業（ベトナム鉄鋼公社）
22	35歳	生産財	ベトナム国有企業（軍隊技術研究所）
23	32歳	生産財	ベトナム国有企業（機械研究所）
24	27歳	金型製造，機械加工，板金，生産財	ベトナム民営企業（Son Ha International JSC）
25	40歳	表面処理	ベトナム民営企業（Viet Tronic Tan Binh）
26	32歳	生産財	日系進出企業

27	47歳	ゴム成形	ベトナム企業，ハンガリー系進出企業
28	30歳	鋳造	ベトナム国有企業，ベトナム民営企業 2 社
29	31歳	金属プレス，金型製造	実家
30	45歳	溶接棒	ベトナム国有企業
31	36歳	生産財	ベトナム国有企業（ロシア語教員）
32	40歳	ねじ	ベトナム国有企業
33	25歳	機械加工	日系進出企業
34	48歳	鋳造	ベトナム民営企業
35	28歳	金型製造，機械加工	ベトナム国有企業，ベトナム民営企業，日系進出企業
36	30歳	機械加工	日系進出企業
37	40歳	電子部品・電気制御	ベトナム国有企業
38	33歳	機械加工	日系進出企業
39	30歳	金型製造	日系進出企業
40	26歳	生産財	ベトナム民営企業
41	不明	生産財	ベトナム国有企業
42	57歳	表面処理（メッキ）	ベトナム国有企業，ベトナム国内の外資系企業
43	30歳	機械加工	日系進出企業（KYB Vietnam）
44	34歳	金属プレス，板金，梱包材	韓国系進出企業（POSCO）
45	31歳	機械加工	台湾系進出企業（TECNOVI）
46	33歳	機械加工	日系進出企業（Mabuchi motor Vietnam）
47	29歳	機械加工	日系進出企業（Ikeuchi Vietnam）
48	29歳	生産財	日本で 2 社勤務ののちに現在社を創業；2002〜2004年　アルミネ（日本），2004〜2005年　KTC（日本），2006年創業
49	28歳	金型製造，機械加工，生産財	ベトナム国営企業
50	35歳	金型製造	日系進出企業 2 社（Shiroki, ITSV）
51	28歳	金属プレス	台湾系進出企業

注）企業名について記載があったもののみ括弧内に記入している．
出所）前田［2018b：74-75］.

る．

　第三は，ベトナムの新規開業に日系などを中心とする外資系企業の影響力が
きわめて大きいことを先に指摘したが，それでもなおそれと同じくらいにベト
ナムの国有・国営，民営企業の役割にも大きなものがあったこともあわせ言及
しておきたい．なかでも，ベトナム国有・国営企業の勤務経験者が14件も見ら
れた．すなわち，ここでは国有・国営企業からのスピンオフ創業者がかなり多
いというデータが示されている．ただし，この調査結果のなかには国有企業の
分割・民営化による結果としての「新規創業」も含まれていると推測できるが，
アンケート調査結果の個票にあたってもそれらは特定できなかった（そもそも
そのような質問項目は設けていないが，1社でその旨を明記してあった）．

　第四は，日系企業勤務経験者はどちらかといえば40歳未満の青年層が多いと
考えられるが，ベトナム系企業勤務経験者（国有・国営，民営企業）には50歳代
以上の者も数多く含まれる．とはいえ，ここで年齢別の顕著な特徴はさほど窺
えなかった．

　第五は，開業以前に複数企業を渡り歩いて技術，知識，管理手法などを学び
つつ，創業のチャンスを窺っていたケースが散見できる．なかでも，先の48番
企業は日本で2社の製造業に勤務していた事例である．ただし，この2社の勤
務経験がたまたまの結果であるのか，あるいは意図的な行動の結果によるのか
については今回の調査結果からは不明である．

　そして，最後に第六として，ベトナム人創業者たちが勤務していた日系企業
の業種に関して言えば，機械加工，金属プレス，金型製造，生産財の順に多かっ
た．こういった日系の基盤的技術群企業にベトナム人技術者がいったん勤務す
ることにより，いっそう高い水準の技術や経営管理手法を習得したうえで新規
開業を続々と実現している，とのベトナムにおける起業家誕生への道筋が明ら
かとなった．

　われわれは今回のアンケート調査結果に基づき，進出日系企業・日本人技術
者との関わりのなかでベトナム人起業家が積極果敢に新規開業に挑んでいる姿
を初めて明らかにすることができたと考える．

2 　進出日系企業・日本人技術者との濃密な絆をもって
　　　創業に挑むベトナム人起業家たち

　さらに本節では進出日系企業や日本人技術者との濃密な絆をもとに続々と新規開業に挑むベトナム人たちによる創業経緯の具体的な検討を通じて，そこから窺い知ることのできる特徴を考えてみたい．

　以下の論述では進出日系企業や日本人技術者の側からの視点，そして地場企業やベトナム人技術者たちの立場から彼ら・彼女たちがどのように考え起業に漕ぎつけているのかについて詳らかにしてみる．

（1）ベトナム進出日系企業・日本人技術者の側からの視点
① インフォーマルな結びつきを通じて，ベトナム人技術者の創業をメンターとして支援し続ける日本人金型技術者

　2011年11月に開業した OV 社の General Manager である O 氏 (日本人) は1995年から20年以上の長い期間にわたってベトナムで金型製作に携わっている[2]．日本のみならずベトナムにおいても数多くの企業で金型技術者としての勤務経験をもち，その職業人生の半分をベトナムでの金型づくりに従事する興味深い人物である．まさに，ベトナムでの金型製作指導にあたる日本人技術者の先駆的存在とでも言えようか．

　日本でヤマハ発動機に約20年間勤めたのち，O 氏はベトナムに渡り1995年創業のビナシロキ (国営企業ハノイメカニカルカンパニーと日系金型メーカーのシロキとの合弁企業)[3] に入社した．日本では35歳になる頃から管理業務が次第に増えてきたために，金型の設計・製造を専門とする彼には性が合わず，次第に海外勤務を考えるようになった．O 氏はビナシロキに数年間勤務したが退職し，2000年12月にはホーチミンシティにあった日系金型メーカーに入社した．とはいえ，2003年 8 月に同社を辞したのち，豊田通商がハノイに設立した ITSV (International Technical Service Vietnam) に勤務する．ITSV ののちは，2005年 5 月よりハノイのタンロン工業団地 I 内にある日系プラスチック金型メーカーに約 3 年間勤務した．さらに，2008年 6 月からはその近くのノイバイ工業団地にある日系企業に入社した．転職を繰り返しているようにも見えるが，O 氏はそれまでがインジェクション金型の仕事ばかりで，自身がもっとも得意とするプレス金

型技術を活かせる職場を探していたためであるいう．とはいえ，そこでの仕事も2010年10月末で辞し，バイク部品向けの金型製作を中心としているOV社勤務に至る．OV社の日本本社は静岡県磐田市に所在する自動車部品金型メーカーである．ベトナム（ハノイ）に進出した理由について，O氏は以下の3点を指摘した．第一はベトナム北部にはヤマハやホンダなどバイク関連分野でのビジネス・チャンスがあるかもしれないと考えたこと，第二に自身がベトナム北部の事情に詳しいこと，第三には日本本社で働いていた優秀なベトナム人研修生の故郷がハノイ郊外であったことによる．

　なお，ハノイ北西部のホアラックハイテクパークに立地する浸炭窒化ならびに焼き戻し加工の地場熱処理企業のFHL社[4]のベトナム人副社長（実質的な経営者）はO氏とかつての職場（ビナシロキ）[5]が同じであった．OV社は，自動車関係のシートメタル用金型も製作しており，その熱処理加工をFHL社に外注している．つまり，ベトナムにおける金型産業草創期での日系金型メーカーに勤務していた日本人技術者（O氏）の熱心な指導を受けたベトナム人が退社後に熱処理加工企業を設立し，現在では相互間での取引関係を有する事例である．ここでは日本人技術者とのインフォーマルな結びつきがベトナム人技術者の創業にメンターとして大きな役割を果たすとともに，創業後での取引も可能となりながら日常業務を通じてアドバイスなどを受けることができる関係が持続している．

② ベトナム人との厚い信頼関係に基づいてベトナム工場の立ち上げを実現した東大阪市の中小企業

　東大阪市の中農製作所（1949年創業）で現在取締役社長を務める西島大輔氏は創業家との血縁関係はないものの，企業経営に類まれなる情熱と能力とを評価され34歳で現会長の後継社長に抜擢された人物である．西島氏は社長就任と同時にベトナム工場の立ち上げを会長から委ねられたという．

　同社は2014年6月にホーチミンシティに駐在員事務所を開設した．ヒアリング時点（2017年）の当地での社員数は7名であったが，日本本社で6年間技術者として勤務していた2人のベトナム人青年が管理者を務めていた．面談当時，ともに35歳と33歳と若い．そのうちの1人は中部のダナン出身で，2022年での同社ダナン工場の設立を目指している．そして，2017年9月には金属部品の精密切削加工及び組立を事業内容とするNAKANO PRECISION CO., LTDが

ホーチミンシティで開業した．今のところ，ホーチミンシティ工場は技術開発・営業拠点，そして将来のダナン拠点は製造業務が中心になると想定されている[6]．

　本社の中農製作所はホーチミンシティ工場の設立に先立つ2008年9月にベトナムからの技術者を4名採用している．ホーチミン工場に勤務するこの2人のほか，東大阪の本社工場で働く二名が技術部門での課長と係長として働いている．このように，中農製作所では4名のベトナム人技術者が日越双方の工場で中堅・幹部的なクラスを形成する．さらに，先ごろまで日本本社で働いていたベトナム人技能実習生3名（女性）が帰国しホーチミンシティ工場に勤務しているという．現在，日本の本社工場で25名ものベトナム人が働き，うち技術者が18名そして技能実習生は7名である（2019年12月のインタビュー時点）．

　ホーチミンシティ工場に勤務している2人のベトナム人管理者は，西島社長が言うハード面（技能レベルが高い，営業スキルが高い，機械操作が上手など）とソフト面（人に教え，やる気にさせる能力など）での両立が必要なことを十分に理解している．そして，「彼らなりにそれをベトナム風にアレンジしてくれている」と高く評価する．そして私には，何より西島社長と彼らベトナム人たちとの距離が小さく，お互いの間での信頼感が感じられ経営者と従業員たちとの仲の良いことに驚く．

（2）地場中小企業・ベトナム人技術者からの視点

　ここでは，進出日系企業・日本人技術者たちとの深い絆を活用しつつベトナム人起業家が創業に挑むさまをいくつかの事例に基づいて具体的に検討を深めていこう．

① 技術と人脈の多くを進出日系企業と日本人技術者との関係に委ねることにより，企業発展のチャンスをものにした地場の金型メーカー

　ハノイ工科大学を卒業した2人が中心になって立ち上げたのがS社（表2の50番企業）である[7]．彼らは当時あった金型メーカーのビナシロキ勤務をへてともに日本の長岡技術大学の大学院修士課程に留学した．帰国後の2007年9月での企業設立にあたってはさらに仲の良い他の3人[8]にも声をかけ，出資を仰ぎ，企業設立への参加を要請した．当社設立メンバー5名のうち，大卒は3名であり，全員が技術者である．現在社長を務める人物は当時35歳で，それまでの貯えと家族・親戚からの借り入れにより設立資本金の30％を出資した．

　当社は樹脂用金型と自動車関連の冶具を製造している．ここで注目されるのは，前出 OV 社の O 氏が現在，当社の技術顧問を務めていることである．ここでも経験豊かな日本人の金型技術者が非定期とはいえ「先生」として金型づくりの指導に努めている．ベトナム北部での金型産業の勃興にあたっては，この人物のベトナム人金型技術者たちとの濃密な人間関係の形成を発見することができる．けっして目立つような動きではないが，それでもベトナムでの新たな産業分野において新規創業を目指す若い人たちの信頼をかち得て，彼らに多くの安心感を与えているこの日本人技術者の貢献は大きい．

　現在の従業員数はおよそ60名であり，そのうち 8 名が金型設計，30名が金型部門技術者とワーカー，そして残りが成型部門のワーカーである．受注先の 9 割が日系企業でバイク用金型製造がメイン業務である．主要受注先はホンダベトナムが約40％，ホンダ系列部品メーカーのショーワが25％，ヤマハ10％で，残りはホンダ系列の日信ブレーキそしてパナソニックである．ベトナムにおいて地場の金型中小企業が日本の大手アセンブラーに一次サプライヤーとして直接に納入できる事例はこれまでまず見られなかったが，当社はホンダとの間で10年くらい前から直接取引を行っている．ITSV でのかつての日本人同僚の紹介に基づく行動の結果である．ベトナムの地場金型メーカーでホンダと直接に取引が可能なのは非常に数少ない．

　このように当社の創業とその後での成長はベトナムのエリート大学を卒業した仲の良い 2 人がそろって日本留学を終えて，友人たちと資本金を出し合ったことから始まる．もともと金型製造技術に興味のあった 2 人は当時ベトナム最大の金型製造合弁企業に勤め，そこで出資者たちと知り合い，またその後には日本人の同僚技術者からホンダを紹介されるなど人間関係の幅が広がっていく．さらに，ベトナムで経験豊かな日本人金型技術者の指導を今日なお受け続けていることなどからも日々研鑽に努めている．また，当社の社名（ベトナム語）は，〈新たな明るい道〉との意味であるという．日本企業と取引するのなら，日本人に理解されやすいネーミングにすべきとの，日本人技術者のアドバイスによる．技術と人脈の多くを進出日系企業と日本人技術者との関係に委ねることにより，企業発展のチャンスをものにした好例である．

② 日本での勤務経験から企業管理と技術面での優位性を学び取り，日本企業からの学ぶ姿勢を従業員とも共有

　Ｔ社は，現会長が2005年に29歳のときに１人で創業した企業である（表7-2
の48番企業）．2006年８月から操業を始めた当社は自動機械の設計・製造・据え
付けそして冶具・加工部品などの製造を主な業務内容としている[11]．その後，2014
年には４名からの追加出資を受けて株式会社化を進めた[12]．彼にとり創業時での
一番の不安は，技術ではなくて企業管理の面にあった．株式会社化に伴ってこ
れらの新たな出資者が製造，財務，技術，営業各部の管理職に就くことにより
かなりの安心感を得たのではないかと考えられる．

　創業者の現会長は2000年にハノイ工科大学メカトロニクス科を卒業した．卒
業後，日本語をわずか３か月の間学んだ後に来日し，2002年から2004年にアル
ミニュウムの素材メーカーでアルミ線・棒・板・条を製造する山口県萩市の株
式会社アルミネに勤務した．その後，2004年から2005年にかけてKTC（京都機
械工具）にも勤務した．創業者が日本で勤務したのは数年間にとどまるが，そ
の経験は彼の将来にとってきわめて大きな意味をもつ．

　ベトナムでの会社設立６年後の2016年には，広さがそれまでの４倍近くの新
工場（6400㎡）が完成し現在地に移転した．従業員数もそれに伴って145名（2015
年10月）から230名（2019年９月）へと急成長している．急成長の要因として，現
社長は，厳しい市場競争を勝ち抜いている，従業員の昇進意欲に会社の役職を
増やすことで応えている，そして会長と株主との協調がうまくできていること
を指摘した．

　当社の顧客のほとんどは，Yamaha motor Parts manufacturing VietNam,
Terumo Vietnam Co., LTD, Toyota Boshoku Ha Noi Co., Ltd など電気・電子，
自動車・バイク分野などでの日系企業を中心とした外資系ベトナム進出企業で
ある[13]．日系進出企業との取引の８割は直接取引できており，先のＳ社の場合
と同じく，地場のなかにも高度なレベルでの技術や品質を備えるベトナム企業
が散見されるようになってきたことが明らかになった[14]．その理由について，品
質管理の最重要視，日本的管理システムの導入，コストダウンを伴った納期優
先であることを明言し，ライバル企業と比べて価格は大きくは違わないものの，
品質や納期などでの面の優位性を強調した．当社は会長が日本の経験を従業員
に伝えることに努めるとともに，管理者層を中心にHIDAやAOTS，JICAな
どを通じて日本での研修を積極的に受けさせている．そして，これまでにも

JICA シニアボランティアの指導を受けてきたし，社長は VJCC（Vietnam-Japan Human Resources Cooperation Center：ベトナム日本人材センター）が実施するベトナム経営塾の塾生でもあった．

　このように，T 社は数年間であったというものの，創業者の日本での勤務経験から日本の企業管理と技術面での優位性を学び取り，他の管理者たち（＝出資者）とも協調しつつ，従業員との間でも日本企業から学ぶ姿勢を共有している．目立つようなイノベーションはまだ見られないものの，市場競争を勝ち抜き，日系企業と直接に取引ができるに至る企業組織と経営システムを導入している．ベトナムで着実に成長する地場中小企業の好例である．

③ モノづくりに強い関心があったことに加え，通訳を務めたことから日本人経営者と知り合って創業に至ったケース

　K 社は，日本の親会社グループのベトナムにおける高周波熱処理専門子会社である[15]．親会社は高周波誘導加熱装置の製造・販売企業で大阪府大東市で1975年に創業し，滋賀県湖南市と三重県津市において高周波熱処理の受託加工を開始する．さらに，1993年タイ，2006年インドネシア，そして2011年にはベトナムと矢継ぎ早に高周波熱処理工場を開設した．

　K 社のベトナム法人社長はまもなく31歳（ヒアリング当時2012年）になろうかという日本語の堪能な青年である．同氏はハノイ工科大学で日本語を学んだのち，ベトナム大手通信関連会社の日本法人である FPT JAPAN に営業職としておよそ 4 年間勤務し，以降 K 社の General Director を務めている．K 社は社長のほか，従業員数が 4 名という規模のきわめて小さな企業である[16]．この人物は，FPT JAPAN 勤務の以前に，石川県小松市にある中小製造企業で研修生の管理業務を担当していた経験があり，そのためにモノづくりにはもともと強い興味を有していた．そんな彼が 7 年前に親会社の代表取締役会長と知り合った．同会長が参加するベトナム投資ミッションの通訳として彼が従事したことがきっかけである．2011年 1 月でのベトナムにおける投資ライセンスの取得以来，この青年は社長として開設準備に着手し，同年 9 月より本格的な稼動を開始した．

　親会社では，自動車，バイク，リフト，建設機械，農業機械などのシャフト系部品の高周波熱処理加工を行っている．本社工場がある湖南市では高周波熱処理加工を行えるところは当社のみであり，ダイハツを主な受注先としている．

　ただ，K 社ではヒアリング当時，ヤマハのサプライヤーからバイク部品である
カムシャフトの熱処理加工を受注するに留まり，いまのところ自動車関連の仕
事はない．ヒアリングの翌月（2012年9月）には，量産に入ると予想され，月産
5 万 4 千個の受注量が確保できる．また，2012年年末にはドライバーシャフト
など自動車部品に高周波熱処理を施した上で月産 1 万 5 千個というボリューム
でタイに輸出が行われる予定であると言う．社長によると，ベトナムで高周波
熱処理加工を専門とするのは当社しかなく，「仕事は一気に増える見込み」で
ある．K 社では高品質での高周波熱処理加工が可能であることにより，量産も
のはもとより，当地に進出している日系金属加工メーカーなどからも金型部品
を中心に数十本という単位での単品熱処理加工を受注している．

　ただ，K 社は現在のところあくまでも高周波熱処理加工の専業メーカーであ
る．当社には浸炭焼入れや真空焼入れの設備がなくその熱処理加工ができない．
とはいえ，日系金属加工メーカーなどとの取引においては，K 社が高周波熱処
理のほか浸炭や真空焼入れについても一括受注する．そのうえで，K 社はその
ような加工内容については近隣の熱処理企業に外注し，それら熱処理加工の最
終的な品質保証を同社が行ったうえで出荷する体制をとっている．日系金属加
工メーカーの側では，ベトナムで浸炭焼入れや真空焼入れ加工のできる他メー
カーの存在を知りながらも，各種取引コストの点からK 社に一括発注してい
ると考えられる．このように，ベトナム北部において熱処理加工メーカー相互
間での取引ネットワークの形成を確認することができる．注目されるのは，こ
こでの取引企業が日系企業のみならず，ベトナム企業そして台湾系企業である
ことだ．ベトナム企業とはホアラックハイテクパークに本社をおく前出の FHL
社である．FHL 社は，ドイツの機械設備と技術を導入し真空焼入れ加工が可
能であるし，金型も製作している[17]．ベトナム人の大学教員が副社長を務めてお
り，ハノイで開催されたセミナーでK 社の社長と偶然に知り合ったことから，
このとき以降熱処理加工分野での取引が始められるようになった．つまり，K
社で行うことのできない真空焼入れ加工については FHL 社が担当している．
この事例からも，熱処理加工の分野においては，進出日系企業や日本人との親
密な交流が礎となって，ベトナム北部で柔軟な仲間取引ネットワークの形成が
見られることが明らかとなった．

④ 日越合弁金型メーカーでともに勤務していた仲間の 4 人が創業した地場金
　型メーカー

　さらに，ベトナム人 4 名が一緒になって創業した H 社の事例を紹介してみ
たい[18]．これら 4 人はかつて日越合弁金型メーカーであるビナシロキでともに勤
務していた．大学同窓生ではないものの，全員がこの会社に 7 ～ 8 年の間，金
型技術者として勤めていた仲間である．

　当社の社名は，「優れた技術による金型製品」(ベトナム語) に由来する．会社
設立資本金の10万ドルを 4 人で出しあい，2006年 9 月にスタートした．これら
4 人は自身の貯蓄や親戚からの借り入れによって資金を調達したが銀行からの
融資は受けなかったという．会社退職直後だったので銀行融資を受けにくいと
判断したからである．

　創業当時から金型の設計・製造に従事し，2012年にはプラスチック部品製造
も手掛けるようになった．2006年での従業員数は管理者・技術者，ワーカーを
含めて25名であったが，その後，2013年に350名そして2015年年末には500名に
達するほどの急成長ぶりを見せている．売り上げも急増し，25万ドル（2006年）
から1100万ドル（2012年），2015年には2000万ドルを超えるに至った．

　H 社は日系企業との直接取引を行えるまでに成長した．ビナシロキでのかつ
ての上司や JICA 関係者などからの紹介により，ホンダ，ヤマハ，キヤノン，
パナソニック，ニッシン，ツクバなどベトナムでの日系企業などを主な直接取
引先とし，自動車・バイク関連と電子・電気関係でそれぞれ売り上げの半々を
占めている[19]．売り上げのうち，金型が67％，そしてプラスチック部品が33％で
ある（2015年実績）．ただ，ベトナム国内販売を主体とし，輸出は20％程度に留
まっている．当社は日系企業と直接に取引可能な，ベトナムでは数少ない金型
の一次サプライヤーである．同社幹部は，品質，納期そして価格面での評価の
高さが日系企業から信頼を得られる最大の理由であることを強調した[20]．

　以上の事例から，進出日系企業や日本人技術者たちとの深い絆を活用しつつ，
エリート大学を卒業したベトナム人起業家たちが創業に積極的に挑むさまを確
認することができた．

　第一に明らかになったことは，早い段階でベトナムに進出した日系金型合弁
企業のビナシロキや ITSV からベトナム人青年が次々と独立創業したことであ
る．事例からは，ビナシロキから S 社や H 社が創業し，また ITSV からは 3

名の技術者が退職しＳ社の創業に合流した.

　二番目に金型産業での先駆者とも言うべき日本人技術者の存在である. ビナシロキやITSVなど複数の金型メーカーに勤務していたＯ氏は現在ではＳ社の技術顧問を務め金型製作の指導に当たっている. さらに, 同じくビナシロキを退社した他のベトナム人が開業した熱処理加工企業のFHL社に外注するなどにより相互取引を通じて支援している. つまり, この日本人技術者は創業したばかりのベトナム企業に友人として, さらには「師匠」としても熱心な支援・指導を行っている.

　また, ホンダ退職者２名を採用しホンダとのパイプを維持しつつ技術向上に努める企業やJICAシニアボランティアとして工場指導にあたっていた日本人の退職技術者を顧問として迎えているベトナム企業もある.

　三番目は合弁企業でかつて同僚としてベトナム人とともに働いていた日本人技術者が折に触れホンダなどの進出日系企業を紹介したことがきっかけで, ホンダとの直接取引が開始した事例もあった. 例えばＳ社ではITSVの, またＨ社ではビナシロキの元同僚の日本人技術者から紹介を受けて直接取引が実現した. ただ, 紹介だけでは取引が可能になるわけではない. このようなインフォーマルな繋がりを基礎として, そのうえでローカル企業の側での弛みのない継続的な努力があってこそ直接取引が実現したことはあらためて指摘するまでもない.

　四番目は, 日本での勤務経験を活かして創業を実現した例があった. Ｔ社のケースでは創業者が数年間とはいえ, 日本で２社の勤務経験を有していた. 彼は従業員に日本での経験を伝えることに努めるとともに, 管理者層に日本での研修機会を積極的に提供している. さらに, 管理者の一部はVJCCのベトナム経営塾に参加し, 日本的な企業管理システムの理解に努力している. また, 日本での通訳経験を活かして, 日本人投資家と知り合い創業に漕ぎ着けたＫ社の事例も見られた.

　さらに五番目は, 日本の本社工場で勤務していた優秀なベトナム人技術者の帰国 (帰郷) にともなって, 日本企業が現地工場を立ち上げた事例 (中農製作所) も指摘できる. OV社の事例でも, 進出先の選定にあっては優秀なベトナム人研修生の故郷に近いことも考慮に入れられていた. ベトナム人の技術者のみならず, 研修生や技術実習生の真面目な仕事ぶりと優れた技術・技能に着目してベトナム進出を決める日本企業も数多いと思われる.

　このようにベトナム北部においては，1990年代に入って以降，日本での勤務経験や進出日系企業での勤務経験を活かして，さらにそこにあっては情熱豊かな日本人技術者との出会いをとらえて，エリート大学を卒業した若き起業家たちが続々と起業に向かっている．日本人技術者との出会いとインフォーマルな結びつきを触媒として，ベトナム人の起業ネットワークが幾重にも重なりあう様子が窺える．

お わ り に

　東南アジアを取り巻く世界経済情勢が劇的に変化するなか，直接投資先としてのベトナムへの注目がさらに高まっている．そして，ベトナム人の創業意欲は進出日系企業や日本人技術者との遭遇を通じてますます具体化してきている．本章ではこれまで述べてきた事例分析を通して，進出日系企業や日本人技術者たちとの深い絆を活用しつつ，エリート大学卒業の若いベトナム人起業家が創業に積極的に挑むさまを確認することができた．いま一度，簡単にまとめておくと次のようである．

　すなわち，ベトナム進出日系企業からベトナム人青年が次々と独立創業しているとともに，指導熱心な日本人技術者と出会うことにより折に触れ進出日系企業を紹介される．創業者は従業員に日本での勤務経験を積極的に伝えるなどし，TQC（技術・品質・納期）のレベルアップを通じて進出日系大手アセンブラーとの直接取引が開始するケースが次第に増えている．さらには，日本で働くベトナム人技術者の帰国（帰郷）にともなって現地工場を立ち上げた事例も確認できた．

　このように1990年代に入って以降，日本での勤務経験や進出日系企業での機会を活かして，さらには日本人技術者との出会いを触媒とし，北部ベトナムではエリート大学を卒業した若きベトナム人起業家たちによる起業ネットワークが形成されていることが事実として発見できた．

（前田啓一）

注

1）日本語版とベトナム語版とでそれぞれ作成した本アンケート調査は，まず2016年10月末に実施された．ジェトロハノイ事務所・同ホーチミン事務所作成の資料より無作為に抽出した地場のベトナム企業365社に対してハノイからの郵送による（調査Ⅰ）．ただ，調査Ⅰでは回収数が少なかったため（回収総数は38通，回答率10.4％），回答数を補う目的で2016年10月6日～8日にホーチミン開催のMETALEX Vietnam 2016（第10回ベトナム国際生産性向上のための工作機械・金属加工ソリューション展示会）においても同一のアンケート調査票を活用して，出展地場企業50社に対する追加的調査を行った（調査Ⅱ）．そこでの回収数も44通とそれほど多くはなかったが，調査Ⅰと調査Ⅱとの合計で82通という一定数が回収できた（本調査結果に関して，詳しくは前田［2018b］を参照してほしい）．

2）2013年2月28日に訪問面談した．

3）ビナシロキについては，前田［2015：118（脚注9）］を参照（前田［2018a］に第5章として所収）．

4）2013年2月27日に訪問した．

5）ビナシロキは日本本社の倒産により2007年頃に解散した．

6）2017年9月18日にNAKANO SEISAKUSHO., JSCを訪問し，西島社長はじめ，Deputy Director（当時）のHO DANG NAM氏（現在はNAKANO PRECISION CO., LTD社長）ならびにAssistant ManagerのNGUYEN CONG LY氏（同副社長）と面談できた．また，同社代表取締役会長中農康久氏による大阪商業大学での講演（2017年7月13日）ならびに西島氏へのインタビュー（2019年12月20日）も参考にした．

7）2019年9月19日に訪問し，DirectorならびにVice Directorと面談することができた．

8）3名全員が金型メーカーのITSVに勤務していた．

9）ベトナム北部のビンフック省にあるNISSIN BRAKE VIETNAM CO., LTDは日信工業の海外生産拠点の一つ．2019年10月30日に日立製作所とホンダは傘下の自動車部品メーカー4社を統合し，新会社を設立すると発表した．ショーワと日信工業はともにホンダが筆頭株主である（［日本経済新聞：2019年10月30日ならびに31日付け］）．

10）筆者の経験では，ローカル金型メーカーは大手日系アセンブルメーカーとの直接取引を標榜していても実際にはほとんどが日系金型メーカーの一次ないし二次下請であった．よくよく話を聞いてみるとエンドユーザーがホンダやヤマハなど進出日系大企業であるというケースが多かった．今回の事例はその意味でベトナムでの数少ない存在である．

11）当社へはこれまでに2度訪問している．2015年10月28日に創業者で当時Director（現会長），そして二度目の2019年9月19日には現Director，同Production 1 ManagerそしてManager of Personel & Administration Departmentの3名と面談できた．なお，創業者は現在ではグループ企業3社の会長に就任している．

12）新たに出資した人物は創業者の友人ではなく当社の従業員であった．彼らは株式会社

化に伴って工場長，財務部長，技術部長，営業部長に就任し，そのうちの工場長が現在の社長を務めている．ただ，現会長は当社の発行済み株式の80％を掌握している．

13) 韓国サムソン電子との取引はかつてあったものの今はない．韓国系企業は値段重視で，専属的取引を迫られるからである．

14) T社は韓国，日本，欧米諸国に輸出を行っている．
2010年5月には椿本興業㈱（TSUBAKIMOTO KOGYO CO., LTD）から250度の乾燥炉で使用されるステンレス製トローリーの受注を獲得した．

15) 2012年8月21日に訪問し，General Director と面談した．

16) ジェトロ・ハノイ事務所［2014］では従業員数が12名と記載されている．

17) Jetro Hanoi Representative Office［2010：77-78］.

18) 2016年8月25日に訪問し，Director と面談した．

19) 現在の年間納入実績は，プラスチック射出成型金型，アルミダイキャスト金型，キャスティング金型がそれぞれ300台，各種治具700台，そしてプラスチック製品が6000万個である（同社の映像資料から）．

20) 日系企業のほかには，面談当時，サムスンから扇風機用の金型を受注していた．

参考文献

稲垣京輔［2003］『イタリアの起業家ネットワーク――産業集積プロセスとしてのスピンオフの連鎖――』白桃書房．

ジェトロ・ハノイ事務所［2014］『ベトナム北中部日系製造業・関連商社サプライヤーダイレクトリー』．

JETRO HANOI REPRESENTATIVE OFFICE［2010］『ベトナム優良企業（北・中部ベトナム編）（金型，プラスチック加工，金属加工，精密部品，機械，電子電機部品，メッキ，他）（第2版）』．

ブレインワークス編［2014］『ベトナム成長企業50社　ハノイ編　2014年度版』カナリア書房．

前田啓一［2015］「ベトナム北部機械金属系中小製造業の勃興と創業者の基本的特徴について――エリート資本主義の萌芽か――」『同志社商学』66（6）．

―――――［2016］「バイク関連分野でのベトナム地場中小メーカーの多様な育成と創業プロセスについて――ベトナム北部における進出日系企業と日本人技術者の役割から――」『地域と社会』（大阪商業大学）19.

―――――［2018a］『ベトナム中小企業の誕生――ハノイ周辺の機械金属中小工業――』御茶の水書房．

―――――［2018b］「ベトナム人新規開業者の基本的属性把握に関する研究――機械・金属関連中小製造業の場合――」『地域と社会』21.

丸川和雄［2013］『チャイニーズ・ドリーム――大衆資本主義が世界を変える――』筑摩書房．

第III部

工業化政策と地場企業の展開

◆◆◆ 第 8 章 ◆◆◆

ASEAN 諸国における中小企業振興政策の形成と比較
──工業化と裾野産業を中心に──

は じ め に

アジアは世界的な成長の原動力となっている。世界の対外直接投資額に占めるアジア構成比は，2000年に6.5％だったものが2015年には20.3％を占めるようになり，特に中国は0.1％から8.7％へ，ASEAN も0.8％から4.5％へと拡大している［ジェトロ 2016］．リーマンショックや東日本大震災といった大きな外的ショックを受けて落ち込んだ日本経済も，中国と ASEAN の存在に助けられながら回復してきた面が大きい．例えば日本企業の海外現地法人の売上高比率では，リーマンショックが起こったあたりから，中国と ASEAN どちらも25％前後という水準を維持しており［伊丹 2019］，他地域はもちろん米国をも凌ぐ程のレベルになっている．

ASEAN 加盟国のなかでは，すでに１人当たり国内総生産が日本を抜いたシンガポールは別格として，タイ，マレーシア，インドネシア，さらにベトナムといった国は，国内の製造業が発展することで経済成長を牽引してきた．いずれの国においても，日本企業をはじめとする外国直接投資が工業化に果たしてきた役割は大きい．ただし，同じように日本企業から影響を受けた国とは言っても，工業化のプロセスには違いがあることも事実である．

表8−1は，国際協力銀行が毎年実施している日本企業へのアンケート調査で，今後有望と考えている国の10位までの順位を，アジア通貨危機が起こる直前と起こった後で比較している．また，2001年版報告書では，上位５カ国までは理由として考えられる主要な項目に何％の企業が当てはまると回答したかについても数値が示されており，表8−2で2019年との比較でタイとインドネシア，マレーシアに関して理由も示した（マレーシアは2019年のみ）．表8−1からわかるように，ASEAN ではタイ，マレーシア，インドネシア，ベトナムが常にベスト10入りしている．通貨危機で深刻な影響を受けたタイやインドネシアも，日本企業の捉え方という観点からは，実は危機後でも大きな変化は見られ

表 8-1　日本企業による今後 3 年で有望な国ランキング推移

年	1997	アジア通貨危機	1999	2001	2007	リーマンショック	2009	2014	2019
中国	1		1	1	1		1	3	2
米国	2		2	2	6		7	8	6
インドネシア	3		5	4	8		8	2	5
タイ	4		3	3	4		4	4	4
インド	5		4	5	2		2	1	1
ベトナム	6		6	6	3		3	5	3
フィリピン	7		7						7
マレーシア	8		7	9			10		9
ブラジル	9		10		7		6	7	
台湾	9			7	10				
韓国				8	9		9		
ロシア					5		5	9	
メキシコ								6	8
ミャンマー								10	9

出所）国際協力銀行［1997，1999，2001，2007，2009，2014，2019］より筆者作成.

表 8-2　日本企業による今後 3 年で有望な国の理由

理由	2001年（％）		2019年（％）		
	タイ	インドネシア	タイ	インドネシア	マレーシア
マーケット成長性	49.0	50.0	42.7	60.6	37.5
マーケット現状規模	12.5	5.4	40.5	42.4	27.5
安価な労働力	55.2	73.2		26.3	12.5
優秀な人材	16.7				12.5
産業集積がある			28.2		
メーカーへの供給拠点	27.1	10.7	22.1	16.2	15.0
対日輸出拠点	24.0	16.1			
第三国輸出拠点	34.4	46.4	26.7	15.2	12.5
他国リスク分散の受け皿					22.5
インフラ整備（改善）	37.9	12.9	22.1		

出所）国際協力銀行［2001；2019］より筆者作成.

ない.

　2001年当時の有望であると考えた理由をみると, タイは優秀な人材を背景に
進出しているメーカーへの供給拠点や日本への輸出拠点と捉えられている. 一
方で, インドネシアは1人当たり国内総生産がタイの1893ドルと比較して748
ドル［2001年, 世界銀行］と低いことを反映して, 安価な労働力が大きな理由と
なっている. マレーシアは2001年版では理由が明示されていないものの, イン
フラ, 社会情勢, 法制度において, タイと差がほとんどないことは報告書で触
れられている. 本章では, これらの国々で外国直接投資をベースに成長した主
要産業の発展を比較し, 違いが見られるようになった要因として裾野産業の発
展を中心に据え, 振興のための政府による政策という観点から考察する.

　本章で触れる各国の政策は, JICA（国際協力機構, 国際協力事業団時代を含める）
が実施した, 産業振興分野の開発調査報告書を情報ソースとする. 開発調査と
は, 技術協力の一スキームであり, コンサルタントチームが派遣されて関連政
策全体や産業の状況について調査, 整理, 分析した上で, 各国政府に対して振
興マスタープランの提言を行うものである. 特にタイ, マレーシア, インドネ
シアといった国では1970年代後半から実施されてきており, 報告書は当時の政
策情報を網羅したものである. そこで, 3カ国に関する報告書の内容から, 複
数の調査で存在が確認され取り上げられている政策ならば, ほぼ間違いなく存
在した政策とした. 本章で以下に取り上げる政策は, 出所が別途示されている
ものを除いては, 全て参考文献として挙げている JICA の開発調査報告書から
の情報である.

◇1　主要産業発展の違い

　図8-1と図8-2は, 日本にとっても主要産業である（あった）家庭用電気
機器と自動車の国際競争力指数[1]に関し, タイ, マレーシア, インドネシア, ベ
トナムの4カ国の推移を示したものである. 比較のために, 日本と韓国も示し
ている. 4カ国のうち, ベトナムは1980年代半ばから開放政策を採用し始めた
国で, 1990年代の終わり頃から, ようやく民間企業が多く生まれ成長し始めた.
他 ASEAN の工業国とは発展した時代がずれているため, 本章ではタイ, マ
レーシア, インドネシアの3カ国を比較する.

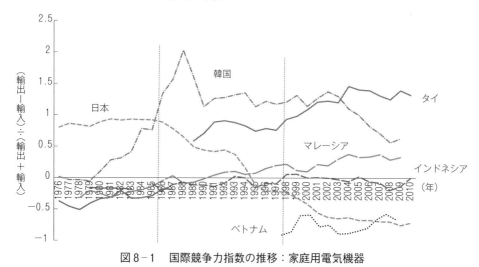

図8-1　国際競争力指数の推移：家庭用電気機器

出所）UN Comtrade Database より筆者作成.

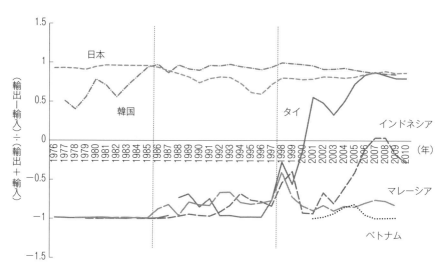

図8-2　国際競争力指数の推移：自動車

出所）UN Comtrade Database より筆者作成.

　二つの図から第一に言えることは，どちらの産業においても，当初は３カ国が似たような動きを見せていたということである．しかし，ある時期を境に，タイが他国を置き去りにする形で，急速に輸出を増やしている．指標で示した数値上では，家庭用電気機器では1990年代終わりに日本を追い抜き，2000年代半ばには韓国を追い越した．マレーシアは，2001年には電機・電子産業が全製造業の輸出金額の70.2％を占めるなど［佐々木 2003］，この分野のグローバル拠点として捉えられることが多いことから，図 8-1 で見られるような事実は一見すると意外にも思われる．また，自動車では，タイは2000年代に少なくとも指標上は急速に日本，韓国と同等レベルの輸出国になるほどの成長が見られた．

　二つの図から読み取れるもう一つの特徴は，家庭用電気機器と自動車を比べると，タイからの輸出の割合が増えた時期に顕著な違いが見られる点である．前者は1980年代後半，自動車では2000年頃に，マレーシアやインドネシアを一気に引き離した形となっている．これら二つのタイ産業が急激に発展した数年前には，日本を含むアジア経済にとって大きな出来事が起こったという共通点がみられる．1985年は，日本，米国，英国，西ドイツ，フランスの先進５カ国がニューヨークで開催した蔵相会議において，ドル高基調を是正する動きに合意した，いわゆるプラザ合意とその後の急速な円高の進展，そして2000年になる数年前の1997年はアジア通貨危機が起こった年である．これら外的ショックはタイだけではなく，マレーシアやインドネシアにとっても同様にインパクトがあったものである．それにもかかわらず，なぜタイは他２カ国を置き去りにするかのようなジャンプを見せ，輸出国となることが出来たのであろうか．

　外国直接投資には，多くの要因が絡んでいる．例えば，市場規模や労働コストの安さなどである．1985年と1997年時点での１人当たり GDP を比較すると，タイはそれぞれ748ドルと2468ドルであり，マレーシアは2000ドルと4637ドル，インドネシアは517ドルと1064ドルである［世界銀行］．タイとマレーシアを比較すると，タイ産業の発展は単純にマレーシアよりもタイの方が労働コストは安かったから多くの外国企業が進出したという理由もあり得る．しかし，それが大きな要因であるならば，タイではなくインドネシアがいち早く輸出国へと飛躍することもあり得たはずである．マレーシアでなく，インドネシアでもなく，タイであった要因は何だったのだろうか．

② プラザ合意後の違いを生んだ要因

　表 8-3 では，1960年代終盤から1990年までのタイ，マレーシア，インドネシアにおける主要な産業関連政策を並べて示している．この表に載せたプラザ合意前後の政策の流れを基に，1980年代後半の家庭用電気機器産業における違いが生まれた背景を考える．

　ASEAN 諸国の工業化を語る上で，日本企業をはじめとする外国からの直接投資がもたらした影響は大きい．例えばタイは，1970年代までは農業中心の国であった．タイ政府は，この時代に製造業育成に取り組んでいなかったわけではない．1960年に制定した産業投資奨励法という法律で，各種認可のための投資委員会の権限を強化している．これにより，外資企業が関係当局から得られにくかった事業用土地取得の承認などが得られやすくなっている．さらに，国内調達が困難な機械・部品の輸入税の免除，外国企業による利益の外国送金を可能にするなど，ビジネス環境の改善を進めた．トヨタが産業投資奨励法制定の2年後の1962年にタイに進出するなど，産業投資奨励法を機にタイに日系の自動車メーカーが，国内市場をねらった生産拠点として進出し始めている．

　ただし，産業投資奨励法から10年も待たずに現地化政策へと方針が転換してしまう．外資企業によるオペレーションを制限し，地場企業を育成する輸入代替政策の導入である．自動車に関しては1969年に自動車開発委員会が設置され，1971年に車種・モデルを制限，国産部品の使用を奨励する動きに乗りだしている．1972年には産業投資奨励法が改正され，外資企業の活動に制限を設けた．このような外資誘致にとって後戻り的な動きは，1973年にシャム湾で天然ガスが発見されたことで，より一層自国でエネルギーを供給して工業化を進めることが可能であるという考えを助長してしまったとも考えられる．

　1973年は，世界的に見れば第一次オイルショックで混乱が起きていた年である．しかし，農業中心で工業的には原油価格の変動の影響を受けにくい産業構造に留まっていたタイにとっては大きな影響を及ぼさなかった．農産品価格が高騰していたことでオイルショックの影響が緩和されていたことも，タイ政府にとって内向きの政策を考え直すきっかけにはならなかったと考えられる．以降，1978年に完成車輸入を禁止するなどの措置が加えられ，国産部品の調達を強化する動きに傾いていった．

表 8 - 3　各国政策の変遷比較 (1960年代末〜1990年)

	タイ	マレーシア	インドネシア
1970年代	現地化政策　車種モデル制限, 国産部品使用奨励 (1971)　国産部品調達の強化 (1978)	ペナン開発公社設立 (1969)　電子産業特別奨励措置, 自由貿易地域法 (1971), FTZ設立 (1972), FTZ外企業向け輸出加工工場制度 (1974)	金属工業開発センター設立 (1969)　反日暴動 → 外資規制 (1974)　第二次経済開発計画：インドネシア出資比率51％以上, 外資商業活動禁止　商用車100％国産化 (1976)
1979		第二次オイルショック	
1982	第五次5か年計画：東部臨海開発	強制控除計画 (1980)	小規模工業団地, 技術サービスユニット設置
1983	外資100％出資可, 資本財/原材料などの輸入自由化 (80％以上輸出企業)	プロトン設立	
1984			小規模工業センター設置, 第四次経済開発計画：投資促進, 養父企業制度
1985		プラザ合意	
1986	第六次5か年計画：量的拡大より質重視 (中小プロジェクト優先, 農産品多様化 ラムチャバン工業団地事業開始	外資100％出資可 (50％以上輸出), 第一次工業化マスタープラン：中小企業と外資のリンケージ強化 Subcontract Exchange Scheme	外資出資比率制限・輸入規制緩和 (以降1990年まで数度の政策パッケージで段階的に緩和)
1987		Brand to Brand Completion (BBC) Scheme	商用車輸入部品指定
1988	工業省：金属産業開発研究所設立　金型事業者クラブ発足	Vendor Development Programme	
1989	ラムチャバン工業団地完成	ペナン技能開発センター設立　Industrial Technical Assistance Fund	
1990			工業団地開発を民間に開放

出所：JICA [1985, 1988a, b, 1990, 1995a, b, 1997, 1999a, b, 2003, 2004a, b], 石川 [1990], 鷲尾 [1990] より筆者作成.

　タイ政府の内向き政策が転換する契機となったのは，1979年の第二次オイルショックであった．一次と二次のオイルショックの間に，外国からのエネルギー依存度の高まりで貿易赤字が拡大し，経済は低迷した．ここから産業育成策を再検討する方向へとシフトしていく．1982年に始まった第五次5カ年計画（1982～86年）では，輸出加工団地の開発などを含む東部臨海開発計画が最優先の課題として打ち出され，1983年には輸出企業に限って外資による100％の出資が可能となった．1970年代の現地化政策が大幅に緩和されたのである．出資の自由化に加え，輸出企業には資本財・原材料・中間財の輸入が自由化された．輸出企業を対象としつつも，生産の20％は国内販売が可能とされた．

　以上のような政策の変化は，実はすぐに効果を発揮したとは言えない．日本企業の進出が増えるのは，プラザ合意によって急速に円高が進むという，タイの外で起こった外部環境の変化まで待たなければならなかった．政策の効果は，政策のみによって表れるのではなく，外部環境の変化との一致が必要であることを示す一例とも言えよう．実は1982年からの方針が，当初は期待したように作用しなかったこともあり，プラザ合意による効果が表れる前に内容が設定されていた第六次5カ年計画（1986～91年）では，「量的拡大より質的充実」，「成長より雇用」，「大型プロジェクトより中小プロジェクト」を重視する方針が打ち出されている．輸出拡大のために工業振興を狙うよりも，農産品の多様化が謳われたほどである．しかし，結果的に円高の進展と日本企業の大量進出が後押しとなり，1986年以降のタイは経済拡大路線を進むことになった．第六次5カ年計画の方針とは逆に，第五次計画で意図したことが遅れて表れたのである．

　円高の進展によって日本企業が海外に進出先を探し始めた頃，投資対象国としてタイが有利な位置を占めることが出来たのは，多くの理由があるだろう．中でも輸出企業ならば外資の100％出資を可能とする制度が1983年にすでに開始され数年が経過していたことは，日本企業が投資を前向きに検討する大きな理由となったのではないだろうか．マレーシアとインドネシアで同じように外資の出資比率が緩和されたのは，どちらも1986年であった．多くの日本企業が投資先を探し始めていた頃のことである．わずか3年の違いしかないと言えばそれまでである．しかし，タイにとって幸いしたのは，この3年の間に日本企業の投資判断にとって劇的な変化が起こったということである．

　また，外国からの投資に対する法制度と同時に，日本企業の進出に適した工業団地の存在もまた大きかった．タイでは，1973年に工業団地公社が設立され

た. 1970年代末には, 輸出加工区としてもバンコク近郊にラカバン工業団地が
建設され, 以降も工業団地公社によって工業団地が整備されていった. プラザ
合意以前も, バンコク郊外の工業団地には日本企業が進出していた. これに加
えて, 第五次 5 カ年計画で東部臨海地域の開発を打ち出した後に, 1986年から
ラムチャバン工業団地事業が始まっていた. 完成自体は1990年代に入ってから
ではあるものの, バンコク周辺工業団地が飽和状態になる頃に東部臨海地域の
工業団地が完成して, 工場建設の中心が移っていった.

　では, タイの政策と比較して, マレーシアとインドネシアの投資促進や産業
振興のための政策は劣っていたのであろうか. 実はマレーシアでは, ペナン州
に限定するとタイよりも投資促進政策という観点で進んでいた点が多かった.
1969年にペナン開発公社を設立したのを皮切りに, 1971年の電子産業特別奨励
措置と自由貿易区法の制定, 1972年の輸出加工区設置, 1974年には輸出加工区
外の企業向けにも輸出加工工場制度が制定されている. このような一連の政策
面での動きがなければ, ペナン州に電機・電子産業が集積することはなかった
であろう.

　また, サプライヤーを育成するための政策という観点からも, マレーシアで
は1986年の Subcontract Exchange Scheme, 1988年の Vendor Development
Programme と, 外資系企業を含む大企業と中小企業とのリンケージ創出を目
的とした具体的な施策が導入されている. これらのプログラムは, 1990年の In-
dustrial Technical Assistance Fund で資金面からも支援されている. さらに,
標準工業研究所 (Standards and Industrial Research Institute of Malaysia：SIRIM) 傘
下の金属工業技術センターを拠点として, 1978年から1984年にかけて, JICA
によってプロジェクトが実施されていた. プレス金型, プレス加工, 溶接, 電
気メッキ, 試験検査技術を向上させ, 現地サプライヤーの技術促進を図ること
が目的であった. 類似の協力がタイで実施されるのは, 1980年代半ばからであ
る. また, ペナン州では Penang Skills Development Centre (PSDC) が1989年
に設立された. これは州政府とモトローラ, インテル, ヒューレッド・パッカー
ドといった企業が中心となって設立した, サプライヤーとアセンブラー双方の
従業員トレーニングを行う機関である. このように, 政府開発援助による支援
を含め, 裾野産業支援という観点からは, タイよりもマレーシアの方が充実し
ていたと言えよう.

　一方で, 1980年の強制控除品目制度をはじめとして, 自動車産業において国

産部品を育成する方針が強化されていき，1983年にプロトン社が設立された．すでに見たように，タイでも部品国産化政策は採られていた．しかし，1983年を境に外資の本格的な誘致政策へと転換していった．これとは対照的に，タイが外資誘致に大きく舵を切ったのと同じ1983年に，マレーシアで国民車の期待を背負う企業が誕生したことは，自動車産業に限らず外国投資に対する姿勢の違いを一層鮮明にしたと考えられる．産油国であるマレーシアは，第二次オイルショックからネガティブな影響を受けていないことも，内向き政策への流れに作用した可能性がある．

　その後，1980年代前半にオイルショックの反動で世界経済が停滞し，一次産品価格が下がったことでマレーシア経済も停滞することになる．このような外的ショックから来る景気低迷をきっかけに，外資誘致へとようやく舵を切ることになる．1986年の新外資導入政策と投資奨励法である．また，ほぼ同じ時期に発表された工業基本計画1986〜95年では，資源活用型の輸出志向産業を中心に12産業の振興策を盛り込み，外向きの工業化を打ち出した．同年後半にはマハティール首相による声明のなかで，生産の50%以上を輸出する外資は100%出資可能との方針が示されている．1980年代後半から起きた，サプライヤーを中心にした日本企業による生産拠点の海外展開の流れをマレーシアに取り込むという観点からは，ギリギリのタイミングで間に合ったように思われる．

　ただし，1986年からの工業化基本政策では，国民車計画の推進も含まれており，国民車以外の自動車メーカーへの諸規制は維持されていた［星埜・田中2019］．外資への規制が緩和されたとはいえ，国民車推進方針が明確に示されている状況では，日本企業による直接投資の判断に迷いが出たとしても驚きはない．図8-3では，外国直接投資の総額，輸出額と共に，日本商工会議所の法人会員数の推移について，タイ，マレーシア，インドネシアの3カ国を比較している．タイでは，1980年代後半に日本商工会議所の会員数が急速に増え，その後，1990年代に入って投資総額や輸出も増えている．マレーシアにおける日本商工会議所の法人会員数の推移をみると，やはり1980年代後半に増加しているのは事実である．一方で，タイと比較して増加のスピードは遅いことがわかる．投資の自由化と地場企業による最終製品生産への執心という，ある意味で反対方向を向いているともとられかねない政策の並行実施によって，電機・電子分野での輸出拠点として多くの企業がゴー・サインを出す判断を鈍らせた可能性は高い．

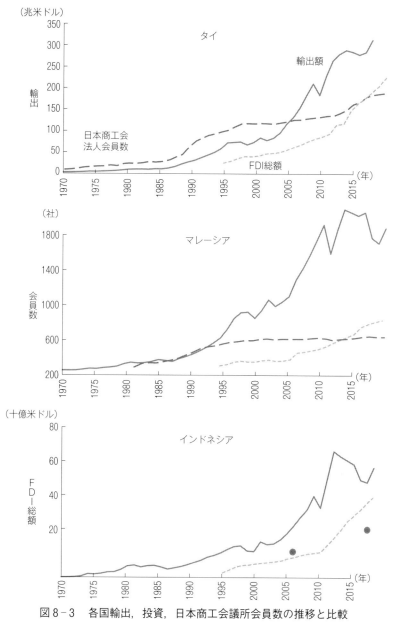

図 8-3　各国輸出，投資，日本商工会議所会員数の推移と比較

出所）世界銀行 *World Development Indicator*，各国の日本商工会議所ウェブサイトより筆者作成．

　なお，工業団地の建設という点では，マレーシアでは各州の経済開発公社が開発するというかたちで整備が進められてきたこともあり，1986年時点ですでに全国に101カ所（うち輸出加工区は9カ所）の工業団地が存在した．数としては，タイを大きく上回っている．工業団地といったハード・インフラ面，裾野産業支援プログラムの面では，プラザ合意の時点ではマレーシアはタイを上回っていた．しかし，日本企業が最終的な投資の意思決定を下すには政策，法制度というソフト・インフラの面で判断を躊躇させる要素が入っていた．

　インドネシアに関しては，1967年の外国投資法によって早くも100%の外資出資が可能となり，利益の送金制限もないという状況にあった．タイ，マレーシアには遅れたものの，トヨタが1971年に進出するなど条件は整いつつあった．しかし，第一次オイルショックで産油国として景況を享受した一方で，貧富の差が拡大，1974年には外資企業がターゲットにされた暴動が起き，外資規制が強化されてしまう．第二次国家経済開発5カ年計画であるレプリタⅡ（1974～1978）ではインドネシア化が強調され，インドネシア側出資比率の51%以上，外資の国内における商業活動禁止，外資による参入可能な産業の制限といった内向きの政策が採用された．1976年にはオートバイの国産計画も策定されている．この流れはレプリタⅢ（1979～1983）でも同様であり，1980年には国産品使用が強化された．

　しかし，第二次オイルショック後に石油輸出が減少すると，政府による大型プロジェクトが延期されたこともあり投資が低迷，経済停滞を招くことになる．そこで，レプリタⅣ（1984～88年）では，非石油輸出の促進と投資促進を目的とした構造改革政策を展開することを打ち出した．1985年には通関業務の民営化を含む輸入手続きの大幅簡素化制度を導入したことに加え，1986年の政策パッケージでは外資による出資比率制限を緩和する．マレーシアと同じ年に外資誘致を大きく打ち出しており，タイからは3年の遅れをとった．マレーシアと異なるのは，国民車構想をはじめとする国産化の方針は影をひそめ，1988年末までの間に数か月単位で政策パッケージを打ち出していたことである．ルピア切下げ，輸入規制緩和，資本市場自由化のための制度改定を何度も行い，ビジネス環境の向上を図っている．

　工業団地に関しては，整備は行われたものの，1980年代前半まででジャカルタ，スラバヤ，中部ジャワ，メダンに四つしかなかった．工業団地開発を民間に開放したのは1989年で，これ以降，特にJABOTABEKと呼ばれるジャカル

タ周辺の地域における日本の商社による開発が進められた．しかし，プラザ合意後の日本企業の動きをすぐに受け止めるだけの整備が出来ていなかった．裾野産業振興のための施策を含め，タイやマレーシアと比較すると，全てにおいて遅れていたことは否めないであろう．

3　アジア通貨危機後の違いを生んだ要因

　図8-1と図8-2で見たように，プラザ合意後の円高の進展では家庭用電気機器製品においてタイは輸出国へと変容した．自動車に関して，タイが輸出国となったのはアジア通貨危機後である．ここでは，危機が起きた1997年を挟んだ1990年代から2000年代半ばまでのタイ，マレーシア，インドネシアにおける政策を，表8-4を基に比較する．

　1997年に起こった通貨危機によって，3カ国でも市場が急速に収縮し，各国の国内市場が主にターゲットであった日系の自動車メーカーにとっても，設備稼働率の落ち込みは避けられなかった．そこで各社は，東南アジアの生産拠点を，他地域への輸出基地として捉え直すようになる．図8-2を見てみると，通貨危機が起きた翌年の1998年から1999年にかけては，タイとマレーシア，インドネシアに進出した自動車メーカーが，一様に輸出拠点として舵を切り始めたかのように上向きの動きを見せている．しかし，2000年以降はタイと他2カ国の変化は真逆である．マレーシアとインドネシアが元の水準に戻ったのに対して，タイは一気に輸出国への仲間入りを果たした．なぜこのような差が生まれたのであろうか．他地域への輸出に際して，例えばトヨタはタイの国内市場で需要が高かったハイラックスを，豪州向けに輸出を開始している．先進国への輸出は，求められる技術的な要件が高くなる．そのための準備が出来ていないならば，危機後すぐに輸出へとシフトできるわけではない．技術蓄積の違いが生まれるような何らかの違いが，3カ国にはあったのではないだろうか．

　自動車を含め機械産業の発展に欠かせないと言われる，典型的な資本財の一つは金型である．輸出先の基準に適合する品質の部品を安定して大量に生産するには，高い精度の金型が不可欠となるからである．また，自動車業界では，金型の発注はモデルの更新時などに集中しており，ユーザーである成形企業の要望に応じて，如何に金型納入のための納期を短縮できるかも重要である［東

表8-4　各国政策の変遷比較 (1990〜2004年)

	タイ	マレーシア	インドネシア
1992	BUILD Scheme	部品国産化政策 技術開発公社設立	小型国民車を日系メーカーに要請
1993	Common Effective Preferential Tariff (CEPT) Scheme		
1994	新投資優遇基準：金型など4分野 → 部品加工10業種に拡大 Supplier Development Program 金型クラブが協会に改編 Thai German Institute 設立 (金型技術育成)	プロドゥア設立	部品国産化プログラム（現地調達率に応じた部品関税率） 外資出資比率規制，資本委譲義務，最低資本金撤廃
1995			輸入関税引き下げ
1996	金属研究所を裾野産業振興部に改編	中小企業振興公社設立 標準工業研究所 (SIRIM) 公社化 Industrial Linkage Programme	国民車プログラム（特定企業に免税） 外資100%企業の輸出業務認可
1997	ASEAN Industrial Cooperation (AICO) Scheme アジア通貨危機		
1999	Automotive Institute, Electrical & Electronics Institute 設立	Global Supplier Programme	
2000	ローカルコンテンツ要求を撤廃	Factory Auditing Scheme Engineering Design Grant	
2001		金型工業会設立	
2006			金型工業会設立

出所) JICA [1985；1988a；1988b；1990；1995a；1995b；1997；1999a；1999b；2003；2004a；2004b]，石川 [1990]，鷲尾 [1990] より筆者作成.

2004］. モデルチェンジの度に，金型をわざわざ輸入しなければならない状況が生まれるのは望ましくないからである. 国内における金型製造企業の集積と技術蓄積で大きな差が生まれる.

　政策を通しての自動車の裾野産業，特に金型分野の振興という観点からは，タイ政府はまず1993年に新投資優遇基準を導入し，それまでの立地場所や輸出比率を基準とした投資インセンティブの設定を裾野産業優先に改めた. 金型，治具，鍛造，鋳造を投資奨励業種に指定して，法人税を 8 年間免除するというものである. とにもかくにも裾野産業を振興しましょうと謳うのではなく，自動車生産が可能となるような地場企業による部品生産を目指すには具体的に何が必要であるのか，分野を特定した上で優遇策を提供するというものである. 1993年という年は 1 月に AFTA が発足したばかりであり，来るべき本格的な関税引き下げ，輸出入許可品目の削減に備えるためであったと言えよう. 新投資優遇基準は，翌年の1994年には工具や熱処理など10業種を追加し，その名の通り裾野を広げていった. 貿易自由化に向けて業種を特定して裾野産業を振興するという方針は，1956年に制定された日本の機械工業振興臨時措置法を思い起こさせるものでもある. 当時の日本も，1964年からの貿易自由化を踏まえ，限られた時間内に自動車生産を日本国内で実現するため，特定部品や金型などを指定業種として設備投資資金を低利で融資し，生産の近代化を図った. 低利融資と法人税免除という違いはあるものの，意図していたことは近い.

　また，タイでは，技術者養成を目的とした公的な機関も，新投資優遇基準と同じ時期に設立されている. 1995年にドイツの援助により設立された工業省傘下の Thai German Institute（タイ・ドイツ・インスティチュート）では，金型技術，オートメーション技術，CNC と CAD/CAM 技術の研修コースが行われている. 同じく工業省の部局であった金属産業開発研究所は，1996年に改組されて裾野産業振興部（Bureau of Supporting Industries Development：BSID）となり，金型をはじめとした分野でプラスチック射出成形金型の設計，加工，組立・試し打ちの技術研修や技術相談，試作品の製作といったサービスを提供するようになった. BSID では，自動車産業が輸出に舵を切り始めた1999年から，JICA による金型技術向上プロジェクトも実施されている. さらに，1999年には同じく工業省傘下に自動車インスティチュートが設立された. 同インスティチュートの機能は，① 研究・開発及び産業政策への提言と官民間のコーディネーション，② 製品の品質検査及び製品認証，③ 品質管理技術普及と人材育成，④ 経

営診断である．タイ政府は，1992年のBUILD Scheme や1994年の National Supplier Development Program で生産管理や販路開拓における支援を開始しており，インスティチュートによって産業を特定した支援を充実させたと考えられる．なお，同じ年には電機・電子分野のインスティチュートも設立されている．

　日本政府は，以上のようなタイ政府による裾野産業振興の動きを多様な機関の事業を活用して，積極的に支援していた．まず1999年に通産省局長であった人物をアドバイザーとして JICA から派遣し，裾野産業政策全体の策定を支援した．これに続き，2000年以降 5 年間にわたりジェトロが側面支援して海外貿易開発協会（JODC，現在は旧 AOTS と合併し AOTS）から日本人専門家を延べ115名派遣， 1 万社近くのローカル企業に対して企業診断を通した品質管理指導などを行った．企業の選定は現地進出済みの日系自動車メーカー調達担当者から必要な情報を取得し，サプライヤーとして有望な企業を優先的に指導した［大辻 2016］．また2004年には中央職業能力開発協会の協力により，初の技能試験も実施した．オールジャパン体制で重層的な支援を実施して，タイの自動車輸出国への発展を後押ししたと言えるだろう．

　なお，タイでは，いち早く1988年に金型製造に関係していた民間企業が金型事業者クラブを設立している．官による一方的な支援だけでなく，民主導による技術水準の向上や経営の近代化を目的とした組織である．この動きは，新投資優遇基準が採用された翌年に，クラブが金型協会として格上げされ，更なる活動の充実を図ることとなる．官による振興の動きと民による自助努力の動きが符合して，金型を中心とした技術向上に貢献してきたことが読み取れる．このような民間企業による動きも，日本での機振法による派生効果で金型工業会が組織されたことと通じるものである．

　次に，これまで考察したタイでの金型をはじめとする裾野産業振興と比較して，通貨危機後に同じように輸出拠点への転換に向かうかと思われたマレーシアとインドネシアの状況を見てみよう．マレーシアは，プラザ合意後の状況を考察した時に触れたサプライヤー育成やリンケージ強化を，Industrial Linkage Programme（1996年），Global Suppliers Program（1999年），Factory Auditing Scheme（2000年），Engineering Design Grant（2000年）と，技術・資金両面からの施策を矢継ぎ早に実施して強化している．裾野産業となる候補企業に対する支援としてはタイを上回る数の施策が実施されてきた．また，ペナン州のPSDC 傘下の訓練センターとして，精密金型訓練センターやプラスチック技術

訓練センターも設置されていた.

　一方で，実施の状況を見ると，必ずしも日系メーカーなどにとって望ましい形だったとは言えない. 例えば，アンカー企業と呼ばれる大企業が育成対象のサプライヤー（ベンダー）企業から製品を購入し，必要に応じて技術支援を行ったVendor Development Programme では，自動車をはじめ，電機・電子，プラスチック，ゴム，機械，木工，通信，フィルム，セラミック，輸出貿易，船舶といった産業で取引が促進された. ベンダー側にとっては，アンカー企業からアプローチしてきてくれることに加え，技術や生産管理方法を知り得たうえで，取引の機会が増える. しかし，一般的な裾野産業の構造からすると，三次或いは四次下請レベルの地場企業が，直接アセンブラーから発注を受けるような，無理な取引関係を実現しようとしたプログラムでもあった. 日本マレーシア商工会議所の日系企業への調査（1996年）によると，プログラムにアンカー企業として参加した関係者からは，ベンダー企業には「全て面倒を見てくれるのが当たり前的な甘えがある」，「自分たちは特別だという変な意識がある」といった意見が聞かれる. 自助努力でも技術向上を図ろうという姿勢にはつながらなかったのではないだろうか. また，Global Suppliers Program でも，アセンブラー大企業は，地場企業に対して技能・技術の向上支援を，最長で 2 年間コミットしなければならないといった条件を設定されていた. 数多く実施された裾野産業振興プログラムの多くは，アセンブラー側の意向ではなくサプライヤー側を優遇し過ぎたために，サプライヤー候補企業の本質的な意味での技術向上に結び付かなかったとも考えられる. なお，マレーシアにおける金型工業会の設立は2001年であった. ただし，ペナン州中心に電機・電子産業の集積が進んでいたこともあり，これら産業向けのプラスチック成型用金型が54％を占め，自動車向けプレス用・鍛造用シェアは4.6％と低かった［佐々木 2003］.

　加えて，通貨危機の 3 年前，1994年には第二の国民車企業プロドゥア社が設立されている. プラザ合意のわずか 2 年前のプロトン社の設立に続いて，産業の行方に決定的な影響力を持った外的ショックの数年前に，再び外資よりも国内企業優先の象徴的な企業が作られたばかりであった. プロトンとプロドゥアの 2 社は，国内市場向けの自動車生産という意味では大きな貢献をしたと考えられる. 一方で，地場企業による裾野産業形成を目指しつつも1997年の通貨危機以後の落ち込みから，2000年にローカルコンテンツ要求を撤廃したような，タイで見られたような柔軟性に欠けていたことは否めない. 国民車企業設立直

後ということもあり，マレーシア政府としての裾野産業振興プログラムが，外資アセンブラー志向ではなく地場のサプライヤー志向に映ったであろう．

　インドネシアでは，1990年代に外資企業にとって操業しやすい環境が整備されつつあった．1994年からの第六次5カ年開発計画（レプリタⅥ）でも小規模企業の育成や大企業との間のリンケージ強化が重点課題として挙げられていた．ただし，通貨危機の前年に国民車プログラムとして，特定の国内企業に税制面での優遇を与えていた．マレーシアの国民車企業設立ほどではないものの，日系をはじめとする自動車メーカーにとっては，ネガティブなメッセージとして取られた可能性が高い．また，1990年代に入ると中国やベトナムといった国が台頭してくる．タイ，マレーシアとの競争に遅れたことに加え，これら新興国には労働コストの面で劣ることも，安価で豊富な労働力を売りにしていたインドネシアの政策に限界がみえてしまったことは否めない．インドネシアにおける金型工業会の設立は2006年であることからもわかるように，民間の自助努力による技術向上は，通貨危機後の直後に，自動車の輸出拠点となるような素地は形成されていなかった．

おわりに

　本章では，タイ，マレーシア，インドネシアの3カ国が，外資の投資判断に大きな影響を与えた外的ショックであるプラザ合意とアジア通貨危機をベースに，製造業を振興するに当たって実施した政策の流れの違いを考察した．まず，プラザ合意後の流れを生み出した動きの差としては，外国投資の優遇政策を打ち出す時期と他政策との整合性が取れていたか否かが，外国企業による判断に影響を与えたと考えられる．また，出資比率制限の緩和策が採用されたのは，タイが1983年，マレーシアとインドネシアは1986年であり，外的ショックが起こるとは予想していないなかで，起こる前に準備をしていたか，起きてから打ち出したかの差が見られた．流れが起きてから急遽変更した方針を打ち出すと，従来の保守的な政策とのズレが生じ，投資促進を進めるというメッセージが伝わりにくい．

　さらに，裾野産業支援プログラムへの官民の関与度の違いも見られた．タイやマレーシアでは民間の参画によって，大企業と裾野産業としての中小企業間

のリンケージ強化を進めた．しかし，半強制的なリンケージ強化は逆効果も生まれてしまう可能性が高い．加えて，日本企業の進出に適した工業団地の有無もある．1985年以前に東部臨海開発を打ち出したタイと1989年に工業団地開発を民間に開放したインドネシアとでは，1980年代後半の日本企業による生産の海外シフトという流れのなかで，大きな差を生じてしまった．

　次に，アジア通貨危機後の流れを生み出した動きの差としては，タイは危機前の段階で金型産業の重層的な育成支援策が採用され，金型工業会の前身組織の設立の早さも際立っている．民間イニシアティブを活用した裾野産業の形成がなされたとも言えるだろう．通貨危機時点では先進国輸出用には品質面で足りないものの，素地は出来つつあった．一方でマレーシアは，通貨危機のわずか3年前に国民車の新会社が設立されており，数年で撤回も困難な状況では，投資促進を進めたい国のメッセージとしてはネガティブに捉えられてしまった．また，タイでは他国に例を見ないほどの多数の公的機関による連携で，オールジャパンの取り組みによる支援があったことも見逃せない．

　今後，ASEAN のなかでも，後発国であるカンボジア，ラオス，ミャンマーといった国で工業化を推進していく動きが見られるであろう．今回比較した3カ国での経験とその後の結果から学ぶべき点は多い．

（舟橋　學）

注

1) 輸出から輸入を引いた額を貿易総額で割った数値は，一般的に貿易特化係数と呼ばれる．また，値が高ければ輸出が多く輸入が少ないため，その製品の国際競争力はおおむね高いと言えることから，国際競争力指数とも呼ばれる．本章では国際競争力指数の呼び方を使う．なお，国内市場が大きい場合には，輸出をしなくても生産量は世界トップクラスという場合もあり得るため，国際競争力指数だけである国の産業競争力を測ることには限界があることも認識する必要がある．

参考文献

石川幸一［1990］「インドネシアの産業政策――その歴史的概観――」『アジア諸国の産業政策』アジア経済研究所．

伊丹敬之［2019］『平成の経営』日本経済新聞出版社．

大辻義弘［2016］『タイの中小企業政策と日本の民間直接投資：アジア通貨危機時を中心に』政策研究大学院大学博士論文．

国際協力銀行［1997］『わが国製造業企業の海外事業展開に関する調査報告』．

─────［1999］『わが国製造業企業の海外事業展開に関する調査報告』.

─────［2001］『わが国製造業企業の海外事業展開に関する調査報告』.

佐々木啓輔［2003］「マレーシアの金型産業──地場企業の発展と産業高度化──」，水野順子編『アジアの自動車・部品，金型，工作機械産業──産業連関と国際競争力──』アジア経済研究所.

ジェトロ（日本貿易振興機構）［2016］『世界貿易投資報告2016年版』.

JICA（国際協力事業団）［1985］『タイ王国　金属加工業振興計画調査報告書』.

─────［1988a］『タイ王国　工業分野開発振興計画調査報告書』.

─────［1988b］『マレーシア　工業分野開発振興計画調査報告書』.

─────［1990］『インドネシア共和国　産業セクター振興開発計画調査報告書』.

─────［1995a］『タイ王国　工業分野振興開発計画裾野産業調査報告書』.

─────［1995b］『マレーシア　工業分野振興開発計画（裾野産業）調査報告書』.

─────［1997］『インドネシア共和国　工業分野振興開発計画裾野産業調査本報告書』.

─────［1999a］『タイ国　工業分野振興開発計画（裾野産業）フォローアップ調査最終報告書』.

─────［1999b］『インドネシア国　工業分野振興開発計画（裾野産業）フォローアップ調査報告書』.

─────［2003］『マレーシアにおける中小企業振興政策の現状と問題点』.

─────［2004a］『アセアン地域における裾野産業育成協力事業のあり方に関する基礎調査──自動車及び電気・電子機器産業に係るプラスチック成型，プレス金型，鋳造技術分野について──』.

─────［2004b］『鉱工業プロジェクトフォローアップ調査報告書（アセアン諸国における工業開発，裾野産業振興，投資誘致に係る開発調査の集約化・体系化）』.

東茂樹［2004］「タイの金型産業と自動車メーカーのグローバル展開」『国際経済』55.

星埜通夫・田中智晃［2019］「マレーシアにおける国民車とトヨタの試み──特殊市場でのトヨタ ASSB 工場と現地部品メーカーの対応──」『東京経大学会誌』302.

鷲尾宏明［1990］「現代タイの産業政策──産業投資奨励法の再評価──」『アジア諸国の産業政策』アジア経済研究所.

◆◆◆ 第 9 章 ◆◆◆

国営企業と裾野産業育成政策
——1980〜90年代のマレーシアの国民車計画を事例に——

は じ め に

　輸出指向工業化が広まった1970年代以降，多くのアジア諸国では低廉な労働力と税制優遇などのさまざまなインセンティブの付与によって，日系製造業の誘致が図られた．ただしその多くは最終財の組み立て工程が中心であり，それら最終財の生産に必要とされる部品・中間財を生産できる裾野産業 (Supporting Industry : SI) が現地に十分には存在しなかったことから，1990年代前後にはその育成が喫緊の課題とされた．日本からの輸入や，現地調達先として日系中小企業がアセンブラー（組立メーカー）から随伴投資を要請されて進出する場合もあったが，現地経済への波及効果，ならびに部品・中間財の対日輸入の急増に対応するためにも，地場企業を裾野産業の担い手として養成しようとする動きもみられた．

　マレーシアは1980年代から輸出指向工業化に加えて，重化学工業の育成も同時に進められ，その目玉ともいえるのが「国民車計画」であった．そこでは「Made in Malaysia」の自動車生産のみならず，部品・中間財を供給する裾野産業育成をも視野に入れたフルセット型の産業育成が試みられた．本章では，ASEANのなかでも，1980年代から90年代にかけて国が積極的に育成への関与を試みたマレーシアの国民車計画をとりあげ，その背景と成果，課題について考察する．

◇1◇　裾野産業とはなにか

　まず，「裾野産業」という概念は何を指すものであり，どのような状況下で提示されてきたのかについて概観しておきたい．

　日本では一般に，裾野産業を含めた製造業の産業構造に対してはアセンブリー産業を頂点としたピラミッド型，もしくは富士山型の構造が描かれてきた．

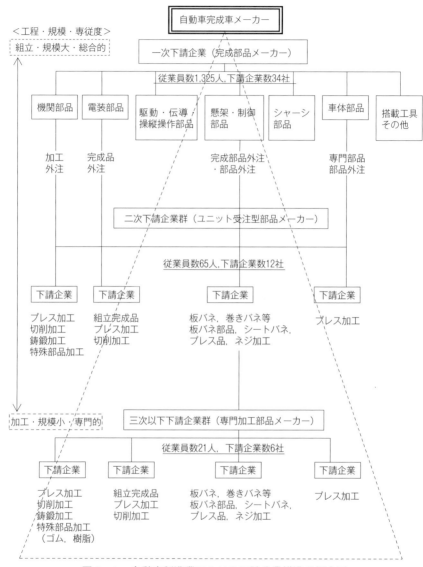

図9-1　自動車製造業における下請分業構造の概念図

出所）中小企業庁［1995：175］.

平成7年度の『中小企業白書』でも，自動車産業を例に取り，「一般に我が国
加工組立型産業は『垂直的分業構造』を形成しており，（略）自動車製造業に
おいては，完成車メーカーを頂点とし，部品メーカーとそれらの発注を受ける
下請企業群により構成される分業構造が特徴的である」[中小企業庁 1995：175]
と，ピラミッド型の関係を産業の特色としている（図9-1）．一方，渡辺 [1997]
は，よりさまざまな企業間の社会的分業を分析するため，山頂の数の多い山脈
型の構造で分析を行っている．しかしながら両者ともその底辺には広範な裾野，
すなわち部品メーカーや下請企業の層の厚さが描かれている．また，関 [1993]
は，日本の産業の技術の集積構造を「富士山型，三角形」とし，その裾野にあ
る基盤産業の重要性を指摘している．

　しかしながらこの「裾野産業」という概念は，加工工程に重点を置いた狭義
のものから素材産業まで含めたより広義のものまで，先述したピラミッド型の
産業構造における底辺の広い部分を広範に指している．また，機械振興協会
[1998] は，アジア地域における産業階層の構造は日本国内に見られた親企業・
中堅企業・下請中小零細企業といったピラミッド型の階層構造を形成している
訳ではなく，日本的な組立メーカーを頂点とする下請分業構造と同質の構造の
なかには位置づけられないとしている．本稿でも向山の定義をもとに，裾野産
業とは「最終財産業の生産活動に必要な原材料，部品，サービスを供給する産
業ならびに製造機械産業および機械部品産業の総体」[向山 1993：2-3] を指す
広義のものとする．

　裾野産業に含まれる具体的な産業とは何を指すのだろうか．日本貿易振興会
(現．日本貿易振興機構：ジェトロ) [1996] は，素材産業，資本財産業，部品産業，
工程，副資材の5部門に分類し，その技術，投資規模などから大企業性，中堅
企業性，中小企業性のものに3分類している（表9-1）．Karikomi [1998] は，
川辺 [1995] の分類をもとに，素材や半導体のようなキーパーツは大企業が生
産しているが，その他の裾野産業の大部分は中小企業からなるとしている（図
9-2）．そのため，裾野産業の育成は中小企業振興の一部分として行われるこ
とが多い．

　通商産業省（現：経済産業省）の『経済協力の現状と問題点（経済協力白書）』で
は，1985年に初めて途上国の工業化の意義と課題として「サポーティングイン
ダストリー」という言葉が用いられている [通商産業省 1985：120-22]．『通商白
書』ではやや遅れて1988年に，アジア地域との経済相互依存関係の分析のなか

表9-1　裾野産業（SI）の構造

A：素材産業	B：資本財産業	C：部品産業	D：工程	E：副資材
① 鉄鋼 ② 非鉄金属 ③ 化学製品	④ 産業用機械 ⑤ 金型	⑥ 家電・機器部品 ⑦ 半導体・同部品 ⑧ 電気・電子部品 ⑨ 射出成型部品 ⑩ 金属部品 　メカ部品 　切削・研削 　鋳造・鍛造	⑪ 熱・表面処理 ⑫ 組立・下請	⑭ 梱包材料 ⑮ その他

	A：素材産業	B：資本財産業	C：部品産業	D：工程	E：副資材
大企業性 SI	①②③	④ ⑤（内製化）	⑦ ⑨（内製化） ⑩（内製化）	⑪（内製化） ⑫（内製化）	
中堅企業性 SI		⑤	⑥⑧⑨⑩	⑪⑫	
中小企業性 SI		⑤	⑨⑩	⑪⑫	⑭⑮

注）下表は，上表のSI分野（①，②…）を企業規模別に分類したもの．
出所）日本貿易振興会［1996：12］．

図9-2　裾野産業の範囲と中小企業が中心となる分野

出所）Karikomi［1998：3］．

で「サポーティングインダストリー」という言葉が登場する［通商産業省 1988：
233-35］．「裾野産業」もしくは「サポーティングインダストリー」という言葉
がしばしば用いられるようになったのは，製造業を中心とする日系企業のアジ
ア進出が本格的に開始された1980年代半ば以降であろうと思われる．つまり，
日系製造業のアジア展開に伴い，日本とアジア諸国との間での工業化に関わる
課題と支援のあり方が議論されるなかで，アセンブリー産業を「裾野」として
広範に支える部品メーカー育成の必要性を指摘する際に用いられてきた概念で
ある［井出 2004a］．

　マレーシアの製造業において裾野産業の育成が特に求められてきた分野は，
多くの外資が進出し，世界的な一大生産拠点となっている電機・電子産業，そ
して，国民車メーカーをはじめ，マレーシア政府が手厚い保護政策のもと育成
を目指してきた自動車産業である．この両部門がマレーシアの製造業の中心で
あり，マレーシアの経済発展を牽引してきたといえる．裾野産業は徐々にマレー
シアにおいても育成されつつあり，アセンブラーも現地調達を高める努力はし
ているものの，一定以上の品質水準が要求されることや，納期の問題などから
レベルの高い部品，中間財では現地調達が進んでいない分野も多く存在する．
日本機械輸出組合による，マレーシアでの各産業における部品別の現地調達率

表 9-2　マレーシアの各産業における部品別現地調達率（1998年）

	電機・電子部品	プラスチック部品	金属プレス・板金	その他金属部品	一般機械部品	金型	鋳造・鍛造品	工具
電機・電子								
マレーシア	46.5	89.1	87.0	70.4	73.8	51.9	50.0	36.3
全体	35.5	78.3	80.2	64.6	63.3	33.5	44.2	40.9
機械								
マレーシア	22.0	64.2	51.0	55.0	90.0	30.0	－	50.0
全体	28.5	57.0	47.6	47.5	52.2	28.9	36.8	44.6
ベアリング・工具								
マレーシア	－	65.0	－	81.0	－	－	－	－
全体	－	71.7	－	59.8	－	－	－	－
全業種								
マレーシア	40.4	79.9	75.8	65.3	76.1	47.5	50.0	39.0
全体	34.3	70.4	68.4	57.9	58.1	32.7	46.8	44.7

出所）日本機械輸出組合［1998：77-78］．

の調査によると，1990年代後半においても，特にプラスチック部品などでは６割から８割と比較的高い現地調達率にはなっているものの，金型，鋳鍛造などでは３割程度にとどまっていた［日本機械輸出組合 1998：77-78］（**表9-2**）．

　マレーシア政府による裾野産業に関する包括的なデータは存在しないが，国際協力事業団（現，国際協力機構）からマレーシア政府の製造業の外資誘致の担当部門であるMIDA（マレーシア工業開発庁：現 マレーシア投資開発庁）に派遣された専門家が実施した電機・電子産業286社へのアンケート調査では，回答のあった111社の部品・材料の調達金額は約70億リンギ（以下RM）で，そのうち輸入への依存度は70％にも及んでいた．輸入を行う最大の理由は，製品の品質上の問題が４分の１を占め，以下，価格や納期，精度の問題，また，国内で製造されていないもしくは使用に耐えうるレベルにないため調達自体が不可能という回答が多かったという[1]．筆者のMIDAへのインタビュー時においても，裾野産業の重点分野としてMIDAが挙げた金型，マシニング，熱処理，鋳造，メッキ処理のうち，マレーシアで特に弱い分野として挙げられたのが，熱処理とメッキ処理であった[2]．

 2　**国民車計画と裾野産業**

（1）国民車計画

　1980年代に入ると，マレーシア政府は外資の積極的な誘致による輸出指向工業化と並行して，第２次輸入代替ともいえる重工業関連産業の育成を目指すようになった．1980年には国家重工業公社（Heavy Industries Corporation of Malaysia Berhad：HICOM）を設立し，その後も重工業関連の企業を次々と設立していった．これらは，基本的には民間主導ではなく政府主導であり，政府系の公社もしくは政府系金融機関と外国企業との合弁という形態をとった［堀井編 1991：44-45］．1983年にはそのHICOMと三菱自工，三菱商事などとの合弁により，国民車メーカーのプロトン（Perusahaan Otomobil Nasional Berhad：Proton）が設立された．この背景には，自動車産業が，「複雑多岐にわたる製品工程という性格に基づき，非常に裾野が広く，いったんこれを軌道に乗せることに成功すれば，国内市場における広範な外部経済効果と，輸出を通じた国際収支の改善という相乗効果を期待できる有力な産業」［石井 1997：87］であるとともに，自ら

の国民が製造した「Made in Malaysia」の自動車を「国民車」と位置づけることによって，国威発揚と国民の工業部門への参加意識をも鼓舞させようという狙いがあった［鳥居 1998：11］.

　また，1971年に始まる新経済政策（New Economic Policy：NEP）以降，人口比率で多数を占め，政治的に中枢にありながらも経済的に華人に大きく遅れをとっていたマレー人の経済力を高めるための手段として，「ブミプトラ政策」[3]といわれるマレー人への財政・法・教育などあらゆる側面での支援・優遇措置が講じられることとなった．このマレー人優遇策は，今日まで，マレーシアのあらゆる政策に影響を与えている．Proton の設立目的のなかにブミプトラ企業の自動車産業への参入を推進することが明記されていたように［穴沢 2000：9］，これら国民車メーカーにはマレー系資本比率の増加とマレー系企業の育成，マレー人雇用の拡大なども指向されていた.

　その後も，1994年には小型車・商用車に焦点を当てた第2国民車のプロドゥア （Perusahaan Otomobil Kedua Berhad：Perodua）が日本のダイハツとの合弁で，1996年には国民二輪車のモデナス（Motosikal dan Enjin Nasional Sdn. Bhd.：Modenas）が川崎重工との合弁で相次いで設立された．これら国民車ステータスを取得した企業を保護すべく，マレーシア政府は自動車の海外からの輸入に対して保護的関税を導入した．完成車の輸入には，乗用車で140〜300％，商用車で42〜200％，また，CKD（Complete Knock Down：現地組立）車にも，乗用車で42〜80％（国民車13％），商用車で5〜40％の関税が課され，国民車に非常に強い価格競争力を与えることとなった．そのため，マレーシアにおける国内市場では，国民車のシェアが極めて高い状況が続いてきた（図9-3）．トラック等商用車も含む全自動車に占める Proton のシェアは，1993年の時点で約5割であり，残りをトヨタ，日産，ホンダ，フォードなどが食い合う形となっていたが，1994年に Perodua が生産を開始した後は，Proton がカバーしていない低価格の小型車需要を Perodua が吸収し，その他の外資系自動車メーカーが持っていたシェアを侵食するような形で売り上げを伸ばしていった．2000年代に入り関税の引き下げが進むまでは，両社のシェアが国内総売上（乗用車・商用車すべて含む）のほぼ80％強を押さえている構図が続いてきたのである.

　Proton は三菱自工の技術協力のもとで，1985年に三菱ランサーをベースにした4ドアセダンのサガ（Saga）モデルの生産を開始し，1992年には三菱自工の下請企業協力会である柏会をモデルとして，プロトンサプライヤー団体（Per-

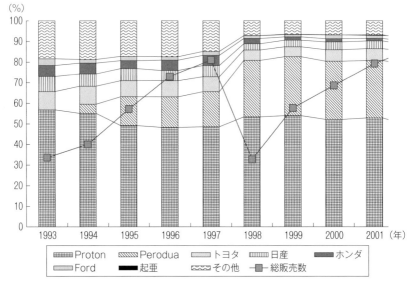

図9-3　メーカー別自動車販売シェアおよび総販売数

出所）FOURIN『海外自動車調査月報』などより筆者作成.

satuan Pembekal Proton）を発足させた．しかしながら，操業当初は関連する部品，中間財に関しては国内での供給は困難であり，柏会の下請メーカーをはじめとする外資系企業からの購入か，現地から調達したとしてもビジネス経験の豊富な華人系企業に依存せざるを得なかった．こうした状況下で，マレー系企業からの購入を増加させるために1988年12月から開始されたのが，プロトン・コンポーネント・スキームであり，これが後に「ベンダー育成計画」（Vendor Development Programme：VDP）へと進展していく．

　Proton のベンダー育成に関しては，本来の設立目的に自動車産業へのブミプトラ参加を掲げており，経営主体が国ないし自国の経営者であったために，「現地調達」を意識的に追求することが可能であった［小林 2002：60］．**表9-3，9-4** に示されるように，Proton の場合，傘下のベンダーのうち約半数の90社近くがブミプトラ系のベンダーであり，現地部品数は1999年時点で4378点を数える．Perodua も Proton ほどではないものの，現地ベンダー数は多い．意識的に現地ベンダーを発掘し育成してきた結果として，両社の現地調達率は非常に高く，Proton は独自の計算方式に基づく調達率が1998年時点で80％，Perodua

表9-3　Proton, 現地部品とベンダー数の推移

年	ベンダー数	うちブミプトラ系	現地部品数
1985	17	4	228
1986	33	7	325
1987	40	7	398
1988	46	9	525
1989	67	13	901
1990	78	21	1,014
1991	99	29	1,177
1992	106	35	1,316
1993	125	39	2,899
1994	128	42	3,444
1995	138	48	3,828
1996	151	71	4,076
1997	176	88	4,187
1998	187	93	4,225
1999 (8月末)	182	89	4,378

注）現地部品数は内製＋現地＋ASEAN域内関連会社からの調達の合計.
出所）鳥居［2000：172］, 原資料はProton Corporate Profile.

表9-4　Perodua, ベンダー数（1999年7月）

	中小	非中小	外資	合計
金属	13	24	9	46
プラスチック	10	13	1	24
電子	3	12	5	20
ゴム製品	1	11	1	13
サブアセンブリー	0	2	0	2
その他	2	23	7	32
合計	29	85	23	137

注）外資23社中18社は外資参加のある現地企業.
出所）Perodua社聞き取り調査（2002年）時資料より筆者作成.

は75％の現地調達率を達成している[4]. このベンダー支援には, 両社に対して技術協力を実施してきた三菱自工とダイハツ[5]の存在が非常に大きなものであったと思われる.

（2）裾野産業育成策：ベンダー育成計画（VDP）

VDPは, ブミプトラ企業家の育成を目的とする企業家開発省（MED）が実施してきたものである. 当初は通産省（MITI）所轄であったが, 1995年にMEDに移管された. VDPの契機となったのは, 1988年のProton Component Scheme（PCS）である.

　それまで CKD メーカーが乱立し，十分な部品産業の集積がなかったマレーシアにとって，本格的な自動車生産はほぼゼロからのスタートであった．多くの部品や中間財は，三菱自工の協力会である柏会参加企業をはじめとして，日本などからの輸入に依存するか，現地外資系企業から調達するほかなかった．この状況を打開するため，そしてブミプトラ政策のなかでマレー系の中小部品メーカーを育成し市場参入の機会を与えるために，1988年に開始されたのがPCS であった．これは，Proton が「アンカー企業」として，育成すべき一定の基準を満たした中小裾野産業（「ベンダー企業」）の製品を優先的に購入するとともに，必要に応じ技術支援を提供し，また，政府融資の窓口としても機能することで，マレー系の地場中小部品メーカーを育成しようとするものであった［穴沢 1998：95-98］．その後，1992年には，現地電気通信メーカーのサプラ・ホールディングと日系電機メーカーのシャープ・ロキシーの２社をアンカー企業に加え，対象業種が電機・電子産業にも拡大された．この間，ベンダー企業をアンカー企業が技術的に支援し，MITI は両者間のコーディネーターとして機能する「２者協定」のシステムがとられていたが，中小メーカーの財政的な制約を克服すべく，1993年からは，アンカー企業の取引先の金融機関に，ベンダーに対する融資を行う機能を持たせた「３者協定」のシステムが出来上がった．

　2000年代初頭までの VDP のパフォーマンスは表9-5，9-6のとおりである．2002年時点で，アンカー企業は15部門で85社，ベンダー企業は296社が参加しており，その売上高も年々増加してきた．当初，国民車メーカー Proton の裾野産業育成を狙いとして開始された VDP は，対象産業の拡大とともに，幅広いアンカー・ベンダーを参加させ，数字の上では着実な成果を収めてきたようにもみえる．

　しかしながら，VDP のベンダー数は，そのほとんどが特定企業に集中していたこともまた事実である．MED のデータによると，2002年時点では，育成ベンダーの最も多い Proton（自動車）が56社，以下プサカ（木材）35社，メダンマス（フィルム製造）16社，サプラ・ホールディング（電気通信）14社，ラン・ファーニチャー（家具）11社，ハスロ（木材）11社，Perodua（自動車）８社などと続く企業はいずれもマレーシア資本であるが，その一方で，電機・電子産業などの外資系アセンブラーは，平均して１社から５社程度のベンダーを育成させるにとどまっていた．筆者が VDP 参加の外資系アセンブラーを対象に2003年に行った調査では，詳細な回答が得られた４社はいずれも現地調達率は50％を

表 9-5　VDP のアンカー数, 産業, 国別 (2002年10月時点)

産　業	アンカー数
電機・電子	41
通信	3
自動車	4
家具	14
機械, エンジニアリング	1
建設機材	6
サービス	2
食品	3
フィルム製作	4
船舶建造・補修	7
マルティメディア	1
セラミック	1
貿易・輸出	1
二輪車	1
繊維	1
合　　計	85

国別アンカー	アンカー数
マレーシア	46
日本	28
アメリカ	5
ドイツ	1
台湾	1
イタリア	1
オーストラリア	1
韓国	1
ニュージーランド	1
合　　計	85

出所) 企業家開発省ホームページ (http://www.kpun.gov.my, 閲覧日2003年 7 月29
　　　日) より筆者作成.

表 9-6　VDP 参加ベンダー数と売上高の増加推移 (単位：売上高100万 RM)

年	1993	1994	1995	1996	1997	1998上半期	1999	2000	2002
ベンダー数 (社)	38	57	68	105	167	201	226	256	296
アンカーへの売上	147.9	210.7	230.7	305.2	430.1	269.85			
その他への売上	—	—	—	95.3	110.54	84.2			
売上合計	147.9	210.7	230.7	400.5	540.64	354.05			

出所) 企業家開発省聞き取り調査時資料, *Laporan Tahunan 2000* (企業家開発省年次報告2000年版), 企
　　　業家開発省ホームページ統計より筆者作成.

切っており, 地場メーカーの技術力, 製品の品質などに問題がある, もしくは
現地で生産可能なメーカーが存在しないことを理由に挙げていた. 現地資本の
企業からの調達は各企業とも15％程度であり, とくに華人系企業からの調達が
多かった. 取引のあるサプライヤー数においても外国のサプライヤーの割合が
過半数を占めており, 現地の企業でもそのほとんどが外資系企業である. マレー
シア資本の企業でも, ブミプトラ資本の企業はわずかな数に限られていること
がわかる [井出 2004b].

　VDP のもとでベンダーに対して行った支援内容についてみると，「品質管理
システムの構築」や「金型起型から部品量産まで一貫した加工技術支援」，「技
術訓練の支援」，「生産効率向上のための生産技術支援，訓練」のほか，生産技
術にとどまらずに経営面での支援も提供している様子が伺えた．その一方で，
ベンダーの課題として指摘された点は，「技術的生産性，資金力，品質管理，
製造現場における経験不足」，「多国籍企業の要求水準についての理解が乏しい」
「財務管理ができていない，会計管理が不十分，操業改善のためのコミットメ
ントが弱い，経営支援でアンカーに過度に依存しすぎる」などが挙げられた．
自社の要求する水準さえ満たすことができれば，今後も地場ベンダーも採用し
ていきたいとの意向は持っているようであるが，これまでのところ VDP を通
じた地場ベンダーの育成は非常に限られた数にとどまっており，その能力に関
してもそれほど満足していないことが示されている．

3　国民車計画と VDP の課題

　先行研究やアンケート調査を踏まえつつ，VDP の実施形態およびそのパ
フォーマンスの課題をあげるとすれば，以下が指摘できよう．
　国民車メーカー主導の VDP において，参加ベンダーの大半が Proton, Pero-
dua 社との取引のある企業であることは当然の帰結といえよう．しかしながら，
国民車メーカー自体の将来は決して明るいわけではない．これまで ASEAN
域内での自動車産業に対する保護関税は，マレーシアが群を抜いて高かったた
め，国民車は外資自動車メジャーとの競争には直面せずに済んできたものの，
ASEAN 自由貿易地域（AFTA）の発効に伴って加盟各国は自動車保護関税引
き下げを行わねばならなくなったからである[6]．2001年には81％（Proton53％, Pero-
dua28％）を占めていた国民車のマレーシア国内市場シェアは，2014年にはつい
に47％（Proton17.4％, Pedodua29.4％）へと過半数を割り込み，とりわけ Proton
のポジション低下は顕著である[7]．
　Perodua は2001年，ダイハツが三井物産と共に現地生産プラントの過半数の
株式を獲得し，本格的な支援を行うとともに，ダイハツ自身も Perodua の工
場を使って ASEAN 各国へダイハツブランドの自動車を輸出する方向に切り
替え[8]，AFTA に備えてコスト削減，生産性向上に向けたテコ入れに乗り出

した結果，一定のシェア確保には成功している．創業以来一貫してダイハツとの関係を安定的に維持し，ダイハツモデルをベースとした小型車を中心に人気モデルの投入に成功しており，マレーシアのみならず周辺諸国にも販路が広げられた点もシェアを維持し得た要因であると思われる．しかし，多くの外資系メーカーと競合するカテゴリーの中型車が主力製品であり，人口3200万人余りの狭隘な国内市場を主要なターゲットとしてきたProtonは，保護関税の低下に伴うライバル各社の攻勢のなかで国内シェアの低下が激しく，それをカバーする輸出競争力，ブランドを手に入れることができていない．さらに，三菱自工との関係も，資本提携が2004年に解消され，2006年からは一部の部品供給や新型車開発などでの業務提携へと関係が変化した．その後主要株主が二転三転しながら，2017年からは中国の自動車大手吉利傘下での再建が模索されている．こうした主要パートナーの不安定さも，安定的な経営戦略と新車の製品開発を進めるうえでは阻害要因となっていると思われる．

　マレー系を中心とした傘下の地場裾野産業も，その売り上げのほとんどを国民車に依存しているため，国民車の販売不振に伴い売り上げが急激に落ち込んだと思われる．また，国民車自身も輸出市場を視野に入れながら，外的な競争圧力に対抗するためには高い品質を確保しなければならない．Protonは自動車部品のモジュラー化を進めるなかで，今後は200社近くあったベンダーのうち，特に能力の高い20社弱を「1次サプライヤー（1st Tier）」として選別するとともに，競争力のないベンダーとの取引は見直す方向で検討がされているという．すでに国民車ベンダーのなかにも，「自動車に固執していては国際競争力を養えない」と判断し，エアバッグなどの自動車部品から半導体製造への業種転換，取引相手の拡大を進める企業の事例などが存在している．今後は国民車ベンダー間で，勝ち組と負け組の格差がより明確に現れてくることが予想される．

　また，マレーシアで試みられた裾野産業の育成策は，単なる産業政策としての側面ばかりでなく，ブミプトラ政策と密接に結びつくことによって，マレー系企業の製造業への参入，マレー系住民への雇用機会の創出・所得向上などを目指す社会政策的側面もあったということに留意しなければならない．その意味では，今日までの国民車産業の発展と，ブミプトラ系裾野産業の育成は，社会政策的には成功であったかもしれない．しかし，同業他社との激しい競争のなかでコスト低下，品質向上の努力を行わねばならない外資系企業にとって，

国際分業上の一拠点にしか過ぎないマレーシアにおいて，製造コスト，製品の品質，納期などに問題を抱える地場企業を自社のコスト負担で長期的に指導，育成していくことはなかなか容易なことではない．アンカー企業のなかには政府による現地企業育成政策へ協力する義務感から参加したに過ぎず，ベンダーも技術・経営面で大きくアンカー企業に依存しているのが実態であるとして，「ベンダーはアンカーがすべての面で面倒を見てくれると思っており，ビジネスに対する熱意が不足している」との関係者の声もあり，1996年末には，アンカー企業として指名されながらも1社もベンダーが存在しない企業が27社もあったという［Karikomi 1998：25］．こうした状況は，政府からの依頼に応じて参加したものの，制度的な問題，もしくは政府，アンカー企業，ベンダー企業間での十分な対話と効率的なシステムが構築されていなかったために，政府が当初予定したようなパフォーマンスを生まなかったものと考えられよう．

　また，産業の技術特性，アンカー企業の時代的背景から，ベンダー育成が容易に進まなかったことを指摘するものもいる．さくら総合研究所環太平洋研究センター［1999：187］は，電子産業は取引関係が他の産業に比して流動的であり，基幹部品の内製化率が高いために，現地からの調達を促すようにはなっておらず，地場裾野産業への注文は主として技術レベルの低い製品や梱包財などにとどまりやすいことを指摘している．また，穴沢［2003：100–107］は，日系企業のベンダー支援が進まなかった理由として，日系家電メーカーはまず企業内で各種経営資源を移転し，それがある程度進んだ上で，初めて地場中小企業の支援や育成に目を向けることができるようになり，企業間の技術などの移転に移っていくとし，日系・マレー系企業間には集積の厚みや技術面でのギャップが存在しているために，日系企業のメインサプライヤーとなりうる企業が少なく，現地企業を支援する余裕がなかったために，比較的競争力のあるごく一部の企業を探すか，日系部品メーカーの進出を促すしかなかった歴史的な背景を指摘している．

おわりに

　これまでみてきたように，マレーシアの工業化政策には，電機・電子産業に典型的なように，外資を積極的に誘致した側面と，国民車産業に代表されるよ

うに，手厚い関税保護のもとで地場産業を政府主導で育成しようとした側面の
双方がある．そのいずれにおいても，低廉な労働力を活用した組み立て拠点と
して，また国民車産業のパートナー企業として，日本の製造業は深い関係を持っ
てきた．さらに，それら最終財のアセンブラーにとって必要とされる部品・中
間財を供給することのできる裾野産業の育成が政策課題となるなかで，調達先
として，また現地裾野産業への技術支援の提供者としても，日本の役割は極め
て大きなものであった．国民車産業においては，設立時のパートナー企業が日
本の自動車メーカーであり，その技術支援のもと，広範な裾野産業をも育成す
ることも目指されたが，そこには，多民族国家マレーシア特有の事情である，
マレー系部品メーカーの育成という社会政策的な側面も含まれていた．それだ
けに，マレーシアにおいては，国家がその育成政策を主導する必要性が大きかっ
たといえる．

　今日，ASEAN 域内でもグローバルなレベルでも貿易自由化，規制緩和の波
は一気に加速している．国産化を義務付けるスタンスから自由放任政策に切り
替えたタイが，ピックアップトラックを中心に主要自動車メーカーの生産・輸
出拠点として東南アジアにおけるハブ的な地位を確立したのに対して，国内市
場を保護しながら国民車メーカーの育成に注力したマレーシアは，結果的に国
民車の生産台数を伸ばせるだけの海外市場を得るには至らず，国民車メーカー
以外の外資系自動車メーカーの輸出拠点にもなり得なかったがゆえに，生産台
数で大きく水をあけられてしまった．2001年，タイとマレーシアの自動車生産
台数はそれぞれ45万9000台，35万9000台であったのが，2010年には164万5000
台，56万8000台，2018年には216万8000台，56万5000台と，その差は開く一方
である[14]．

　1980年代から90年代にピークを見せた，自動車産業をフルセット型に育成す
るのみならず，広範な裾野を支える中小企業をも育成しようというマレーシア
の試みは，非常に野心的なものであり，短期間でその形を整えたこと自体が驚
異的であったともいえる．自国市場を保護しながら国内メーカーの育成を図る
という選択肢は，かつては有効な政策手段たり得た．ただし，国民車メーカー
にとって人口約3200万人の狭隘な国内市場のみでは十分な生産台数をまかなう
ことはできず，とりわけ Proton は国内市場をカバーする輸出競争力を得るこ
ともできなかった．国民車傘下のベンダーもまた，保護関税が機能してきた間
に狙い通りの輸出競争力を得られた地場企業は，残念ながら一部に限られるよ

うに思われる．また，高い保護関税と政府の強い関与は，結果的に広範な自動車関連業界の集積を図る上で阻害要因となった．AFTA や二国間 FTA が重層的に結びつき，ASEAN 全体で域内分業，域内最適調達を追求する今日の自動車産業においては，マレーシア一国レベルで自動車産業をフルセット型に育成すること自体が限界に達しているといえる．今後さらに激化する国際競争のなかで，マレーシアの国民車産業と裾野産業がどのような生き残り策を模索するのか注目されるところである．

（井出文紀）

注
1）1999年 MIDA 聞き取り調査時資料．
2）MIDA 資料によると，マシニングは約50社強が専門的な射出加工を，加えて約100社の小規模マシニング工場があり，メタルスタンピングも約300社強，ダイカストも60社強が操業しているとのことであるが，メッキ/表面処理は35社（そのうち約8割が日本，台湾，シンガポールなどの外資，もしくは合弁），熱処理はわずか20社に留まっているという．2002年3月7日，マレーシア工業開発庁聞き取り調査，および Malaysia Industrial Development Agency [2002] *Machinery and Engineering Supporting Industries Malaysia*，（2002年世界ビジネス・コンベンション「マレーシアにおけるビジネス機会」，2002年10月22日配布資料）．
3）ブミプトラとはマレー語で「土地の子」を意味し，マレー系先住少数民族を含むものの，主にマレー人を指す．憲法の規定ではマレー語を話し，イスラム教徒で，マレーの風俗習慣にしたがって生活する者とされ，華人，インド人はこれに含まれない．「ブミプトラ政策」とは政府により行われている，一連のブミプトラ（主としてマレー人）優遇政策の総称を指す．したがって，本章では「マレー系企業」「ブミプトラ企業」などの表現が混在することがあるが，これらは基本的にマレー系企業を意味する同義のものである．堀井編 [1989]，堀井 [1991]，堀井・萩原編 [1988] などを参照．
4）2002年には，369億 RM（4850点余り）の部品・コンポーネントが国内の234社のベンダーから購入された．更に，イギリスのロータス買収によって，独自エンジン Camproの開発・生産にも成功し，この新型エンジンを搭載した新モデルの現地調達率は98％に達するという．現地英字新聞 *Business Times*，2003年6月28日付．
5）プロトン社に対する三菱自工の技術支援の内容に関しては穴沢 [1998] に詳しい．
6）2003年12月31日，ASEAN 域内からの完成車，CKD 車に対する関税を引き下げた一方で，国庫収入の削減をカバーするために車両税をエンジン排気量に応じて増加させる新ガイドラインが発表された．現地英字新聞 *Bernama*，2003年12月31日付，2004年1月3日付，現地英字新聞 *Star* 2004年1月1日付．現行の自動車関税は，ASEAN

域内からの輸入は無関税，それ以外からの輸入は CKD で10％，完成車で30％である．
"MALAYSIA : DUTIES & TAXES ON MOTOR VEHICLES", Malaysian Automotive Association ホームページ（http://www.maa.org.my/pdf/duties_taxes_on_motor_vehicles.pdf，2020年 1 月19日閲覧）．

7 ）"Proton-Perodua market share falls below foreign brands for the first time ― effects of liberalisation?"（マレーシア自動車業界ニュース Paultan.org，2015年 1 月16日，https://paultan. org / 2015 / 01 / 16 / proton-perodua-market-share-falls-below-foreign-brands/，2020年 1 月19日閲覧）．

8 ）『日本経済新聞』2001年11月24日付夕刊．

9 ）現地英字新聞 Business Times，2003年 3 月23日付．

10）『日本経済新聞』2004年 3 月10日付，2008年12月 6 日付．

11）『日本経済新聞』2017年 9 月 4 日付．

12）FOURIN ［2000］『海外自動車調査月報』176号，38-39．

13）『日本経済新聞』2000年 1 月31日付，現地英字新聞 Star，2003年11月12日付．その他にも現地独立系の部品メーカーが国際事業の拡大を活発化させている事例として，FOURIN ［2002］『海外自動車調査月報』205号，42-43頁．

14）国際自動車工業会（OICA）の自動車生産台数統計（http://www.oica.net/production-statistics/，2020年 1 月30日閲覧）．

参考文献

〈邦文献〉

穴沢眞［1995］「在マレーシア日系企業による中小企業育成」『商學討究』（小樽商科大学），45（ 3 ）．

――――［1998］「マレーシア国民車プロジェクトと裾野産業の育成――プロトン社によるベンダー育成――」『アジア経済』49（ 5 ）．

――――［2000］「外資系企業と地場企業との連関強化――マレーシアの事例――」，丸屋豊二郎編『アジア国際分業再編と外国直接投資の役割』アジア経済研究所．

――――［2003］「マレーシア電子産業におけるリンケージの進化と地場中小企業」，小池洋一・川上桃子編『産業リンケージと中小企業　東アジア電子産業の視点』アジア経済研究所．

石井貫太郎［1997］「途上国の国民車プロジェクト――ガバメンタル・サポートとインダストリアル・サポート――」『海外事情』（拓殖大学），45（ 5 ）．

井出文紀［2001］「サポーティングインダストリー育成政策への視座――マレーシアを事例に――」『立命館国際関係論集』創刊号．

――――［2004a］「サポーティングインダストリー研究の展開――研究史的視点をもとに――」『立命館国際関係論集』 4 ．

――――［2004b］「サポーティングインダストリー育成政策とリンケージの創出――マレー

シアを事例に──」『立命館国際研究』17（1）.

川瀬信雄［1995］「マレーシアにおける裾野産業の育成の現状と問題点──ベンダー育成プログラムを中心にして──」『早稲田商学』362.

機械振興協会経済研究所［1998］『アジアにおける下請中小企業のサポーティングインダストリー戦略──競合と共同への方途──』.

小林世治［2002］「マレーシアの中小企業政策──産業政策の視点から──」，福島久一編『中小企業政策の国際比較』新評論.

さくら総合研究所環太平洋研究センター［1999］『アジアの経済発展と中小企業──再生の担い手になりうるか──』日本評論社.

末廣昭［2000］『キャッチアップ型工業化論──アジア経済の軌跡と展望──』名古屋大学出版会.

関満博［1993］『フルセット型産業構造を超えて』中央公論社.

中小企業庁［1995］『平成7年度　中小企業白書』大蔵省印刷局.

通商産業省［1985］『経済協力の現状と問題点（経済協力白書）〈1985〉』通商産業調査会.

─────［1988］『通商白書　昭和63年度版』通商産業調査会.

鳥居高［1998］「マハティールの国家・国民構想」『アジア経済』39（5）.

─────［2000］「マハティールの開発主義と政策実施メカニズム」，東茂樹編『発展途上国の国家と経済』アジア経済研究所.

日本機械輸出組合［1998］『アジア主要国におけるサポーティングインダストリー育成対策調査報告書』日本機械輸出組合.

日本貿易振興会［1996］「特集　ASEANのサポーティングインダストリー」『ジェトロセンサー』46（2）.

日本貿易振興会機械技術部［1997］『マレーシアにおけるサポーティングインダストリーの現状と課題──ジョイン事業調査報告書──』.

堀井健三編［1989］『マレーシアの社会再編と種族問題：ブミプトラ政策20年の帰結』アジア経済研究所.

─────［1991］『マレーシアの工業化　多種族国家と工業化の展開』アジア経済研究所.

堀井健三・萩原宣之編［1988］『現代マレーシアの社会・経済変容：ブミプトラ政策の18年』アジア経済研究所.

向山英彦［1993］「ASEANにおけるサポーティングインダストリーの育成──タイを事例に──」『環太平洋ビジネス情報RIM』23.

渡辺幸男［1997］『日本機械工業の社会的分業構造』有斐閣.

〈欧文献〉

Karikomi, S.［1998］*The development strategy for SMEs in Malaysia*, Tokyo: APEC Study Center.

Malaysia, Ministry of International Trade and Industry, *Malaysian International Trade and Industry Report*, Kuala Lumpur: MITI, various issues.

第10章

マレーシアの地場企業
——外資と地場中小企業のリンケージ形成に向けて——

　は　じ　め　に

　マレーシア通産省（MITI）傘下の中小企業公社（SME Corp.）によると，2018年，マレーシアの中小企業の企業数は全企業の98.5％と圧倒的な数字を占めているが，これら中小企業は全雇用の66.2％，GDPの38.3％，輸出の17.3％を担っているに過ぎない．90万7000社余りの中小企業のなかで最も多いのはサービス産業で全中小企業の89.2％を占めており，本章で主として対象とする製造業は5.3％である［SME Corp. 2019］（表10-1）．他のアジア諸国同様，これまで多くの外資系製造業を誘致してきたマレーシアにおいて，日本をはじめとする外資系製造業，とりわけアセンブラーと，これら地場中小企業との間のリンケージをいかに深めるかが大きな政策課題となってきた．本章では，「リンケージ」がもたらすものは何か，またそこでマレーシアが工業化戦略のなかでこの問題にどのように取り組んできたのかを明らかにしたい．

表10-1　マレーシアの中小企業

産業	中小企業数				全企業数	各産業全企業に占める中小企業比率（％）	対全GDP比率（％）
	零細	小規模	中規模	合計			
サービス	649,186	148,078	11,862	809,126	818,311	98.9	23.9
製造業	22,083	23,096	2,519	47,698	49,101	97.1	7.7
建設	17,231	17,008	4,829	39,158	40,558	96.5	2.3
農業	4,863	4,163	1,212	10,218	11,628	87.9	3.9
鉱業，砕石	217	458	190	865	1,026	84.3	0.2
合計	693,670	192,783	20,612	907,065	920,624	98.5	38.3

出所）SME Corp. Malaysia［2019：20；158］.

「リンケージ」概念と地場企業

　国連貿易開発会議（UNCTAD）による2001年の世界投資報告は，'Promoting Linkages'という副題がつけられ，発展途上国へ進出した多国籍企業と，現地経済との「リンケージ」の育成が主要テーマであった．

　製造業を中心とする多国籍企業の優位性はグローバル化の進展に伴って変化をみせつつあり，その世界的展開は従来のような企業内での結合関係ばかりでなく，広く企業外での提携関係も志向するようになった．そのひとつが「リンケージ」であり，そこには，原材料などの上流から，中間財・最終財，さらには流通へというバリューチェーンの下流へ向かう「フォワード・リンケージ」（前方連関），その逆の流れである「バックワード・リンケージ」（後方連関），さらには同一生産部門もしくは産業における相互交流という「ホリゾンタル・リンケージ」（水平連関）をも視野に入れることができる．このリンケージには，多国籍企業と地場企業との広範な結合・提携関係があり，経済のグローバル化への参加度とその深度の点では，多国籍企業の企業内国際分業よりも一段の発展がみてとれる．すなわち，グローバル化の進展といった場合，そこには拡大（widening）と深化（deepening）の両面があり，とりわけ深化はリンケージが表す事態のなかに端的に現れていると考えられる［関下 2002］．

　UNCTAD［2001］は海外子会社と地場企業とのリンケージ形態を，先述したように「フォワード」，「バックワード」，「ホリゾンタル」の三つの形態に分けている．多国籍企業の外国子会社の多くはアセンブリー活動が主体であり，発展途上国の地場企業とのリンケージの主要な舞台は必然的に，そうした外資によるアセンブリー活動からバリューチェーンの上流へと遡っていくバックワード・リンケージにあるといえよう．バックワード・リンケージの育成には，新たにそれを育成する場合（黒の点線矢印）と，既存のものを深化させる場合（黒の実線矢印）が考えられるが，リンケージの育成が進むか否かは，企業特殊的決定因，産業特殊的決定因，国家特殊的決定因の三つの要因によって規定される（図10-1）．

　近年では，企業が生産工程の最適化を図るために，複数国にまたがって財やサービスの供給・調達を行うグローバル・バリュー・チェーン（Global Value Chain：GVC）が注目されるようになっているが，そのなかで多国籍企業の最適[2]

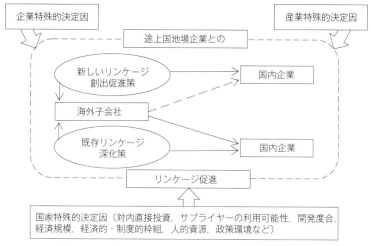

図10−1　バックワード・リンケージ育成政策の焦点

出所）UNCTAD［2001：164］，関下［2002：127］．

調達にいかに地場中小企業をコミットさせ，両者間のリンケージを深めていく
かが問われるようになっている［OECD・UNIDO 2019］．「リンケージ」が注目さ
れた背景とは，アセンブラーを中心とする多国籍企業の国際的な展開が，バッ
クワード・リンケージの構築によって，途上国の地場中小企業へのスピルオー
バーや技術移転を創出する可能性を有するものであると示すことにもある．

 2　工業化戦略における外資企業と地場企業との「リンケージ」

（1）マレーシアの工業化政策の変遷

　1981年から22年間にわたり首相として強力なリーダーシップのもと国を牽引
してきたマハティール（Mahathir bin Mohamad）は，日本や韓国など東アジア諸
国の経済成長に学ぼうとした「ルックイースト政策（東方政策）[3]」や，2020年ま
での先進国入りを目指す「Vision 2020」［Mahathir 1991][4]など，さまざまな野心
的なビジョンの提示を行ってきた．これまでのマレーシアの工業化政策は，こ
れらマハティールが示したビジョン，5カ年，10カ年ごとに策定される経済開
発に関わる中長期計画，そして工業化などに特化したマスタープランのもとで

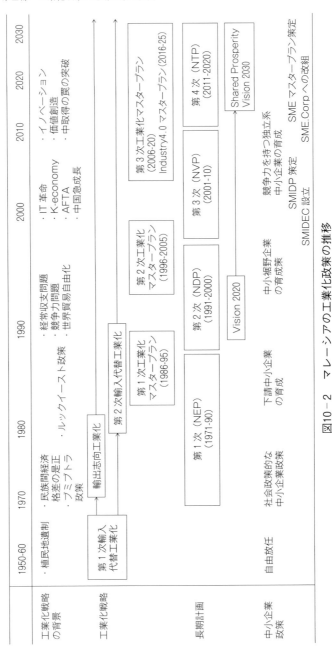

図10-2　マレーシアの工業化政策の推移

出所）井出［2004b］，大野［2013］に筆者加筆．

実施されるさまざまな政策と緊密な関係を持ちながら進められてきた［井出 2004b, 大野 2013］（図10－2）.

　それまで自由放任的な産業政策のもとで, 比較的緩やかな輸入代替政策にとどまっていたマレーシアは, 1970年代以降, 安価な労働コストを武器に外資系アセンブラーの誘致を始め, 1980年代後半からの円の急騰や, アジア諸国の所得向上による市場の拡大に伴い, オーディオ, 家電, 電子部品などの日系製造業や米系半導体メーカーなどの電機・電子産業の大量進出を促すことに成功してきた. しかしながら, その間, アセンブリー活動主体の産業構造においては, 必要な部品・中間財の現地調達は困難であった上に, それらの輸入については基本的に関税が減免されたため, 部品・中間財を供給する裾野産業は容易には育成されなかった. さらに, 1980年代後半に設立された国民車産業（第9章）においても, 数万点といわれる自動車部品の輸入依存を克服すべく, さらに裾野産業の必要性が増すこととなった. 外資系製造業も, 1990年代以降は, 電子部品を中心に日系サプライヤーの進出によってマレーシアでの現地調達率が徐々に上昇するにともなって, 進出以降の時間経過とともに移転される機能は順次高度化され, 技術などの各種経営資源も企業内に蓄積されていった. 進出当初は地場裾野産業の育成にまで手が回らなかったアセンブラーも, この時期に入ると, 自発的なものか政府の施策によるものかという違いこそあれ, 地場裾野産業の育成や支援を開始していくこととなった［穴沢 2003］. とはいえ, 地場裾野産業の技術的な能力の制約や, 随伴進出した日系部品メーカーとの技術力の格差もあって, 現地で供給できる部品, 業種には限界があった. 梱包財などや精密度を要さない部品に関しては現地調達が比較的容易であったが, 金型や精密部品などの現地調達率が低率にとどまったのはそのためである.

（2）1990年代の工業化戦略のポイント

　1996年の「第2次工業化マスタープラン（Second Industrial Master Plan： IMP 2 ）」では, 製造業における中心的な産業と位置付けられた電機・電子や自動車などアセンブリー活動主体の産業において, いかにして労働集約的な低付加価値工程から脱し, 現地経済との連関性を高めていくかが焦点となり,「クラスター開発」と「マニュファクチャリング＋＋ （プラスプラス）」という概念が導入された[5]. 単にアセンブリー活動のみに依拠した産業構造を構築するのではなく, その周辺に, 裾野産業, 人的資源の訓練機関, 研究開発機関, 制度的支援を配

することにより，バリューチェーンにおいてより付加価値の高い工程も担うことのできるよう，産業構造を多様化・高度化させた「クラスター」を育成することが目指されたのである．そのなかで，アセンブラーを支え，進出した外資と現地経済とのリンケージをもたらすものとして裾野産業の必要性が指摘されるとともに，とりわけ，その担い手として，地場中小企業の育成の必要性が謳われた．

　マレーシア政府は IMP 2 を通じて育成すべき主要なクラスターを八つ挙げている．これらはそれぞれ，① 国際市場連結 (外資主導) 型：電機・電子，繊維アパレル，化学，② 政策主導型：輸送機械，素材，機械機器，③ 資源型：天然資源関連，農業・食品，に大きく 3 分類されている．ここからは，とりわけ電機・電子産業のように，担い手の多くが外資であり，製品もほとんどが海外市場向けであるクラスターに関しては，その育成に関しても外資に依存せざるをえないことを認めつつも，政府主導の産業政策の余地は可能な限り残しておきたいというマレーシア政府の意図が読み取れる．

　主要クラスターのなかでも「機械・機器産業グループ」は，「全クラスターへの横断効果 (cross-cutting effect) があるために工業発展には不可欠」[MITI 1996：379] なものと認識されている．とりわけ，鋳鍛造，重・精密機械加工，工具設計，加工といった主要裾野産業は十分に育っておらず，機械・機器産業が必要とするものの大部分が輸入によりまかなわれているとの問題意識に基づき，「機械・機器産業グループの発展に焦点を当てることが緊急に必要である」ことを指摘している [ibid.：379-380]．またクラスター開発における中小企業の役割については，これまでの製造業の進展にもかかわらず，「輸出指向の多国籍企業と地場企業とのリンケージが欠如し，コンポーネント，部品，技術の輸入が多い」[ibid.：410] ことから，主要産業に対するキーサプライヤー，サービスプロバイダーとしての国内中小製造業の育成，強化と外資アセンブラーとのリンケージ構築の必要性が強調されている．

　IMP 2 で具体的な支援政策とされたのは，中小企業の育成政策に関するワンストップエージェンシーとしての中小企業開発公社 (SMIDEC) の設立と，産業リンケージ計画 (Industrial Linkage Programme：ILP) の実施である．SMIDEC は，それまで通産省 (MITI) の一部門でしかなかった小工業部を独立，公社化させ，中小企業支援策の一元的な任務を担うべく設立されたものである．そして，SMIDEC が行う種々の裾野産業支援策のなかでも，外資系アセンブラー

と地場裾野産業とのリンケージを育成すべく，新たなプログラムとして導入されることとなったのが ILP であった.

（3）中小企業開発計画（SMIDP）

　マレーシアにおいて中小企業関連政策の中核を担ってきたのが，1996年に設立された SMIDEC である．2002年，SMIDEC は，中小企業に対する政策的方向性を初めて示した5カ年計画である「中小企業開発計画 (Small and Medium Industries Development Plan 2001-2005：SMIDP)」を発表した．SMIDP では，中小企業の大半が小規模であり，未だに，市場アクセスの弱さ，技術力の低さ，労働力・技能の不足，融資へのアクセスや支援策に関する知識の欠如といった基本的な問題を抱えている点を課題として指摘した上で，企業数では製造業の大半を占めながらも生産高，付加価値，雇用では3割弱のシェアしか有していないマレーシアの中小企業を，工業基盤の中心としてグローバルなレベルで競争力のある企業へと発展させるとともに，知識基盤型中小企業の育成を奨励することを狙いとしている [SMIDEC 2002：47-53].

　SMIDP では，戦略的な育成対象とされる産業を二つのレベルに分け，まず優先的に焦点を当てるべきクラスターとして，電機・電子，輸送機器，木材関連，機械・エンジニアリングの4クラスター，2次的に焦点を当てられるものとして，食品加工，ゴム関連，繊維・アパレル，伝統医薬・薬草製品の4クラスターを取り上げ，各クラスターにおける中小企業のパフォーマンスと課題を分析し，今後の支援策を提示している．なかでも機械・エンジニアリングクラスターは，金型企業を中心として，中小企業やその顧客間のリンケージと相互作用を通じたシナジー効果が生じるとされ[*ibid.*：144-145]，金型産業を中心に，主要製造業，政府機関，技能育成のための支援機関，サプライヤーなどが「クラスター」を構築していくことが目指されている．裾野産業育成の重要性と，それが各産業にもたらす波及効果や産業間リンケージの可能性が明確に述べられたのは，SMIDP が初めてのことである.

3　産業リンケージ形成に向けた取り組み

（1）産業リンケージ計画（ILP）

IMP 2で示されたクラスター開発において，裾野産業育成政策の中心と位置付けられたのがILPである．それまで裾野産業の育成やアセンブリーと地場中小企業とのリンケージの形成に関しては，ブミプトラ系企業に限定したものとはいえ，第9章で紹介したベンダー開発計画（VDP）を中心にMITIの中小企業局が実施していたが，1995年にVDPが企業家開発省（MED）に移管されたことと，1996年にSMIDECが設立されたことに伴い，VDPに代わるものとして新たに設立されたものである．

ILPの狙いは，地場の中小企業が，主要産業において信頼でき，競争力のある製造業者やサプライヤーとなるよう成長を図ることであり，VDP同様，大企業が中小メーカーから部品，コンポーネント，サービスなどを調達することを奨励している．ILPを構成するのは主として三つの要素であり，① 財政的インセンティブ，② ビジネスのマッチメーキング，③ その他の支援計画（工業用地の提供，技術開発，技能高度化，輸出市場開発），からなる．両者間のマッチメーキングの場をSMIDECが設定し，中小企業側のプレゼンテーションが評価されれば，アセンブラーとの取引に向けた交渉が開始される．中小企業はILPの参加によって，5年間の免税もしくは60％の設備投資が控除されるパイオニアステータスが授与されることとなり，アセンブラー側は，中小企業に対して行った研修や技術支援などの付帯費用の減免を申し込むことが可能である．VDPと異なり，ILPの場合は，ブミプトラ企業のみに支援対象が限定されることなく，マレーシア人資本が60％の中小企業であれば申請することが可能なシステムとなっている．

産業別の詳細なデータが把握できた2000年末の段階では，128社の中小企業がILPに参加しており，その売上合計は1億1560万リンギ（RM）に達した．参加数が最も多いのは電機・電子産業であり，機械・エンジニアリング産業が続いている（表10-2，10-3）．ただ小林［2002］は，ILPの枠組みも第9章で紹介したVDPをベースにした1社対1社のリンケージ形成を促すにすぎず，幅広い製造業を支える共通の基盤としての地場裾野産業を形成するような政策にはなり得ていない，と指摘している．その後支援対象が小売業などより広範な

表10-2　産業部門別ILP参加企業数（2000年）

	電機・電子	輸送機器	機械・エンジニアリング	資源関連	合　計
企業数	60	18	26	24	128
売上額（100万RM）	50.1	14.8	25.9	24.8	115.6

出所）SMIDEC [2002：19].

表10-3　ILP参加企業の売上状況（2000年）

単位　企業：社，価格：100万RM

	電機・電子		機械・エンジニアリング		資源関連		輸送機器		合　計	
	企業	価格	企業	価格	企業	価格	企業	価格	企業	価格
売上確定	17	16.80	2	0.80	5	2.50	11	7.70	35	27.8
交渉中	16	9.40	9	10.50	7	8.40	2	2.80	34	31.1
見込み	27	23.88	15	14.60	12	11.90	5	4.30	59	54.7
合　計	60	50.08	26	25.90	24	22.80	18	14.80	128	113.6

出所）MITI [2002：198].

　中小企業に向けられるなかで参加企業数は増加し，2009年末には中小企業974社がSMIDECのマッチメーキングを通じて大企業や政府系企業，外資系メーカーとリンケージを形成し，その売上高は11億RMに上った[MITI 2009：143].

　さらにILPの延長上に位置づけられるものとして，グローバル・サプライヤー・プログラム（GSP）が設けられた．GSPは，世界規模に展開する大企業，多国籍企業に対して，中小企業が世界クラスのサービスと製品を提供する能力を強化するためのものであり，大企業や多国籍企業とのリンケージ構築のために必要な技能を訓練することが主たる目的である［SMIDEC 2002：20］．そのため，州レベルで設置されている技能開発センターとの協力のもとで各種訓練が提供されている．元来このプログラムは，ペナン州政府と進出外資との協力で設立されたペナン技能開発センター（Penang Skills Development Centre：PSDC）において開始されたものである．

　ペナンは首都クアラルンプール周辺のクランバレー地域とともに，マレーシアを代表する外資の集積地である．ペナン州では，自由貿易区（FTZ）が設置された1970年代以降，日本，アメリカの電機・電子多国籍企業が相次いで進出し，ペナン開発公社（PDC）と進出した外資系メーカーを中心に現地人材の育成に向けた積極的な動きが見られている．PSDCは，1989年にペナン州開発公

社とペナンに立地する外資系企業とが共同して，州内の労働力不足を補うとともに，その技術力を向上させるための人材開発拠点として設立された．その創設メンバー企業には，アジレントテクノロジー，ソニー，ボッシュ，インベンテック，モトローラ，インテルといった，日本，アメリカの半導体製造やIT関連の企業を中心とした大手外資企業が参加し，その他にもデル，サンミナ，アルテラ，フレクトロニクスなど96社がメンバー企業となっている．PSDCの特徴は，メンバー企業自身がセンターの運営や管理へ主体的に参加している点である．雇用している従業員や新卒者の訓練を通じて質の高い労働力を確保するために，ペナン地域で操業する外資系企業自身が資金，機材などを提供し，実施される訓練コースの作成，運営まで行っている．PSDCによると，各企業が集まり，プログラム・資源・施設を共有することにより，全体として競争力を向上させるという「学習の共有 (shared learning)」を目指しているという．その結果，PSDCのプログラムは企業ニーズに合致したものとなり，IT関連の技術から自動化，CAD/CAM，品質管理，金型設計や金属加工，CNC機械加工まで幅広い分野での訓練を提供することで，ペナンの人材の技能向上を支えてきた．2001年には，技能・キャリア向上や企業内研修で474のコースが開催され，9604人が訓練を受けた．[6]こうした各種プログラムを通じ，現地の人材には，外資系メーカーの裾野産業となるため必要な，品質管理，生産性，技術力に関する知識が吸収されるとともに，PSDCという場を通じて，政府，外資系企業との緊密なネットワークが構築されることによって，リンケージの創出可能性が生じる．

　また，地場中小企業の技術能力の向上とともに，それら企業をサプライヤーとして「採用する」という大企業や多国籍企業のコミットメントも不可欠である．GSPに参加するアセンブラーは，技能開発センターの運営への参加のほかにも，中小企業と共同で最大2年間までのコミットメントを行い，それらは技能開発センターによって定期的な監督がなされている．2002年時点では，GSPのもとで，コマグ(ディスクドライブ製造)，アドバンスド・マイクロテクノロジー(半導体)，アジレント (半導体)，フェアチャイルド (半導体検査組立)，インテル(マイクロプロセッサ，半導体)，モトローラ(通信機器，半導体)，ロバート・ボッシュ(自動車部品)，ユニコ(マザーボード他コンピュータ周辺機器)，Proton(国民車)[Hashim 2002]といった，9社の大手企業が10社の中小企業を採用した．先述したVDP，ILPとGSPの最大の違いは，多国籍企業のコミットメントがより明確である

ことと，体系だった訓練モデルを重視している点である[SMIDEC 2002：20-23].
ただし，ペナンでは多国籍企業を取り巻く環境が変化するなかで地場企業の育
成がひと段落し，さらなる育成に対する戦略的合理性がなくなりつつあるとい
う［穴沢 2003：246].

（2）日本による支援

　地場の中小裾野産業に対する技術・生産性・品質管理・経営面での継続的な
支援に関しては，日本貿易振興機構（ジェトロ）や日本自動車工業会（JAMA），
海外貿易開発協会（JODC），国際協力機構（JICA）などが，国際協力の一環と
してこの種の技術支援を実施してきた.

　たとえば，ジェトロは発展途上国裾野産業育成支援事業（SI事業）として，
1994年から1998年までの5年間，地場の金型，メタルスタンピング，プラスチッ
ク射出成型，プレス加工などの企業に対し専門家を派遣し，継続的な指導を行っ
た［日本貿易振興会機械技術部 1995，1996，1997，1998]．開始当初選定された約60
社のうち，最後まで指導を受け続けた6社の技術，生産性，品質管理などのレ
ベルは格段に向上し，修了証が与えられた．筆者は本プロジェクトの修了企業
5社に対して2002年に実施された，ジェトロの評価ミッションに同行する機会
を得た．そのいくつかの例を紹介したい.

　ペナン州に1991年に設立された，電子産業向けにメタルスタンピング，アル
ミニウム部品などを製造する華人系メーカーA社は，もっとも効果があった
指導項目として① 5S（整理，整頓，清潔，清掃，躾）の導入，② シングル段取り，
③ 操業上の効率化を挙げていた．製品の不良率は1994〜95年には10〜20％で
あったのが1997〜98年には0.9％へと劇的に低下し，売上も当初の270万RM
から1997〜98年には約5倍の1300万RMへと増加している．パソコンメーカー
のサプライヤーとしてパソコン関連の部品を納入し，顧客の中国シフトに伴い
蘇州に新工場を建設するまでに至った.

　1990年にペナンに設立されたプラスチック部品の射出成型製品や金型の設
計・製作を行うB社は，5Sの実践と効率性の向上が最も効果があったと述べ
ていた．指導により顧客数が増加するとともに，外資系アセンブラーの部品生
産を請け負うまでに至っている．プログラム終了後1998年から2001年までの4
年間で，新たに国内のほか，ドイツ，スイス，アメリカなど5社の顧客を獲得
したという．現在は3次元CAD/CAMを用いた金型の設計・製作まで行って

いる.

　1993年にセランゴール州に設立されたC社は,自動車向けのメタルスタンピング,プラスチック射出成型製品と,プラスチック製品の塗装を行っているブミプトラ系企業である.指導前には顧客からも敬遠されるほど工場が乱雑であったそうだが,訪問時には5Sも徹底され,工場内は非常に清潔で,1999年にはISO9002を取得するに至っている.主要顧客は,国民車メーカーのほか外資系にも広がり,とりわけ,日系アセンブラーへのエアコン部品の納入に関しては,当該プログラム修了書が評価され契約に成功したという.売上高も1994年の約400万RMから2001年には7000万RMにまで増加している.

　いずれの企業も日系はじめ多くの外資系企業からの受注に成功し,従業員,年商,生産性の向上に示されているように順調な経営を続けている.ジェトロによる各年度の報告書では,訪問した日本人専門家の提案,指導に対して,従業員や経営者が積極的に学び取る姿勢を持ち,努力した企業が最終的に修了証を得ている.なかには,主要顧客が中国に生産拠点を新設するのに随伴して中国進出を果たした企業や,外国との合弁で技術提携を結ぶ企業など,海外をも視野に入れた活動ができるレベルにまで達していたのが印象的であった.

　一方,JODCは2001年から自動車産業のサプライヤーに対する技術指導として,日系自動車メーカーのOBが,半年の期間中に1社当たり9〜18回のペースで現地企業を訪問し,ムリ・ムダ・ムラの改善や工場レイアウトの変更,型の段取り替え時間の短縮,品質改善などの指導を行っている.半年間の指導の結果,D社では段取り換え時間が46分から14分に,E社では59分から28分に短縮され,品質の改善,工程の短縮などの成果がみられた.また,生産部門のマネージャー以下,成果が出たことで,品質改善や原因究明のための測定,調査に対するモチベーションが上がったという［海外貿易開発協会 2003］.

　地場企業のなかには,事業の拡大や品質の改善などに対して熱意は持ちながらも,そのためのノウハウと指導を受ける方法がないために業績の改善に結びつかない企業も多いと思われる.その意味では,専門家がさまざまな改善点を定期的にアドバイスするシステムは,一定の成果を収める可能性を有している上,プログラム修了を武器に,他の外資系アセンブラーに対して自らの技術力や製造能力を売り込むことも可能である.ただし,これと同様の活動を現地のアセンブラーに要求するには,コスト,時間いずれの面でも限界がある.したがって,リンケージを構築する以前に,地場企業がアセンブラーから要求され

る一定の基準を満たすことができるよう，また，リンケージの形成以降も，ア
センブラー側の要求水準を地場企業側が理解し，継続的な生産性の向上を目指
すことのできるような指導体制を，政府間協力や先述の業界団体を巻き込んだ
形で実施するか，アセンブラー自身による指導活動に対する費用の援助を提供[7]
することが必要ではないだろうか．

 ## 4　2000年代以降の地場中小企業支援の動き

　第9章でも指摘したが，1980年代から90年代にかけての工業化政策とリン
ケージ形成に向けたさまざまな施策は，とりわけ国民車計画に典型的に示され
るように，高関税により国内市場を保護しながら自動車産業並びに裾野産業と
しての地場中小企業の育成を目指そうとするものであった．またそこには，多
民族国家ならではの要因として，マレー系の中小企業ならびに労働者を支援し
ようとする政府の意図もあった．ただし，ASEAN 域内の貿易の自由化が進む
とともに域内に展開する製造業による域内分業が深化するなかで，いちはやく
関税の引き下げ，現地調達規制を撤廃したタイでの自動車産業の集積が進んだ
のと対照的に，マレーシアの国民車産業はむしろ激化する競争に対応しきれず
苦戦を強いられている．リージョナル化，グローバル化が進む今日，政府主導
による一国レベルでのアセンブラー・地場中小企業の育成とリンケージ形成と
いう手法そのものが，変化を迫られているといえる．さらに，低コストの生産
拠点が中国や ASEAN 後発国から次々と生まれてくるなかで，マレーシア自
身も製造業の組立・輸出拠点にとどまらない新たな経済成長の牽引役を模索す
る必要が生じている．

　1996年に SMIDEC が中小企業支援のワンストップエージェンシーとして設
立されたとはいえ，それでも中小企業政策は SMIDEC を含む16機関が関わっ
ており，各機関の権限は重複している部分が多かった［大野 2013：245］．2009
年，SMIDEC は中小企業公社（SME Corporation Malaysia：SME Corp.）へと格上
げされ，さらに大きな権限と予算が与えられることとなった．この名称が SMI
（Small and Medium Industries）から SME（Small and Medium Enterprises）に変化し
ているように，その業務は，1980年代から90年代にかけて焦点が当てられてき
た製造業にとどまらず，小売や IT，ハラル製品，零細企業やインフォーマル

セクターなども含むより広範な企業が対象となっている．これと同じような政府機関の名称変更は，マレーシアへの外国直接投資の受け皿となってきたマレーシア工業開発庁（Malaysia Industrial Development Authority：MIDA）が，2012年にサービス業なども含めた FDI のワンストップエージェンシーとしてマレーシア投資開発庁（Malaysia Investment Development Authority：MIDA）に名称変更されたように，マレーシアが製造業のみならず，サービスや IT など，時代の変化に対応してより多様な経済成長源を求めようとする動きと軌を一にしている．先に述べたように，ILP の支援対象も，製造業以外の企業への拡大がみられるなかで，サービス産業も含めたより広範な国内の大企業，政府系企業，外資企業と地場中小企業とのリンケージ形成に焦点が移っているように感じられる．

　2011年には SME Corp. によって，中小企業の GDP への寄与率，雇用シェア，輸出シェアを高め，国の富を創出し社会的福祉に貢献できるような国際競争力を持つ中小企業を創出することを狙いとした「SME プラン（2012–2020）」が策定された．ここでも，年率6％の企業率，年率10％の「高成長・イノベーション企業」の成長，インフォーマルセクターのフォーマル化など，製造業のみにとどまらずより広範囲にわたって目標が設定されている［大野 2013：245］．

　とはいえ，製造業の重要性が消滅したわけではなく，引き続きさまざまなプログラムが制定され続けている．たとえば，かつて製造業を重視したマハティールが首相に復帰してすぐに発表されたものとして，2018年には，第4次産業革命ともいわれる「インダストリー4.0」に対応した「インダストリー4.0国家計画（Industry 4 WRD）」が発表された．ここでは，製造業における1人当たりの労働生産性を2025年までに30％向上させる，GDP への寄与を2016年の2540億 RM から3920億 RM に引き上げる，グローバル・イノベーション・インデックスの順位を35位から30位に引き上げる，製造業における高度熟練労働者比率を2016年の18％から35％に引き上げるなどとし，とりわけ地場中小企業の競争力向上が重要視されている[8]．また，2019年には「2020年までに先進国入り」を目標としてきた「ビジョン2020」の後継となる「シェアード・プロスペリティ・ビジョン2030（SPV2030）」が発表された．ここでは，2030年までに「所得グループ，民族，宗教，サプライチェーンにおける公正かつ公平な分配による持続可能な成長」を達成することを目的とされ，そのなかでも，中小企業による GDP 寄与率を2030年までに50％にすること，中小企業におけるハイテク導入企業を

① 多国籍企業の高い要求水準を満たせる（もしくは近く達成できそうな）能力を有する
　中小企業の存在
② 地場中小企業の育成に影響を与える多国籍企業の企業戦略
③ 政府による支援的政策，その効率性（FDI誘致，技術移転の促進，中小企業の業績改善，
　サプライヤー育成へのインセンティブ付与，マッチング，人的資源開発など）

図10‐3　リンケージ・トライアングルの概念図

出所）UNCTAD［2000：33］.

30％にすること，機械機器分野の投資額の増加，労働力の質の向上など，製造業の競争力強化によりさらなる経済成長を図り，「中所得国の罠」を脱することが目指されている[9]。

　ただし，大野［2013］は，これまでさまざまな形で優秀なエリート官僚により作成されてきた国家計画や政策文書は，極めて分かりやすくカラフルな図表と文書，その計画がきちんと実行にも移されるといった点は素晴らしいものの，それら精緻かつ美麗な政策に対する民間の反応が弱いところに問題があり，政府の高い期待と現地企業や経営者の実態とのギャップをますます広げていく危険さえ秘めている，と指摘している［大野 2003：242-243］.

　おわりに

　UNCTAD［2000］は，途上国に進出した多国籍企業と地場中小企業とのリンケージを生み出す三つの決定因として，現地政府，中小企業，多国籍企業それぞれの役割を挙げた上で，3者の関係を「リンケージ・トライアングル」として示している（図10‐3）．このレポートでは，トライアングルの分析に関して，最適慣行として先述したマレーシアのペナン州ならびにPSDCの事例が紹介されている.

　マレーシア国内でも産業集積が比較的顕著なのは，国民車メーカーや日系電

機・電子産業を中心に集積が進んでいる首都近郊のクランバレー（セランゴール州），そして米系半導体・IT 関連メーカーを中心に電機・電子産業の集積が進んだペナンである．クランバレーでは，連邦政府からの手厚い支援策がブミプトラ系企業や労働者に提供されてきた．いっぽう，華人系が多数を占めるペナンでは，連邦政府からの公的支援がほとんど得られなかった代わりに，州政府と進出外資との緊密な協力関係が構築された．この両地域で現地裾野産業の育成状況と政策環境を比較した先行研究では，能力，評価ともにペナンの裾野産業がより高かった，と結論付けられている［Rajah 2002］．

　ペナンの事例が示したのは，プログラムの策定や運営に外資系メーカーの積極的関与を図ったことにより，訓練内容を企業サイドのニーズに合致させることが可能であったこと，そして，訓練センターが，現地の人材，地場裾野産業と外資系メーカーとのネットワークを構築するための「場」を提供したという点であろう．政府の支援とは別に，こうした企業と州政府との協力による外資主導のリンケージ育成に向けた取り組みが成功を見せたことは，第 9 章で検討した VDP，その延長として国内地場企業全体を対象に実施された ILP に端的に見られるような政府主導による裾野産業育成とリンケージ形成に向けた政策の課題を克服するためのひとつの視座を提供できるかもしれない．

　また，これら地場企業が裾野産業として期待されるだけの品質水準を満たすだけの能力を持つためには，きわめて息の長い，かつ複数の機関が協力する支援が必要となる．日本の各種業界団体により実施された技術指導は，あくまでも継続的かつ受講生側の熱意も伴っていればという条件付きではあるが，着実な成果を上げた事例といえる．これらの地場企業のベストプラクティスを積み上げながらより効果的なプログラムへと昇華させる作業，そして，素晴らしい政策文書や国家ビジョンとは異なる形で，地道な息の長い取り組みを根気強く継続する姿勢が求められるのではないだろうか．広範な分野に拡大した地場中小企業支援のなかで製造業の位置づけがどのように変化していくのか,そして,ある意味「泥臭い」リンケージ形成のための努力がどのように進められるのかにも注目したい．

（井出文紀）

注

1 ）中小企業公社では製造業とそれ以外の業種ごとに，年間売上高とフルタイム従業員数から下表のように中小企業を定義している．製造業では，年間売上高が5000万RM（リンギ）を超えない，もしくはフルタイム従業員数が200名を超えない企業が中小企業となる．

規模	零細		小規模		中規模	
	売上高 （RM）	従業員 （人）	売上高 （RM）	従業員 （人）	売上高 （RM）	従業員 （人）
製造業	30万未満	5未満	30万～1500万 未満	5～75 未満	1500万～ 5000万未満	75～200 未満
サービス業， その他			30万～300万 未満	5～30 未満	300万～ 2000万未満	30～75 未満

出所）SME Corp. Malaysia［2019：202］．

2 ）たとえばIMF［2017］や，猪俣［2019］など．

3 ）ルック・イースト政策制定の背景については，マハティール［2013］参照．

4 ）マレーシア経済計画局ホームページ（https://www.pmo.gov.my/vision-2020/the-way-forward/，2020年1月25日閲覧）参照．

5 ）この概念はポーターの『国の競争優位』における「クラスター」概念の影響を強く受けている［井出 2004a］．

6 ）PSDC 筆者聞き取り調査，2002年3月6日．

7 ）この点から参考になる事例として，日本との経済連携協定（EPA）発効による自動車関税引き下げに伴う措置として，2006年から5年間実施されたマレーシア日本自動車産業協力（MAJAICO）においては，主としてトヨタ自動車から派遣された技術者が現地部品メーカーにリーン・プロダクションを指導し，さらにモデル企業として訓練された1次下請企業が2次，3次下請を指導するという取り組みが行われている．JICA 横浜トピックス（2010年4月27日）「国産車の質の向上に向けて——マレーシア自動車産業技術指導者育成」（https://www.jica.go.jp/yokohama/topics/2010/100427.html，2020年1月23日閲覧）．小野沢［2008］，大野［2013］参照．

8 ）MITI Malaysia［2018］，および，JETRO2018年11月26日付ビジネス短信「インダストリー4.0を導入，製造業の生産性向上目指す」，（https://www.jetro.go.jp/biznews/2018/11/65d26fda232b53c7.html，2020年1月20日閲覧）．

9 ）Ministry of Economic Affairs, Malaysia［2019］，および，JETRO2019年10月18日付ビジネス短信「『ビジョン2020』の後継政策を発表，2030年までに格差是正目指す」（https://www.jetro.go.jp/biznews/2019/10/28f10a4f4f133e6b.html，2020年1月20日閲覧）．

参考文献

〈邦文献〉

穴沢眞［2003］『発展途上国の工業化と多国籍企業——マレーシアにおけるリンケージの形成——』文眞堂.

井出文紀［2001］「サポーティングインダストリー育成政策への視座——マレーシアを事例に——」『立命館国際関係論集』創刊号.

――――［2004a］「サポーティングインダストリー研究の展開——研究史的視点をもとに——」『立命館国際関係論集』4.

――――［2004b］「サポーティングインダストリー育成政策とリンケージの創出——マレーシアを事例に——」『立命館国際研究』17（1）.

猪俣哲史［2019］『グローバル・バリューチェーン——新・南北問題へのまなざし——』日本経済新聞出版社

大野健一［2013］『産業政策のつくり方——アジアのベストプラクティスに学ぶ』有斐閣.

小野沢純［2008］「マレーシア自動車産業の自由化と日本による自動車産業協力」『季刊国際貿易と投資』20（3）.

海外貿易開発協会［2003］『指導報告書』.

小林世治［2002］「マレーシアの中小企業政策——産業政策の視点から」，福島久一編『中小企業政策の国際比較』新評論.

関下稔［2002］『現代多国籍企業のグローバル構造』文眞堂.

日本貿易振興会機械技術部［1995］『平成6年度発展途上国裾野産業育成支援事業報告書——マレーシア——』.

――――［1996］『平成7年度　発展途上国裾野産業育成支援事業報告書——マレーシア——』.

――――［1997］『平成8年度　発展途上国裾野産業育成支援事業報告書——マレーシア——』.

――――［1998］『平成9年度　発展途上国裾野産業育成支援事業報告書——マレーシア——』.

マハティール・ビン・モハマド［2013］『ルック・イースト政策から30年—マハティールの履歴書』日本経済新聞出版社.

〈欧文献〉

Hashim, Hafsah［2002］"Entrepreneurship Development in Supporting Industry : Malaysian Experience," in Asian Productivity Organization ed., *Managerial and Entrepreneurship Development in Supporting Industry*, Tokyo : APO.

Mahathir Bin Mohamad［1991］"Malaysia : The Way Forward," Working Paper in The Inaugural Meeting of The Malaysian Business Council on 28 February, 1991 Kuala Lumpur.

Ministry of Economic Affairs, Malaysia [2019] *Shared Prosperity Vision 2030*.

Ministry of International Trade and Industry (MITI), Malaysia, *Malaysian International Trade and Industry Report*, Kuala Lumpur : MITI, various issues.

————— [1996] *Second Industrial Master Plan 1996–2005*, Kuala Lumpur : MITI.

————— [2018] *Industry4WRD : National Policy on Industry 4.0*, Kuala Lumpur : MITI.

IMF [2017] *FDI, Global Value Chains, and Local Sourcing in Developing Countries*.

OECD・UNIDO [2019] *Integrating Southeast Asian SMEs in Global Value Chains : Enabling Linkages with Foreign Investers*, Paris : OECD-UNIDO.

Porter, M. E [1990] *The Competitive Advantage of Nations*, The Free Press（土岐坤ほか訳『国の競争優位』ダイヤモンド社，1992年）.

Rajah, Rasiah ［2002］ "Systemic coordination and the development of human capital : knowledge flows in Malaysia's TNC-driven electronics clusters," *Transnational Corporations*, 11 （ 3 ）.

Small and Medium Industry Development Corporation (SMIDEC) [2002] *Malaysia, Small and Medium Industries Development Plan 2001–2005*, Kuala Lumpur : SMIDEC.

SME Corp. Malaysia [2012], *SME Masterplan 2012–2020*, .Kuala Lumpur : SME Corp.

————— [2019] *SME Annual Report 2018/2019*, Kuala Lumpur : SME Corp.

United Nations Conference on Trade and Development [2000] *Enhancing the Competitiveness of SMEs through Linkages*, Geneva : United Nations.

————— [2001] *World Investment Report 2001 : Promoting Linkage*, Geneva : United Nations.

◆◆◆ 第11章 ◆◆◆

インドネシアの裾野産業育成と日本の公的支援機関の貢献

は じ め に

ASEAN諸国のなかで，世界経済フォーラムによる国際競争力ランキングで2019年も１位になったシンガポールは別格として，タイ，マレーシア，インドネシアの３カ国が製造業の発展もベースとして経済成長を実現している．第8章ではこれら３カ国の工業化を，裾野産業振興のための政策という観点から比較した．そこではとくに，日本でかつて採用された機械工業振興臨時措置法のように，どこまで個別の分野に特化したかたちで裾野産業を振興しようとしたのか，政策と民間企業による自助努力の補完関係はどうであったのか，といった視点から考察した．図11-1は，2000年代前半までを取り上げた第8章のその後について，インドネシアとタイにおける自動車産業の国際競争力指数の推[1]

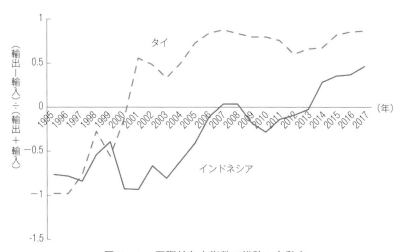

図11-1　国際競争力指数の推移：自動車

出所）UN Comtrade Database より筆者作成.

移を示している．

　インドネシアの自動車産業は，1997年に起こったアジア通貨危機による国内市場の収縮を受けて輸入が減ったことから，競争力指数の数値上はゼロに近づいている．同じような動きはタイでも見られた．しかし，タイが2000年から一気に輸出国へと変容した状況とは異なり，2年でマイナス1のレベル，つまり国内販売のほとんどを輸入に頼る状況に戻ってしまっている．その後2004年から再び上昇を始め，リーマンショックによる若干の落ち込み期を経て，2014年からはタイに近づくほどの上昇を見せる．本章では，2004年からリーマンショック前後までの，インドネシアにおける裾野産業，とくに中小企業をはじめとする地場企業の状況と当時の工業振興政策の観点から，インドネシアの自動車産業における輸出国化の背後で起こっていた状況を考察する．

① インドネシアの自動車部品産業

　インドネシアで自動車の輸出が増えたのは日系自動車メーカーの方針のおかげ，というのがここでの端的な結論である．代表的な企業はトヨタで，2003年にインドネシアをタイ，南アフリカ，アルゼンチンと並んで Innovative International Multipurpose Vehicle (IMV) の主要な供給拠点とする方針を打ち出した．トヨタの現地法人である PT. Toyota Motor Manufacturing Indonesia (TMMIN) は，2004年に IMV のミニバンタイプであるキジャン・イノーバの生産を開始し，同年中には ASEAN 域内への輸出を，2005年には中近東といった域外への輸出も始めている．タイの14万台という輸出目標には敵わないものの，年間に生産される8万台のうち1万台を輸出しようという計画であった［トヨタ自動車ウェブサイト①］．

　また，リーマンショックによって2009年3月期の連結決算で59年振りに赤字に陥った［トヨタ自動車ウェブサイト②］こともあり，市場収縮の影響を受けなかった大型市場であるインドネシアに再度注目し，同国での増産を決定した．それまで東南アジアにおける自動車の輸出拠点であったタイでは，2012年に大規模な洪水被害が起き，現地に進出していた日系企業の工場も多くが被害を受けた．そのため，リスク回避のための拠点分散化という観点からも，インドネシアでの増産を後押しした可能性はある．2013年にはカラワン第1工場で，さらには

グループ会社であるトヨタ車体やダイハツの工場でも追加投資が行われた［トヨタ自動車ウェブサイト③］．そして2014年には，ミニバンに加えてセダンの輸出を中近東向けに開始する．トヨタ・グループによる増産決定の翌年には日産やホンダも同様な動きを見せており，トヨタの決定は2014年からインドネシアが自動車産業において本格的に輸出国となっていく象徴的な出来事であった．以上のような日本企業の動きは，**図11-1**で示した2004〜2008年と2014年からのインドネシアの動きと符合している．

　第8章で考察したように，輸出拠点化を進めるにしても，国内において金型をはじめとした裾野産業の発展が背後になければ難しい．裾野産業という観点からは，日系自動車メーカーの増産に追随して，サプライヤーである日本企業の増産や更なる進出が起こっていたことは想像に難くない．インドネシアの自動車産業におけるサプライヤー企業数は，国際競争力指数が上昇して輸出国となった2014年の時点で746社が確認されており，うち410社が日系企業であった［日本政策投資銀行 2015］．半数以上が日系だという事実はあるとして，他国からの外資企業と地場資本の企業も45％を占めており，その存在は決して小さくなかった．

　図11-2はインドネシアとタイの2カ国について，自動車部品(HSコード8708)

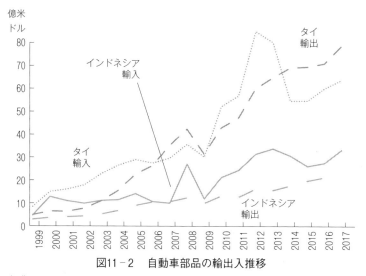

図11-2　自動車部品の輸出入推移

出所）UN Comtrade Database より筆者作成．

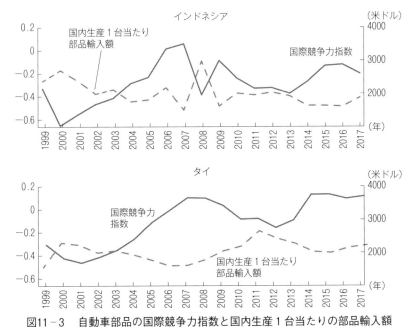

図11‑3　自動車部品の国際競争力指数と国内生産1台当たりの部品輸入額

出所）輸出額と輸入額は UN Comtrade Database より．生産台数は国際自動車工業連合会 *Production Statistics* より筆者作成．

の輸出入額の推移を示している．また，**図11‑3**は，自動車部品の国際競争力指数の推移と，国内で生産された自動車1台当たりの部品輸入額の推移を示している．まず，自動車部品の輸出入を比較すると，国内の自動車生産台数の違いから，タイがインドネシアを量的に圧倒していることが見て取れる．一方で，国際競争力指数をインドネシアとタイで比較すると，リーマンショックの起こった2008年を除いて，2カ国は似たような動き方をしている．2001年から上昇を始めて2007年にピークを迎えた点，2013年以降に再び上昇を始めるものの，最初のピークであった2007年の水準に近づくと減速し，その後は同水準で推移している点である．タイの指数は2014年以降プラスになっており，マイナスであるインドネシアよりも高いレベルにある．一方で，裾野産業の集積が大幅に進んでいると言われるタイのレベルに，インドネシアが徐々に近づきつつあるのも事実である．

　2014年の両国における自動車部品の主要輸出先をみると，インドネシアから

の輸出が最も多かった国はタイで20％を占めていた．これにマレーシア(13％)，フィリピン（7％)，ベトナム（7％）と続く［ジェトロ 2016］．タイの比率が高かった部品としては，ギアボックス及びその部分品（HS 870840）で29％，部分品および附属品その他(HS 870899)が26％，車輪及びその部分品・附属品（HS 870870）で8％を占めている．また，タイからの輸出先として最も多かった国はインドネシアで，ピストン・同部品（HS 840820）が20％，部分品および附属品その他(HS 870899)が9％を占めていた［みずほ銀行 2019］．双方からの主要な輸出品目は微妙にずれている．ASEAN 物品貿易協定の関税撤廃もあり，自動車メーカーの動きに合わせた日系サプライヤーの域内供給が進展することで，部品生産に関して各国の棲み分けができ，相互に補完する体制が構築されてきた結果と言えるだろう．

　ASEAN 域内における自動車部品の相互補完体制は，1988年に同一企業間で他国から部品を調達する場合，輸入関税が50％減免される Brand to Brand Complementation（BBC）スキームを端緒としている．BBC スキームは自動車メーカーのみが対象であった．その後1996年からの ASEAN Industrial Cooperation（AICO）スキームによって，部品企業も最大関税率5％で同様な域内貿易を行えるようになった．このような施策の存在は大きい．一方で，裾野産業の集積が最も進んだタイから他国への輸出に偏ってしまうのでは，域内補完体制構築のための AICO スキームの意味が薄れてしまうと懸念されたのであろうか．各自動車メーカーはリーマンショック後に，日本で取引のあった部品サプライヤーに対して，インドネシアに進出して部品を製造して欲しいと求めていた．このような動きもあり，2012年頃からの2年程で，120社ものサプライヤー企業が進出している［ジェトロ 2016］．また，部品輸入の総額を国内での自動車生産台数で割ることで算出した1台当たりの部品輸入金額を比較すると，インドネシアとタイのどちらも2000ドル台後半から3000ドルの水準で推移している．裾野産業の集積がより進んでいるタイであっても，圧倒的な差を見せることができているわけではない．

　自動車部品の国際競争力指数は，輸出と輸入全体の数字を用いた結果であり，そもそも輸出入の絶対量が大きく異なる国において，各自動車メーカーやサプライヤーが意図して複数の国を特定の数値に近づけようとすることは不可能である．そのような状況で，図11-3 で見たようにインドネシアがタイの水準に近づいている．1台当たりの部品輸入金額でも同様である．日本企業としては，

特定の数値を狙ったわけではないであろうが，裾野産業が集積しているタイに向けて意図的に輸出するような行動を産業全体で取らなければ，部品の国際競争力指数でインドネシアがタイのレベルに近づくことはなかったのではないだろうか．日本の自動車メーカーと日系サプライヤーの影響の大きさを示す証左と言えるだろう．

　ただし，裾野産業に関して，いまだにインドネシアがタイに差をつけられている点もある．ある日系自動車メーカーのインドネシア現地法人では，現地調達率は85％であるものの，一次下請である部品サプライヤーが輸入した部品・原材料の分を反映させた実質的な現地調達率は50％となっている．つまり一次下請のサプライヤーは現地で生産しているものの，それら企業が調達する部品は輸入が多いということである．この点で，タイでは現地調達率90％のうち，実質的な現地調達率は70％である［日本経済研究所 2015］．二次下請以下のレベルとそれらへの原材料のサプライヤーという観点からは，インドネシアはタイの後塵を拝している．この部分への更なる支援によって，国内の付加価値をより高めていくことは可能である．そこで，次節では，日系自動車メーカーがインドネシアを輸出拠点と捉え始め，実際に輸出国へと近づいていく過程で，インドネシア政府が採用した工業振興政策を振り返り，その効果を考える．

② ユドヨノ政権下の政策

　トヨタが輸出を始めた2004年は，インドネシアではスシロ・バンバン・ユドヨノ大統領が誕生した年である．同大統領就任後の2005年3月に工業省が策定した国家工業開発計画では，2009年までの中期目標に加えて，2025年までの長期目標も含んでいた．これらの目標を，発展のシナリオという形で示したのが図11-4である．

　政策全体を通してのキーワードは「バリューチェーンの確立と高度化」と言えよう．国内資源の活用，技術の向上を進めて付加価値を上げることで，中小企業の寄与度を向上，大企業とのリンケージを強化していく，というのが基本的な方向性である．同政策で最も優先度が高い産業としては，食品・飲料，水産加工などのアグロ・インダストリー，周辺機器や装置を含めた情報通信技術とともに，自動車をはじめとする輸送産業が挙げられていた．自動車の裾野産

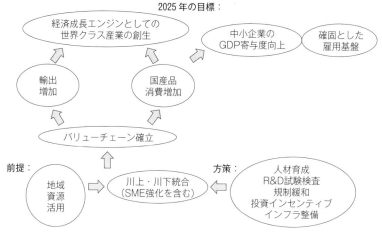

図11-4　工業開発政策の目標とシナリオ

出所）インドネシア工業省［2005］より筆者作成.

業，特に地場企業の振興という観点も，明確に政策目標として謳われていた.

　図11-5では，政策目標を達成するための施策を示している．バリューチェーンの確立がキーワードであることもあり，優先セクターそのものへの直接的な支援（図中では真ん中の楕円部分）とともに，ビジネス環境，原材料サプライヤーへの支援も視野に入れた内容となっている．なお，上記政策は地域産業開発計画の観点も含めたうえで，2008年5月に国家工業開発政策に関する大統領規定として，より上位レベルの国家政策としての位置づけを得ている．ユドヨノ大統領の任期は2014年までの10年間であり，インドネシアの自動車産業が輸出国へと変容していった期間そのものである．この10年間は本節で論じている政策をベースに工業振興策が実施された.

　また，工業省は，以上の国家工業開発計画に基づいて2025年までの産業別ロードマップを策定している．自動車ロードマップの内容はここには詳述しないが，その内容を大きくまとめると次の4点に絞られる．すなわち，①関税・課税措置による国内市場拡大，②国内部品供給能力の向上，③研究開発促進のためのインセンティブ供与，④高度な技術を必要とする部品サプライヤーによる直接投資の促進である．自動車ロードマップに記載されている目標は**表11-1**のとおりであった．実際には2013年の生産台数は120万台に到達しており［OICAウェブサイト］，目標である2015年の生産台数161万台に順調に近づいてい

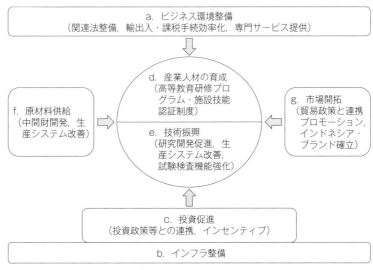

図11-5　優先セクター振興のための施策

出所）インドネシア工業省［2005］より筆者作成.

表11-1　自動車ロードマップで示された目標

年	生産台数	輸出台数	車種（デザイン，部品供給，エンジン・トランスミッション生産の80％が国内で可能になる）
2010	100万	24万	MPV，軽トラック
2015	161万	38万	商用トラック（24t 以下），SUV，小型セダン
2020	259万	62万	商用トラック（24t 超），中型セダン，ハイブリッド
2025	417万	100万	高級セダン

出所）インドネシア工業省［2008］.

るように見える．輸出に関しても，2014年にはトヨタが中近東向けに小型セダンを輸出し始めるなど，国家工業開発計画と自動車ロードマップで示した施策を実施することで裾野産業の技術も向上し，目標が達成されつつあるかのようにみえる．

　2004年からの国家工業開発計画では，自動車産業とそのサプライヤーである国内中小企業の振興を図ることが明確に示されていた．一方で，政策そのものの内容に課題を含んでいたことも事実である．まず中央政府のトップダウンによる産業選定が行われ，ロードマップも含めてグランド・デザインを策定した

と謳いつつ，具体的な行動は州単位であった．当然のことながら，自動車のバリューチェーンは個別州の範疇のみで振興を考えることは出来ない．また，トヨタは2012年に年産11万台であったインドネシアでの生産を，2014年には25万台にするなど倍以上の増産を行い，インドネシアからの完成車輸出全体のうち70％以上を占めるに至った［トヨタウェブサイト④］ことからもわかるように，外資系メーカーの戦略イコール業界動向となる傾向にある分野で，工業省主導でグランド・デザインを描くという発想自体に無理があった．自動車ロードマップを工業省が策定したのはリーマンショックの渦中であり，2013年からの増産の決定がなされる前である．このことを考えると，自動車ロードマップ策定の時点で，その後の自動車メーカーの大きな転換の動きが見えていたとは考えにくい．どこまで精緻な試算に基づいた数値目標であったかは判断が難しい．

　なお，2009年後半より国産車，特に低価格エコカーの国内生産を目指す動きも出てきていた．当時のインドネシアでは，排気量1000cc以下，価格3000万〜6000万ルピア，排ガス規制基準ユーロ3を満たす車種を低価格エコカーと呼んでいた．ただし，自動車・二輪車ロードマップで2025年までの計画をすでに発表しているにも関わらず，これに盛り込まれていない低価格エコカー構想が突然出てきたこともあり，政府の真意を理解できない日本側関係者も多かった．このような動きの背景には，国内でスーパー・ガシンド・インドネシア・ジャヤ（ブランド名：タウォン）や鉄道車両製造INKA（ブランド名：GEA）などに，スマラン国立大学（ブランド名：アリナ），パスンダン大学（ブランド名：ワカバ）などを加えた七つの組織が自動車メーカーとして名乗りを上げていたことが影響を与えている．2010年にはヌサンタラ自動車産業協会を設立し，政府への自動車市場への外資参入制限，加盟国内メーカーへの販売優先権供与，部品の輸入関税減免などの優遇措置を求めるなどの活動を行っていたのである．政府としては，ロードマップは発表していたものの，これら地場企業にも期待しての，突然の低価格エコカー政策であったようである．大統領の署名も得て打ち出している工業開発計画があるにもかかわらず，地場企業の要求で右往左往する姿は，ロードマップで示された数値目標の設定に際して，精緻な試算を行っていなかった表れとも取れる．結局，同政策は，2013年に正式な政策として発表された．日系自動車メーカーも，無視できない形で実現されたのである．

　上で挙げた一連の政策は，国家工業開発計画のなかで示された地場企業の技術振興，人材育成や生産システム改善といった施策の実施状況をみても，どの

程度の効果が出たのかは判断が難しい．工業省傘下の金属工業開発センターが
JICAと2006年まで実施していた鋳造技術分野裾野産業振興プロジェクトで
は，日本人専門家による地場企業指導が行われていた間は生産システム改善な
どに効果を上げたものの，同プロジェクト終了後は金属工業開発センターのス
タッフによる支援では効果が出ていない［戸堂 2008］．行政機関のみによる支援
の限界を如実に示す例と言えるだろう．

　元々インドネシア政府による地場企業支援は，各地に設置した技術支援ユ
ニットと呼ばれる地方の小零細地場企業向けの技術支援や資金支援などが中心
であった．当時，実施されていた機械再活性化プログラムと呼ばれる生産機械
近代化のための施策も，繊維などの一部産業に対象が絞られ，機械分野におけ
る裾野産業の候補企業は対象とはなっていない．工業省の傘下には，産業別の
技術センター（インドネシア語で Balai Besar Industri，上述の金属工業開発センターもそ
の一つ）があり，繊維や皮革などの分野では1970～80年代の産業黎明期には産
業全体の技術向上の役割を担っていた．しかし，特に2000年代以降は試験検査
機能以外では，小零細企業向け研修実施が主な役割であり，機械分野でも日系
企業のサプライヤーとなるような地場企業の技術向上に果たせる機能と能力は
ほとんどなかったと言わざるを得ない状況であった．

インドネシア地場企業の振興効果

　政策の効果が見えにくい状況で，二次下請以下の地場サプライヤーはどのよ
うに変容していった，或いはしなかったのであろうか．まずはトヨタがミニバ
ンの輸出を始めた2004年時点での，インドネシアにおける中小企業全体のなか
で自動車の裾野産業となり得る部分がどれ程の位置を占めていたかを見てみよ
う．

　インドネシア統計局発表による，2004年当時の登記済み中小零細企業数と雇
用者数は，表11-2のとおりである．統計局発表とはいえ，企業数の合計であ
る1700万という数字は疑わしい．そもそも人口が当時2億2000万を少し超えて
いた国で，企業数が2000万近くあるということは，人口比で8％近くになる．
例えば，日本ではバブル経済のピーク時でさえ1億2000万人の人口に対して約
600万社で約5％であった．先進国でさえせいぜい5％程度であること，途上

表11－2　中小零細企業数・雇用数（2004年）

	企業数		雇用数	
	No.	％	No.	％
鉱業，電気，ガス，水道，建設	256,959	1.5	589,869	1.9
製造業	2,671,660	15.6	6,547,855	21.4
商業，レストラン，ホテル	10,485,974	61.2	17,797,199	58.3
運輸，倉庫，通信	2,307,423	13.4	2,811,456	9.2
金融，不動産，その他サービス	1,423,288	8.3	2,800,753	9.2
合計（除．農業）	17,145,244	100.0	30,547,132	100.0

出所）インドネシア統計局［2007］より筆者作成.

　国では比率が下がっていくことを勘案すると，インドネシアで8％というのは考えにくい．この点で，インドネシア大学中小企業センターによる1.8％という見解［当時のNiningセンター長］から計算すると，400万社弱ということになり，概ね的を射た数値のように見受けられる．インドネシアでの企業登記の方法は，カブパテン（県）或いはコタ（市）の商工局で会社登録証とライセンスの申請を行い，番号を与えられることにより完了する．ただし，申請には工業登録証，商業登録証，商業事業認可など分野ごとに書類を提出するため，同じ企業がいくつかの申請を同時に行うことが頻繁に行われる．一方で，企業数はそれぞれの登録証，ライセンスの種類ごとにカウントされるため，申請を受け付けるカブパテンやコタの商工局登録課でも正確な総企業数は分からない．

　数字の信憑性は低いが，製造業の15％という企業数の割合は，日本での状況，日本とインドネシアの製造業の差を考えると，意外に高い数値と言えなくもない．ただし，製造業を産業ごとに区別した表11－3をみると，製造業の内訳は食品・飲料とハンディクラフトの合計で66％と，極端に偏っていることがわかる．自動車産業の二次・三次下請となりうる企業層が，主に金属・電機電子に含まれていると考えると，インドネシアではその数が極端に少ない．また，化学・建設資材のなかにプラスチック成形が入っているものの，バケツや椅子のような簡易な製品が大半で，自動車で使われる部品の割合は小さいため，やはり極端に少ない状態だったと言えるだろう．野村［2008］によると，2005年時点におけるトヨタの現地法人TMMINの二次サプライヤー数は174社とあり，一次サプライヤー数の92社と比較しても裾野が広がっていないことが見て取れ

表11－3　中小零細製造業の企業数・雇用数（2004年）

	事業所数		雇用数	
	No.	％	No.	％
食品・飲料・たばこ	992,846	31.3	2,661,693	32.8
繊維・皮革・製靴	270,272	8.5	789,963	9.7
化学・建設資材	704,403	22.2	2,225,133	27.4
金属・電機電子	90,194	2.8	341,919	4.2
ハンディクラフト	1,115,215	35.2	2,099,882	25.9
合計	3,172,930	100.0	8,118,590	100.0

出所）インドネシア工業省［2007］.

る．国内の他自動車メーカーに供給している二次サプライヤーを合計しても，存在感は低かったと考えられる．

　次に，裾野産業と呼べる企業が，具体的にはどのような状況・レベルにあったかをみてみよう．**表11-4** は，地場サプライヤーの状況について，主要な項目を整理したものである．2004年以前の状況としては，インドネシア・プラスチック工業会に加盟し，プラスチック成形金型の製造企業のうちリーディング企業と考えられていた7社に対して，JICA の調査団が1997年までに訪問して得た情報を取り上げた．また，インドネシアが自動車の輸出国と変化していった後の状況は，自動車部品産業協同組合の会員企業60社から，すでに日系企業との取引がある17社を選定して，日本経済研究所が2015年にインタビューした結果である．同組合は10社が一次下請，43社が二次と三次下請，7社がアフター・マーケット向け製品製造で，インタビューされた企業の大半は二次と三次下請のサプライヤーであった．

　二つの年における状況を比較すると，生産技術の面で1997年時点では何もかも遅れているような状況だったものが，2015年になると徐々に力を付けてきた印象を受ける．ただし，その発展プロセスは他機関頼みであり，自社内で技術者を養成することはできていない．また，生産する技術そのものは高まりつつあるとは言っても，納期面で要求に応えられないという状況は変わらず残っている．このことは，品質管理・生産性向上のノウハウが2015年の時点でも根付いていないことを意味する．2015年の調査では，すでに日系企業と取引のある地場企業のみへのインタビューを実施したにもかかわらず，このような状況

表11－4　インドネシア地場企業の状況

	1997年	2015年
生産技術	・機械加工のスキルが全般に低水準，プレス加工と金型製作は日本の初期から中期段階へ移行しつつあるレベル. ・現場の経験主義だけで作業を進め品質が一定しない. 例えば標準時間の設定がなされず機械加工条件，工具選択能力，工具研削技術が適切でない例が散見される. ・金型の磨き，調整スキルが適切でない場合が多い. ・成形試作後のトラブルシュート技術が著しく低い. ・品質検査の基準が明確化されていない場合が多い. ・組織的育成手段が確立されておらず，金型の設計技術者数が著しく少ない.	・二次・三次サプライヤーは，現地外資系メーカーからの技術指導，アストラ財団による各種研修や融資，経営相談，顧客紹介などを受けながら，自助努力により技術水準や経営力を高めてきた. ・技術力を支える人材の育成は難しい. ・人件費や鋼材など輸入部材品の高騰や厳しいコストダウン要請に対処するための生産性向上が課題. ・納期管理が難しい. ・大ロットへの対応が難しい.
生産機械	・老朽化された汎用工作機械を使用. ・メンテナンスはほとんどなされていない.	・設備近代化や量産化（大型プレス機器などを導入できず小型部品中心の生産に留まる）のための投資がボトルネック（限られた自己資金と高金利の融資）. ・中古機械輸入に制限があり，規制緩和が必要.
原材料など	・金型用特殊鋼は100%輸入に依存. ・国内使用の金型約90%は韓国，台湾，シンガポールなどより輸入，メンテナンスは製造元へ送り返して対応.	・多くの部材を輸入に依存し，原材料費が高止まり.

出所）JICA［1997］および日本経済研究所［2015］より筆者作成.

だったのである. 日系部品サプライヤーと地場サプライヤーの間には技術力の差があり，技術的に難しくない部品のみを地場企業が生産するという棲み分けが，2015年時点でも行われていたと考えると，このような状況も理解できる.
　また，日系企業の求める品質やロットに応えるには，生産機械の性能も重要である. それにもかかわらず，新たな設備投資を行うための資金を調達しやすい環境にあるとは言えず，手ごろな中古機械を輸入するにも制約が多かった. 原材料や部材を輸入に頼るという構図が改善されたかという点でも，少なくとも2015年になって大きく状況が好転したと取れる要素が見つからない.
　では，2004年以降の自動車産業の伸びは，何が後押ししたのであろうか. 実

は2004年後半のユドヨノ政権発足後，日本側とインドネシア側の政府機関と民間企業による働きかけが進んでいた．それが2005年3月より開始された「投資環境改善のための日本インドネシア官民合同フォーラム」であった．これは税務，税関，労務，インフラ，裾野産業・中小企業という五つの分野で，特に日系企業が課題として考えていた項目の改善を目指し，両国の官民4者の参加の下で協議し，具体的に実行するというものである．

　日本側の民間企業としては，日本商工会であるジャカルタ・ジャパン・クラブで関係部会の委員になっている日系企業幹部が出席していた．政府機関としては，日本大使館の全体調整の下で，ジェトロ，JICA，国際協力銀行がそれぞれに特定分野を担当していた．そのような動きのなかで，ジェトロが中心となって取り組んでいた裾野産業・中小企業部会で提言され実行されたのが，インドネシア金型工業会（Indonesian Mold and Dies Industry Association：IMDIA）の設立であった．2006年にIMDIAが発足した背景には，両国間でのこのような動きがあったのである．

　インドネシア金型工業会は，同国における金型をはじめとする裾野産業を，民間企業の自助努力で振興するために設立された組織である．法人会員は，地場企業が半数以上を占めているものの日系企業も多く参画している．役員11名のうちインドネシア人6名，日本人5名という内訳が，全体の内訳にも近い．発足時に80社であった会員数は，2017年には500社を超え，順調に発展している組織と言えよう．

　IMDIAの活動の中心は，日本企業の技術者を講師として招聘し，会員企業のスタッフ向け技術ワークショップを開催することである．射出成形，プレス，金型の基礎と保守点検に関する講義を，月1回程度の頻度で開催している．招聘される講師は，経済産業省やジェトロのスキームを活用して派遣されることが多かった．また，日系の機械メーカーや材料メーカーによる先端技術の紹介や，インドネシアに進出済み日系企業の工場を視察する機会を地場企業関係者に提供し，日系企業が求めている品質管理などについて学んでもらうことにも主眼が置かれている［高橋 2008］．

　さらに，日本では中央職業能力開発協会が実施している技能検定を，インドネシアではIMDIAが主体となり実施している．元々，インドネシアでは日系の大手メーカーが独自に技能検定を行っていた．これら検定の内容が日本の検定内容に準じていたこともあり，自動車や電機・電子分野の日系企業や松下

ゴーベル財団，Polytechnic Manufacturing Astra といった組織の協力を得て，機械検査，金型仕上げ，設備保全，樹脂成型，金型プレス，研削，フライス加工の7分野の検定を，中小企業向けに IMDIA が実施することになったものである［NTT データエンジニアリングシステムズ 2013］．IMDIA 設立後10年を経た2016年3月の時点で，2489人が技能認定試験に合格し，うち409人がインストラクター認定も受けている［ジェトロ 2016］．会員企業の技術者育成に貢献したと言えるだろう．このことは**表11-4**にある2015年調査の結果で，現地外資系メーカーからの技術指導，アストラ財団による各種研修などの支援を受けることで技術レベルは向上してきたと地場企業が言及している点と符合している．

　IMDIA の会長を務めている人物（日本人）の企業は，元々家電製品の金型製作を専門にしており，自動車部品用の金型製作は行っていなかった．しかし，金型製作ができると自動車サプライヤーメーカーに話をしたところ仕事が来るようになり，2011年以降は急増した［NTT データエンジニアリングシステムズ 2013］．そもそも日本の金型企業は，大半が20人にも満たない人員で操業している中小企業で，インドネシアに進出するのは容易ではない．2012年に富山県の金型企業が，協同組合としてインドネシアに進出したケースが，単体での進出の難しさを端的に表している．インドネシアではサプライヤーの要求を満たすことができる金型企業が少ないなかで，精度の高さを求められる自動車関連には関わっていなかった企業でさえも，請われて参入するようなケースが少なくなかった．このような状況に対して IMDIA が果たした役割は大きかったと考えられる．

　これまで新たに自動車分野に参入を求められていた企業は，日系の中小企業が中心であった．一方で，インドネシアでさらに二次・三次下請企業を増やしていくならば，地場資本の企業が参入する必要が生じるだろう．例えばジャカルタ近郊のジャバベカ工業団地で操業している PT. Tri Cipta Teknindo という照明器具用部品を製造している従業員80名の地場企業では，一部の製品のための金型も製作している．同社の経営者は，現地に進出した日系企業でカメラ用部品の金型製作に従事していた人物で，そこで学んだ金型技術を基に事業を行っている．自動車に関連した金型製作は難しいと経営者は言うものの，技術支援を受けることで参入の可能性が高まるとも考えられる．インドネシア工業省は，関連中小企業への技術面での支援などのために Indonesia Automotive Institute（IAI）を2016年に設立した．トヨタも主要なメンバーとして関わるな

ど官民連携の形で支援を進めており，IMDIA 同様の効果が期待されている．PT. Tri Cipta Teknindo のような，自動車分野に参入していないものの，日系企業で技術を学んだ人材が創業した潜在力のある地場企業を発掘して，IMDIA や IAI による技術支援を重層的に実施していくことで，インドネシア自動車産業の二次・三次下請の層を強化していくことは可能であると考えられる．

お わ り に

　本章では，インドネシアが自動車の輸出国へと変容していくなかで，特に部品サプライヤーの変化とそれに影響を与えた要因について考察した．自動車部品の国際競争力指数や国内生産 1 台当たりの部品輸入額は，インドネシアはタイのレベルに徐々に近づいている．ASEAN 域内での部品の相互補完体制が，日系の自動車メーカーやサプライヤーによって構築されつつあることで，これら裾野産業も発展しているように見える．

　ただし，現地調達率はある程度高くなったものの，一次下請である部品サプライヤーが輸入した部品・原材料の分を反映させた実質的な現地調達率は，依然として低いままである．二次・三次下請の部品や原材料のサプライヤー育成が，今後，自動車産業の発展にとって重要な課題である．残念ながら，インドネシアが輸出国化する過程で，工業政策が果たした役割が大きかったという事実はなかなか見当たらない．一方で，IMDIA のような民間の自助努力による技術向上の取り組みを，側面から官が支えた効果は大きかった．今後，インドネシアにおける裾野産業の振興には，民の取り組みを官が如何に支えかつ拡大させていくことができるかを，一層検討することが重要であると考えられる．

（舟橋　學）

注

1）本書第 8 章注 1 を参照．

参考文献

〈邦文献〉

ジェトロ（日本貿易振興機構）［2016］『産業立地はどう変わるか　自動車・同部品産業編』

2016年.

─────［2016］『インドネシアのライバル・パートナー企業』2016年.

JICA（国際協力事業団）［1997］『インドネシア共和国工業分野振興開発計画裾野産業調査本報告書』.

NTT データエンジニアリングシステムズ［2013］「インドネシア金型工業会について」『人とシステム』70.

高橋誠［2008］「インドネシアの金型事情」『素形材』.

戸堂康之［2008］「日本の ODA による技術援助プログラムの定量的評価──インドネシア鋳造産業における企業レベルデータ分析──」RIETI Discussion Paper Series 08-J-035.

日本経済研究所［2015］『平成26年度アジア産業基盤強化等事業（インドネシアの現地中小企業の実態調査）』.

日本政策投資銀行［2015］『今月のトピックス No.226-1』.

野村俊郎［2008］「インドネシアにおける IMV」『商経論叢』（鹿児島県立短期大学），58.

みずほ銀行［2019］『平成29年度　アジア産業基盤強化等事業インドネシア裾野産業育成支援ロードマップ策定等調査報告書』.

〈欧文献〉

Badan Pusat Statistik（インドネシア統計局）［2007］*Statistik Indonesia 2007*.

Departmen Perindustrian（インドネシア工業省）［2005］*Kebijakan Pembangunan Industri Nasional*（国家工業開発政策）.

─────［2008］*Roadmap 2025 Automotive Industry*（自動車ロードマップ2025），2.

〈ウェブサイト〉

トヨタ自動車①，https://global.toyota/jp/detail/1573023（2020年 2 月29日閲覧）.

─────②，https://www.toyota.co.jp/jpn/company/history/75years/common/pdf/financialstatement_of_income.pdf（2020年 2 月29日閲覧）.

─────③，http://www2.toyota.co.jp/jp/news/12/11/nt12_1106.html（2020年 2 月29日閲覧）.

─────④，https://global.toyota/jp/detail/1334092（2020年 2 月29日閲覧）.

OICA（Organisation Internationale des Constructeurs d'Automobiles）http://www.oica.net/category/production-statistics/2013-statistics/（2020年 2 月29日閲覧）.

◆◆◆ 第12章 ◆◆◆

工業化の担い手としてのベトナム民営中小企業

はじめに

　ベトナムがドイモイののち，WTO加盟を実現したあたりから外資導入を契機とした比較的順調な輸出指向型経済発展を遂げてきたことは周知の事柄である．とはいえ，その置かれた経済的状況はASEAN内先発国のマレーシアやタイには程遠い．ベトナムが国際競争力を強化し，今後もその経済発展の歩みをより確固たるものとするためには，国家レベルと企業レベル双方でのイノベーションが必要とされるのは改めて強調するまでもない．本章で検討するのはそれらイノベーションの担い手は誰であるのかという点である．そのような担い手はそもそもどこに存在するのか．さらに担い手が不足しかつ彼ら・彼女らが力不足であるような場合にはどうするのか．これまでの東南アジア諸国におけるイノベーション研究では，イノベーションのあり方やその内容や範囲などの議論（企業組織や産業組織など）を中心に進められてきたと考えられる．そして，そこにあっては肝心ともいえるイノベーションの担い手の側についての研究が大いに不足しているような気がしてならない．

　アジア新興諸国についてはイノベーションが継起的に生じるような産業環境の整備といった視点からの研究や企業組織の編成をめぐる議論が重要であることはその通りであるにせよ，肝心のイノベーションの担い手，それは誰が主体となって進めていくのかについての研究は依然ブラックボックスのままである．本章では，イノベーションの担い手としての国有企業や外資系企業（地場企業に大きなインパクトを与えてはいることは間違いないにせよ）を直接的に検討課題とするのではなくて，事業活動を積極的に行っている現地資本の民営中小企業（ローカル中小企業，以下ローカル）に注目する．

　以下で我々が検討を進めていくのは，日本などからの直接投資に大いに刺激を受け，現地に進出している日系企業との取引活動により勃興著しい，ベトナムにおける地場企業の存在である．ベトナムの地場企業についてはあたかもこ

れまでそれがないもののように等閑視され続け，それら企業を見つけたり育成を図ったりしている事例に関しては，ときおり調査レポートのなかで断片的に紹介されるに留まっていた．今回筆者が，『ベトナム中小企業の誕生――ハノイ周辺の機械金属中小工業――』（御茶の水書房，2018年）を上梓することができたのは，言わば暗闇に一点の燈明を灯し，そしてその燈明を一つ一つ繋ぎ合わせ少しでもより大きな明かりにしていくような作業の連続により可能となった［前田 2018a］．とはいえ，このような地場中小企業についての事情解明がきわめて困難な作業であるのはなにもベトナムだけに限らない．東南アジアのいずれの国々においてもそのような情報の不足という問題が常に存在する．

　本章では，後発発展途上国についてのこれまでの研究で注目されることの多かった伝統的な手工芸品産業や縫製業，雑貨等々ではなく，近代的工業分野において現在活発な起業活動が行われている（あるいは行われようとしている）機械・金属関連業種での地場企業についての検討を進めていきたい．具体的には，そのような中小製造業分野での起業家の創業事情，創業経緯そして創業の理由や問題点の分析を通じて，ベトナムにおける新規開業事情を明らかにし，彼らの台頭がベトナム工業化への足がかりを与えるものであろうことを強調しておきたい．

1　中小企業政策の発展

　統計総局（CSO）の2015年調査結果に基づくと，同年においてベトナムで稼動している企業の数はおよそ44万2486社である［OECD/ERIA 2018：467］[1]．このうち，約98％がMSMEs（Micro, Small and Medium-sized Enterprise：零細・中小企業）で，さらに72.8％，すなわち32万2236社が零細企業（micro firms）である．

　OECD/ERIA［2018］によれば多くの新興経済では生産構造における中規模層が乏しい．ベトナムでの中企業の存在は1.7％の7685社にすぎず，大企業（2.0％，8812社）よりも少ない．もちろん，MSMEsによるベトナム経済への貢献は大きく，同年での従業者数の64％，GDPの45％を占めている．また，関税データ［VCY 2016］によればMSMEsの輸出額はおよそ14％である．

　ベトナムでは1998年頃から中小企業振興政策が具体的に展開されるようになってきた[2]．フランス，アメリカとの30年（1945年～1975年）もの長い年月を戦

い抜いたベトナムでは，その後，1976年から1985年まで民間企業を禁止してい
た［Tran and Nguyen 2008］．この期間においては，国有企業（SOEs：State-Owned
Enterprises）中心の経済運営であったことは言うまでもない．その後，1986年
のベトナム共産党第6回全国大会において指令経済の放棄が決定されるなど，
一連の急激な改革がすすめられた（ドイモイとして知られる）．民間企業は会社法
ならびに民間企業法（the Law on Companies and Law on Private Enterprises）によっ
て1990年から許可されたものの，理解はなかなか進まなかったという[3]．この頃
から，ベトナム工業化を牽引するための原動力になったのが海外からの直接投
資（FDI：Foreign Direct Investment）の急速な流入であった．1990年〜2000年に
かけてFDI残高はGDPの25.5％から66.1％へと急増した［CIEM 2010］[4].

　2000年から2002年にかけての時期には，中小企業開発のための枠組づくりに
向けて法律と機関の整備が進められた［OECD/ERIA 2018：468］[5]．2001年には中
小企業支援についての政令90号（No.90/2001/ND-CP）が公布され，そこでは中小
企業の定義が見られる．そして，翌2002年に中小企業開発庁（ASMED：the
Agency for SME Development），また2003年には中小企業開発振興評議会（the SME
Development Promotion Council）が設立された．中小企業開発振興評議会の議長
は首相が務め，関連閣僚によって補佐されつつ，ベトナムにおける中小企業政
策ならびにプログラムづくりを主導しその調整を行うことに直接的な責任をも
つ．また，のちに中小企業開発庁は企業開発庁（AED：Agency for Enterprise Devel-
opment）に改編され，その下に中小企業政策の策定ならびに実行を担う中小企
業担当部局が設置された．

　その後，2006年になり，企業法（Enterprise Law）が施行されるに及び民間企
業のための法整備が一段と進められた[6]．そして，2006年にはベトナムで最初の
「中小企業発展5カ年計画2006〜2010」（The 5 year SME Development Plan 2006-
2010）が，次いで2012年に二度目の5カ年計画となる「中小企業発展計画2011
〜2015」が決定された．さらに，2016年4月には，2020年までに企業を支援し
開発することについての決議（No.35/2016/NQ-CP）が発効する．同決議は，それ
までの二つの5カ年計画よりも，一段と「野心的な一連の目標を掲げている」
［OECD/ERIA 2018：468］．その目標には，民間セクターの充実発展，生産性とイ
ノベーションの向上，世界市場におけるベトナム企業の競争力強化などである．
これら諸目標の達成に向けて企業開発庁は毎年アクションプランを作成・実行
する．そして，2009年には新たな政令56号が制定され，先の政令90号が改定さ

れた．ここにおいて中小企業に関する定義も修正されている．

　さらに，中小企業支援法（the Law on Support for SMEs〈SME Law〉）が2018年１月１日に発効した．この中小企業支援法は，先述したようなベトナムの５カ年計画や中小企業関連法のいずれによるよりも体系的にさらに一段と整備され，充実した内容を持つ本格的なものである．その意味から，同法は特筆できる内容の文書であることは言うまでもない．ベトナム国内においても，各種のマスコミから一応に高い評価を得ている[8]．

　本支援法は，第Ⅰ章「一般規定」，第Ⅱ章「中小企業支援内容」，第Ⅲ章「中小企業支援活動での責任」そして第Ⅳ章「実施規則」から構成され，全35条である．これにともなって，2018年３月には政令39号が公布され，これにより中小企業支援に関するこれまで全ての政令と置き換えられることになった．この政令39号は中小企業についての新たな定義とともに中小企業支援法の実施細則を規定している．

　中小企業支援法の第Ⅰ章第４条は「中小企業の判定基準」について，以下のように定めている．

> 「１．中小企業は，零細企業，小企業，中企業を含み，年間平均の社会保険加入労働者数が200人以下で，二つの基準のいずれかを満たす．
> 　a）総資本金が１千億ドン以下；
> 　b）前年度の総売上高が３千億ドン以下；
> 　２．零細企業，小企業と中企業は，農林水産業，製造業・建設業，貿易・サービス業の業種毎に分類される．」

　このように，中小企業の範囲を決めるにあたっては，雇用規模ならびに資本金総額もしくは総売上高のいずれかの指標が用いられる[10]．そして，その指標は産業セクターに応じて異なる．ここで中小企業支援法が定める中小企業の定義を**表12－1**に示しておこう．なお，OECD/ERIA［2018：470］では，ベトナムのインフォーマルセクターがGDPの20％，そして雇用者数の実に82％を占めているとし，「大多数の中小企業が政策介入から排除されており」，行政官庁は最近になってこのことを急に意識するようになったと指摘している．なお，ベトナム中央政府は2020年までに稼動企業を100万社とする目標を定めているが，そのためにもまずはインフォーマル企業の登録が不可欠であると考えられることは述べるまでもない．

表12−1　ベトナム中小企業の定義

規模分類	指標	セクター	
		農林水産業 製造業・建設業	貿易・サービス業
零細企業	総売上高ないし資本金総額 総売上高 あるいは 資本金総額 従業員数	<30億 VND <30億 VND ≦10	<100億 VND <30億 VND ≦10
小企業	総売上高ないし資本金総額 総売上高 あるいは 資本金総額 従業員数	<500億 VND <200億 VND 11〜100	<1000億 VND <500億 VND 11〜50
中企業	総売上高ないし資本金総額 総売上高 あるいは 資本金総額 従業員数	≦3000億 VND (1320万米ドル) ≦1000億 VND (440万米ドル) 101〜200	≦3000億 VND (1320万米・ドル) ≦1000億 VND (440万米ドル) 51〜100

出所）OECD/ERIA［2018：469］.

　中小企業支援法の第5条では中小企業の支援原則について，それが市場原理の尊重の上でベトナムの加盟する国際条約と整合的に実施されること，支援に関しては公開，透明性の保護，女性主導の中小企業や女性労働者のより多い中小企業が優先されるべきことなどを定めている．また，第16条から第19条にかけては，家族経営から転換した中小企業，スタートアップ企業，産業集積地ならびにバリューチェーンに参加する中小企業への支援が謳われており，ベトナムにおけるこれまでの中小企業支援策とはまったく異なる多彩で充実した内容の政策メニューが網羅されている．さらに，第21条〜第25条は中小企業支援に関しての政府，各省庁，地方政府の責任分担が明記される．

　中小企業支援法の原案は，日越双方の政府機関や企業の参加する「日越共同プログラム」の中小企業支援ワークチーム（WT 5）が中心になって作成したもので，ジェトロが日本側リーダーを務めた．そのことからも，この中小企業支援法そのものが日本の経験とノウハウが大幅に詰まっているものになったと

考えられる．とはいえ，ベトナムでは地場中小企業の企業名簿ですらいまだ十分に整っているとはいえない現実がある．その意味からしても，この法律に盛り込まれているそれぞれについて今後どのように運用・調整をはかり，その実質化を進めていくのかがきわめて大きな課題として問われていくことになるだろう．現状と理想像とのギャップはあまりに大きい．また，各中小企業政策の影響も冷静に分析しなければならないことは言うまでもない．

　さらに，このところのベトナムでは企業設立のための手続きの簡素化とともに，中小企業金融へのアクセス改善，また「かなりディープな」マイクロファイナンスのネットワークも機能している［OECD/ERIA 2018：470-73］．ただ，ここではこれらの点については立ち入らない．

　また，ベトナムのグローバル経済への統合がますます進んでいるのは間違いないが，ベトナム中小企業による輸出拡大への政策支援は不十分である．同時に，外国市場や国際貿易についての中小企業の理解はまだまだ不十分である．したがって，中小企業をグローバルなバリューチェーンに統合させるための法的枠組みの整備が進められている[11]．そして，ベトナム政府によるこのような政策イニシアチブは海外からのODAにより補われている．その一例としては，日本が実施している「ASEANメコンサブリージョンの南部経済回廊における中小企業の競争力強化」[12]プロジェクトが挙げられる．

　さらに，この10年間，ベトナムは中小企業の生産性向上やイノベーション開発の努力を進めている．ただ，2013年でのR&D比率(対GDP)は0.4％とOECD諸国と比べればかなり低いレベルに留まるが，それでも周辺諸国のほとんどよりもかなり高い．2010～2015年についてのベトナム政府の目標は全要素生産性を30％にまで高めること，そして4000の新しい国家標準を定めることが含まれている［OECD/ERIA 2018：477］．また，先に見た「中小企業発展5カ年計画2006～2010」はビジネス開発について訓練，法律面でのサービス，知財登録などへの支援について言及している．なお，ビジネス開発に関わる実行責任を負うのは計画投資省内の企業開発庁であり，全国に三か所設置されている中小企業技術支援センター（SME Technical Assistance Centre）がその実務を担う．あらためて述べるまでもなく，ベトナムでは工業団地やハイテクパークの建設が積極的に進められてきた[13]．とはいえ，現状では「生産クラスターの規模は小さなままであるし，そのようなクラスター内稼働企業間での密接なリンケージは限定的である」．また，クラスター計画や政策のパフォーマンスをチェックするメカ

ニズムは機能していない［OECD/ERIA 2018：478-479］.

　また，ベトナムでは社会的中小企業や包摂的中小企業（inclusive SMEs）の分野で多くのイニシアチブが見られるものの，初期段階にとどまったままであるし十分な資源も不足している．社会的起業活動（social entrepreneurship）との用語がベトナムにおいて正式に認知されたのはようやく2015年になってのことであるが，ソーシャルベンチャー（social ventures）は以前から存在していたと考えられる．協同組合(Co-operatives)は早期の社会的企業のモデルと考えられる[14].
2011年になされた研究によれば，ベトナムでは社会的企業とみなされる組織が167，そして社会的企業に進化しうる可能性を有するものが2000存在すると報告されている［Pham, Nguyen and Nguyen 2016］．また，女性，若者，身体障害者に対する支援活動はベトナムではかなり以前から見られるものの，その活動規模は小さなままである．

　OECD/ERIA［2018：483-487］は，その政策提言のなかで，例えば中小企業政策の作成過程に民間セクターの関与を高めることを強調する．具体的には，企業開発庁の理事会が現在は公的セクターの代表者のみから構成されているがこれに民間セクターの代表者を加える．そして，中小企業政策の具体的な見直し作業を行うワーキンググループを設置し，それが公的セクターと同じく重要産業分野での民間セクターからの代表者の双方から構成される．そして，キャパシティビルディングの強化などを通じた中小企業の貿易振興に特化する支援策の導入，企業のイノベーションを進めるための特定機関の設立ないし政策調整の必要性等々を謳っている．このように，中小企業支援法が成立したとはいえ，具体的な課題は山積している．

２　ベトナムでの起業家誕生への道筋

　筆者が実施した「ベトナム企業（機械金属関連製造業）の創業者の属性把握に関する調査（2016年10月現在）」によると，2000年代に入って以降，ベトナムでは年とともに地場資本による中小工業の新規創業が活発になっている（本調査の概要については本書第7章のなかで示している）．表12−2で明らかなように，ベトナム経済の世界市場への参入にともなって，ベトナムでの起業活動が活発になっていることが浮かび上がった．

表12-2　ベトナム機械金属系中小企業の創業年次

1970年代以前	1980年代	1990年代	2000〜2005年	2006〜2009年	2010〜2015年	合計
1 (1.6%)	4 (6.3%)	9 (14.1%)	14 (21.5%)	2 (35.9%)	13 (20.3%)	64 (100.0%)

注）開業と創業の合計で記載．なお，回収分には，国有企業の民営化にともなう社名変更に関するものや不
明が含まれていたがこれらは除外して集計している．
出所）前田［2018b］．

（1）高学歴起業家の叢生──エリート資本主義の萌芽──

　企業の設立人数（資本金を拠出した人数）については，表12-3からも明らかな
ように，1人で設立したケースはそれほど多くなく，2名以上の複数で創業し
たというのがほとんどである．つまり，複数名ないし多人数で資金を持ち寄っ
て会社設立のための資本金調達が行われている．ただ，設立人数では，2名と
いうのが最も多く，ついで3人，5人という順になる．多くの人数によって資
本金を集めても意思疎通に問題が生じれば企業経営が困難となるので，限られ
た人数での会社設立が目指されている．

　そして，主要創業者の出資比率を年齢層別に明らかにすると（表12-4），ば
らばらで特徴を示しづらいが，それでも20〜29歳ならびに30〜39歳の青年・壮

表12-3　企業設立者の人数

設立人数	1人	2人	3人	4人	5人	6人	7人	8人	10人	不明 （未回答）	非該当	合計
企業数	9	19	17	5	10	4	1	2	1	8	4	80

注）「非該当」欄は国有企業だと推測される．
出所）表12-2と同じ．

表12-4　主要創業者の出資比率（年齢層別）

	29%未満	30〜49%	50〜69%	70〜89%	90%以上
20〜29歳	1	2	3	6	4
30〜39歳	3	6	9	4	7
40〜49歳	0	3	4	6	4
50〜59歳	1	1	1	0	2
60歳以上	0	0	0	0	1

出所）表12-2と同じ．

年層において主要創業者が単独で資本金の過半数以上を拠出できているケースの多いことが見て取れる．具体的にみると，年齢の若い順にそれぞれ25歳，29歳，31歳，36歳，39歳が各１名で，そして30歳の２名が資本金のすべてを用意できたという事実に驚く．このように，ベトナムでは近年若くても資金を潤沢に有する人たちが続々と新規開業に踏み切っている．しかし，若い年齢層での新規開業が活発であるとはいえ，他方で50歳以上の人たちによる創業も散見される．なかには，60歳の時に資本金の90％を拠出し新規開業に漕ぎつけた事例もわずか１件であるが確認できた．

　つぎにベトナムでの主要創業者は，30～39歳という年齢層が最も多いことが示される（表12-5）．なかでも，30～34歳の30歳代前半が突出していた．30～39歳について多いのが，20～29歳と40～49歳の年齢層である．今回調査した一番若い創業者は22歳の大卒者で，友人との２人で資本金の70％を拠出している．具体的な生産品目は中電圧・低電圧の電子キャビネット，変圧器，ケーブルリフト，電子グリッド付属品であった．

　創業者の学歴は，表12-6から明らかなように大学卒業者が圧倒的多数である．ここからは，ベトナムにおける機械金属関連製造業の創業者たちが高い学歴の者から構成されていることが明らかとなった．創業者の７割近くが大学卒

表12-5　主要創業者の創業時年齢

年齢	20～29歳	30～39歳	40～49歳	50～59歳	60歳以上	不明	合計
件数	17	29	17	7	2	10	82

出所）表12-2と同じ．

表12-6　主要創業者の最終学歴

	中学校	高校	短期大学	大学	大学院修士課程	大学院博士課程	その他	合計
北・中部	なし	1	2	23	5	1	1	33
南部	なし	1	4	27	7	4	なし	43
不明	なし	なし	なし	5	なし	なし	なし	5
合計	なし	2	6	55	12	5	1	81

注）複数の人数で創業している場合には，一部で複数回答が見られた．
出所）表12-2に同じ．

業者であるし，大学院修士課程修了者の数も相当数に上る．さらに，大学院博士課程修了者も一定数含まれている．短期大学卒業者も少なからず存在するが，最終学歴が高校という者は僅少で，中卒者は見られない．このように，ベトナムでの起業家の9割近くという圧倒的多数が大学卒業以上の肩書きを持っている．この事実は（大学，大学院修士課程，同博士課程の合計が88.9％），まさしくこの産業分野での新規創業のほとんどが大卒のエリート層によって担われていることを明らかにしている．また，創業者のなかには海外の大学院での修士課程や博士課程の修了者も含まれていた．留学先はアメリカ，ハンガリー，オーストラリア，タイそして日本と世界中に散らばっている．なかにはアメリカのバージニア工科大大学院を修了した少なくとも2名がハノイ，ホーチミンシティそれぞれで電気めっき企業を別々にスタートさせたという事例が見られる．さらに，調査結果からは彼らが出身地の故郷近くで創業していることも窺えた．

（2）多様な資金調達

　筆者は先に別稿で，ベトナム人起業家が創業を決断するに際しては以下を重要な要素と考えていることを指摘した［前田2018a：Ch.5］．すなわち，① 資金面の制約解消，② 知識・関心の醸成，③ 信頼感／インフォーマルかつ濃密な人間関係の形成，④ 基礎的な技術の取得／進出日系企業や前の勤務先での技術習得，の4点である．

　そのうち，創業者の資本金調達先などについても，今回，いくつかの新たな事実を確認することができた．第一に，卒業大学名が記されているもののなかではハノイ工科大学卒業者が多い．今回調査が機械・金属業種を対象としたものであるから，工科系・工業系大学の出身者が多いのも当然の結果と肯けるものの，同大学の卒業者に新規開業者が多いという事実が，とくに北部を中心に明らかになった．第二には，各主要創業者の資本金拠出割合を4分類で尋ねてみると，自身の資本金拠出額については，親戚や兄弟姉妹などから借金もなしでそして銀行からの融資も受けずに，すべてを自己資金のみで負担したという回答が全体の半数超を占めている．これまで一般的に，後発発展途上国の新規創業者は親戚や知人から資金を借りまくってなんとか資金調達を賄っているとのイメージが1人歩きしているものの，そのイメージはもはや実像と大きくかけ離れていた．さらに第三として，新規開業に要する資本金のすべてを1人で拠出している新規開業者が7名も存在しているという驚くべき事実がある．そ

のなかには，若者も多い．近年のベトナムでは新規開業資本金を自己資金だけで賄える豊かな層が出現している．第四に，四つの調達先からまんべんなく創業資本を調達している例は2件と極めて少ない．そして第五に，創業者の資本金調達方法として銀行借入を行っているケースはほぼ三分の一と結構多かった．後発途上国では新規開業にあたっての間接金融機能が遅れているとの思い込みは禁物である．今回調査では銀行からの融資を受けて資本金を調達し新規開業に漕ぎ着けたケースが意外に多く見られたのである．

（3）日系企業が大きな刺激を提供

さらに，創業者の他社での勤務経験の有無を調べると，ベトナム人起業家の多くが多様な道筋で苦労を重ねつつ創業にまで辿り着いた経緯が明らかになった．これに関しては本書の第7章ですでに詳らかにしているが，ここでは議論を敷衍していくうえで論点のみを再掲しておく．

第一に，創業者の半数が外資系企業での勤務経験を有している．ベトナムでの現地資本企業の新規開業に日系などの外資系企業がなんらかのかたちで大きな刺激と影響を及ぼしている．第二は，外資系企業のなかでは日系企業が圧倒的な影響力を発揮している．すなわち，外資系企業での勤務経験者25件のなかで日系企業は大多数を占めていたが，韓国系，台湾系，米系各3件，そして欧州系は2件にすぎなかった．第三は，新規開業に外資系企業の影響力が強いことを指摘したが，それでもなおそれと同じくらいにベトナムの国有・国営，民営企業の役割にも大きなものがある．ここでは国有・国営企業からのスピンオフ創業者もかなり多いという事実が見られた．第四は，日系企業勤務経験者はどちらかといえば40歳未満の青年層が多いと考えられるが，ベトナム系の企業での勤務経験者（国有・国営，民営企業）については50歳代以上の者も数多く含まれている．第五は，開業以前に複数の外資系企業を渡り歩いて技術，知識，経営管理手法などを参考としながら，創業のチャンスを窺っていたケースも散見できた．最後に第六として，ベトナム人創業者が勤務していた日系企業の業種に関して言えば，機械加工，金属プレス，金型製造，生産財の順に多かった．こういった日系の基盤的技術群企業にベトナム人技術者がいったん勤務することにより，いっそう高い水準の技術や企業管理手法などを習得したうえで，退社後には当該産業分野において新規開業を続々と実現しているとのベトナムにおける起業家誕生への道筋が明らかとなった．また，日本人技術者とベトナム

人技術者とのインフォーマルな深い結びつきに基づいて，起業家が続々と開業を実現していることについては先の第7章で明らかにしている．

（4）日本人技術者の役割

　日本からの技術者の来越指導はもとより，ベトナム工場から日本の親工場へのベトナム人従業員の派遣研修に加えて，ベトナム国内でのインターンシップ制度などの産学連携を通じた優秀なベトナム人従業員の育成・確保も見られている．もちろん，進出日系企業のベトナム地場中小企業への外注やこれらベトナム系サプライヤーからの現地調達も増えつつある．また，日越金型クラブ等同業組合の結成を通じて金型分野でのベトナム企業育成の機運が高まっている．

　このように進出日系中小企業のベトナムでの積極的な事業展開と熟練技術を有する日本人技術者の存在は，ベトナムでの地場中小製造業の創業とその成長プロセスに大きな刺激を与え続けている．派手さはないものの，このような着実な継続的努力こそが，結果としてベトナムへの技術移転をもたらし，同国工業化への道程を確実なものにしているように私には思える．

　また，ベトナム戦争をきっかけにアメリカなどへ海外移住した人たちの子ども世代である「越僑」の起業も相次いでいる（「日本経済新聞」2016年9月17日付け）．ただ，彼らによる起業の多くは今日のところ音楽コンテンツ管理やベンチャー投資などアメリカ流のビジネスであり，これまでに述べてきた日本企業・日本人技術者との交流を通じて育まれている新規創業の波とは性格がまったく異なる．

おわりに
──エリート資本主義の道を通じたベトナム工業化への課題──

　これまでの論述で明らかにしたように，現地での日系企業の存在とそこにおいてベトナム人技術者を誠実に指導し続けている日本人技術者たち，そして日本留学などで国際経験・知識を身に着けたベトナムのトップ大学卒業生たちと彼ら日本人技術者たちとの出会いが，ベトナム北部においてベトナム人起業家が続々と創業に踏み切る契機ともなっている．ASEAN経済圏の一隅に出現し

た，このような一部のビジネス・エリート主導とも言える工業化への道筋は今後着実なものとなるのか，日本製造業の行く末とも絡む重要な課題をわれわれに提供している．引き続き検討を要すべき課題は多いものの，今回の調査結果からはこれまでまったく知られていなかったベトナム人起業家像が明らかになった．機械・金属関連分野に限った製造中小企業の新規開業事情であるとはいえ，ベトナム工業化への道筋を検討するうえですこぶる意義深いいくつかの結果が得られたと思う．

　本章で明らかになったベトナム人起業家層の特徴をまとめておこう．

　その第一は，創業者の大半が大卒以上のトップ・エリート層で占められているという事実である．創業時年齢は30〜39歳の壮年期の人物がもっとも多くて，彼らのなかには海外留学経験者も一定数含まれている．ベトナム，とりわけその北部，ではまさしくトップレベルの大学卒業者たちが主導するエリート資本主義の道をひた走っている．

　第二は，新規開業のための資本金調達について，その全額を自己資金のみで賄った者が半数超も見られ，豊かな経営者層がすでに出現していることが明白になった．創業者が親や兄弟・姉妹，親戚・知人などからの借金に頼り新規開業にようやく漕ぎ着けるとのイメージは実像とは異なる．また，銀行融資を受けての資本金調達も多いとの結果であった．ベトナムでの銀行融資の高い金利を考えるとこれは驚くべき事実である．

　第三に，半数の創業者が外資系企業での勤務経験を有している．外資系企業のなかでは日系企業がこれら創業者にきわめて大きな影響力を与えている．また，とりわけ40歳代未満層に日系企業勤務経験者が多い．このことは，日本やベトナムにおいて基盤的技術群の日系中小企業にベトナム人青年技術者がいったん勤務し，そこでよりいっそう高いレベルでの技術や管理手法などを習得することにより，退社後にその経験や知識を生かして当該製造業分野において彼らが続々と新規開業を実現していくとの，ベトナムなりの起業家誕生への道筋を明らかにしている．

　このように，ベトナムでは30歳代を中心とするトップ・エリート層が主導する地場製造中小企業の叢生が見られ，工業発展の礎が築かれつつある．そして，第7章で明らかにしたように，ベトナム人起業家である彼ら・彼女らに豊富な現場経験を提供するのが他ならぬ日本企業や現地進出の日系企業であった．ベトナム人は日系企業で高いレベルでの技術や経営管理手法を学びつつ，独立に

向けてのチャンスを窺っている．

　ただ，稲垣［2003］が明らかにしたイタリア・ボローニャにおける包装機械メーカーでの起業スピンオフの連鎖，それによる産業集積形成に至る事情は，産業集積の厚みや産業支援インフラ整備などの点でベトナムとは異なる［稲垣2003：51：71-78］．さらに，中国・温州市などでは続々と起業がなされ，民間企業が輩出されている．丸川［2013］は温州起業家の特徴を，1980年代前半に20歳代で起業した人が多く，大学卒の人はきわめて少ないと指摘している．「家柄や資産に恵まれた特殊な人たちだけが資本家になれるのではなく，なにも資本を持たない普通の大衆でも才覚と運によって資本家にのし上がっていく」状況を彼は「大衆資本主義」と名付け，中国経済の成長の大きな原動力であることを論じている．

　他方，これまでの論述を通じて明らかにしたように，ベトナムでの若き起業家たちの叢生は2007年1月でのWTO加盟以降のここ十年あまりの短い期間であるにすぎない．ただ，創業者はいずれも学歴がきわめて高く機械・金属分野では日系企業と直接に取引関係を持つにいたる企業が誕生するなど，生まれながら世界市場のなかにあって企業成長の原動力を獲得するケースが見られる．ベトナムではトップ大学卒業のエリート層起業家が主導する「エリート資本主義」[16]の潮流が生まれていると考えられる．

　これまでの論述を通して日本などからの積極的な外資導入政策がベトナム人起業家の誕生にとってきわめて大きな影響を与えていることが明らかになった．ただ，彼らトップ・エリート層が製造現場の有り様に無関心で現場に入ることを忌避するようになればマネージメント層と製造現場との乖離が生じかねず，ベトナムの工業発展の道筋に障害が生じないとも限らない．ベトナムでは基盤的技術分野の絶え間ない着実な改善を通じてしか地場製造中小工業の成長・発展は見られない．

　ベトナム工業化を実現するためには今の流れをより着実で幅の広いものとし，製造中小企業の厚みを増すとともに基礎的となる産業分野の範囲を拡げていくことが必要である．進出日系企業・日本人技術者との戦略的連携関係を深めつつ，今後は流通や物流，サービス業など他産業分野でも現地資本中小企業の育成を図らなければならない．そのためには現状ではトップ・エリート層が享受するに留まる起業チャンスをエリート層のより周辺へと拡げていくことが肝要であろう．むろん，大卒の肩書を持たない者にも起業チャンスを提供でき

るような環境整備も重要である．このような手立てを通じた製造中小企業の厚みと幅を増すことによってしか，ベトナムでのイノベーションは生まれない．一見したところ地味と思える地場中小工業の育成・成長とそれによる他産業分野への滲み出し効果を具体化していくしか術はないと考えられる．

（前田啓一）

注

1）実際の数はもっと多いと推定されている．

2）日本でのベトナム中小企業政策についての研究には，青山［2013］，前田［2014；2018a；2019］，前田・池部［2016］，舟橋［2017］などがある．

3）起業を考える人たちは正式な会社の設立許可を求めたものの，それには行政機関による数カ月に及ぶ審査期間と膨大な書類作成の手間をともない，しかもその決定は恣意的であった［OECD/ERIA 2018：468］．

4）ベトナムへの海外直接投資の動向に関しては，前田［2013］なども参照されたい．

5）これには，ベトナム共産党常任委員会決議 No.14–NQ/TW of 2002のなかにおいて，「民間企業はベトナム経済の一部である」との明記が大きな意味をもつ．

6）とはいえ，運用上の障害，例えば税務申告分野などでのそれ，がまだ残っている［OECD/ERIA 2018：468］．

7）ここでは，ジェトロ・ホーチミン事務所が仮訳としてインターネット上に公開している「中小企業支援法　法04/2017/QH14号」を参照した（https://www.jetro.go.jp/ext_images/world/asia/vn/business/pdf/04_2017_QH14_JP.pdf#search=％27％E3％83％99％E3％83％88％E3％83％8A％E3％83％A0％E4％B8％AD％E5％B0％8F％E4％BC％81％E6％A5％AD％E6％94％AF％E6％8F％B4％E6％B3％95％27，2019年8月17日閲覧）．

8）例えば，大手経済新聞の「トイバオキンテー」（2017年6月13日付け）はその第一面で“完璧な中小企業支援”と伝えた（ジェトロ「中小企業支援法が成立，2018年1月施行」https://www.jetro.go.jp/biznews/2017/06/9b0d4a0c2b3cc217.html，2019年8月17日閲覧）．

9）Decree No.39/2018/ND-CP.

10）とはいえ，これらがベトナムの各官庁で統一的に用いられているか否かを知るのには時期尚早である［OECD/ERIA 2018：469］．

11）裾野産業分野の中小企業が多国籍企業の生産ネットワークに参加するのを支援するよう政府に命じる首相決定（Decision No.1556/QD-TTg）や2013～2020年の期間中に高い競争優位性を備えた中小企業の育成を図る首相指令（Directive No.32/2012/CT-TTg）がある．

12）"Enhancing the Competitiveness of SMEs in the Southern Economic Corridor of the

ASEAN Mekong Subregion". 本プロジェクトの下で，ベトナム 4 省(Ca Cau, Can Tho, Kien Giang そして Tay Ninh）においてバリューチェーンのマップ化が進められるとともに，中小企業のクラスター形成そして参加中小企業の能力向上が図られている［OECD/ERIA 2018：474］.

13）前田［2013］も参照してほしい．2016年 9 月において，ベトナム全土には325の工業団地（稼働中は220）そして16の経済開発区（economic zones）がある.

　さらに，政府は2017年に 3 か所の経済特区（Special Economic Zone）の開発計画を進める予定であったが，国民の中国企業への警戒感を背景にベトナム国会は18年 6 月と10月において関連法案の採決を見送った（「日本経済新聞」2018年 8 月31日付）.

14）協同組合法によれば，協同組合は少なくとも 7 人の無報酬メンバーにより共同所有されかつ民主的統制に服する．そして，同メンバーの共通の必要性を満たすための生産，ビジネス，雇用創出において協力する集団的な経済主体(collective economic entities)であるとされる.

15）自己資金，親戚からの借り入れ（親・兄弟・姉妹など），銀行からの借り入れ，その他の四つの調達先に分類した.

16）前田［2018a：145-146］.

参考文献

〈邦文献〉

青山和正［2013］「ベトナムの中小企業政策に関する研究——ベトナムの中小企業振興政策の現状と課題——」『成城大学経済研究所研究報告』61.

稲垣京輔［2003］『イタリアの起業家ネットワーク——産業集積プロセスとしてのスピンオフの連鎖——』白桃書房.

末廣昭［2000］『キャッチアップ型工業化論——アジア経済の軌跡と展望——』名古屋大学出版会.

———［2014］『新興アジア経済論——キャッチアップを超えて——』岩波書店.

トラン・ヴァン・トゥ［2010］『ベトナム経済発展論——中所得国の罠と新たなドイモイ——』勁草書房.

———［2015］「アジア新興国と中所得国の罠」日本国際経済学会第74回全国大会（専修大学，2015年11月）（https://www.jsie.jp/Annual_Meeting/2015f_Senshu_Univ/pdf/program/pss_3_Tran.pdf，2020年 2 月23日閲覧）.

舟橋學［2017］「ベトナム中小企業——成長要因と支援政策——」『経済研究所年報』（成城大学）30.

前田啓一［2013］「ベトナム北部日系工業団地における日系中小企業の事業展開について——ハノイ市とハイフォン市を中心に——」『同志社商学』64（6）.

———［2014］「ベトナム中小企業政策の現況と北部での基盤的技術分野の勃興について」『地域と社会』（大阪商業大学），17.

─────［2018a］『ベトナム中小企業の誕生──ハノイ周辺の機械金属中小工業──』御茶の水書房.

─────［2018b］「ベトナム人新規開業者の基本的属性把握に関する研究──機械・金属関連中小製造業の場合──」『地域と社会』21.

─────［2018c］「ASEAN 諸国中小企業胎動の時代へ──ベトナムからの視点──」『公益社団法人中小企業研究センター年報』.

─────［2019］「経済グローバル時代における ASEAN 諸国の中小企業」, 高田亮爾・前田啓一・池田潔編『中小企業研究序説』同友館.

丸川知雄［2013］『チャイニーズ・ドリーム──大衆資本主義が世界を変える──』筑摩書房.

前田啓一・池部亮編［2016］『ベトナムの工業化と日本企業』同友館.

〈欧文献〉

ASEAN Secretariat［2015］*ASEAN Strategic Action Plan for ASEAN SME Development 2016–2025*, The ASEAN Secretariat.

CIEM［2010］*Vietnam Competitiveness Report 2010*.

OECD/ERIA［2018］*SME Policy Index : ASEAN 2018 : Boosting Competitiveness and Inclusive Growth*, OECD Publishing, Paris/Economics Research Institute for ASEAN and East Asia, Jakarta.

Pham, T., H. Nguyen and L. Nguyen［2016］"Social enterprise in Vietnam," *ICSEM Working Paper*, 31.

Tran, T. Le and K. Nguyen［2008］"Vietnam's small and medium sized enterprises development : Characteristics, constrains and policy recommendations," in Lim, H. ed., *SME in Asia and Globalization*, Jakarta : ERIA.

VCY［2016］*Customs Yearbook on International Merchandise Trade of Vietnam*.

Vo Tri Thanh［2017］*SME Development in CLMV : Policy Direction & AEC Initiatives (The case of Vietnam as an illustration)*, 日本中小企業学会第37回全国大会・国際セッション（2017年10月6日）でのパワーポイント報告資料.

索　引

▶編著者紹介 (執筆順)

前 田 啓 一 (まえだ けいいち) [はじめに，序章1，第7章，第12章]

1951年生まれ.
同志社大学大学院商学研究科博士課程（後期）満期退学，博士（経済学）.
現在，大阪商業大学経済学部・大学院地域政策学研究科教授，同大学比較地域研究所所長.

主要業績

『地域活性化のデザインとマネジメント』（共著），晃洋書房，2019年.

『ベトナム中小企業の誕生——ハノイ周辺の機械・金属中小工業——』御茶の水書房，2018年.

『溶解する EU 開発協力政策』同友館，2012年.

『EU の開発援助政策——ロメ協定の研究：パートナーシップからコンディショナリティーへ——』御
　　茶の水書房，2000年.

塩 地 　 洋 (しおじ ひろみ) [序章2，第2章]

1955年生まれ.
京都大学大学院経済学研究科博士課程修了，博士（経済学）.
現在，鹿児島県立短期大学学長，京都大学名誉教授.

主要業績

『東アジア優位産業——多元化する国際生産ネットワーク——』中央経済社，2020年.

『自動車委託生産・開発のマネジメント』（共編著），中央経済社，2016年.

『自動車流通の国際比較——フランチャイズ・システムの再革新をめざして——』有斐閣，2002年（2003
　　年日本商業学会奨励賞受賞）.

上 田 曜 子 (うえだ ようこ) [序章3，第5章]

1958年生まれ.
京都大学大学院経済学研究科博士後期課程退学，博士（経済学）.
現在，同志社大学経済学部教授.

主要業績

「タイ自動車産業における日本の直接投資と地場部品メーカーの形成」『社会科学』（同志社大学）第
　　48巻第2号（2018年8月），pp. 117–140.

"The Origin and Growth of Local Entrepreneurs in Auto Parts Industry in Thailand." *CCAS Work-
　　ing Paper* No. 25. December 2009. Center for Contemporary Asian Studies, Doshisha University.

"Local Economy and Entrepreneurship in Thailand : A Case Study of Nakhon Ratchasima." *Kyoto
　　University Press*. 1995.

▶執筆者紹介 (執筆順)

坂 田 幹 男 (さかた　みきお) [第1章]

1949年生まれ.
大阪市立大学大学院経済学研究科博士後期課程単位取得満期退学，博士（経済学）.
現在，福井県立大学名誉教授.

主要業績

『アジア経済の変貌とグローバル化』（共著）晃洋書房，2016年.
『グローバリズムと国家資本主義』お茶の水書房，2015年.
『開発経済論の検証』国際書院，2011年.

藤 井 真 治 (ふじい　しんじ) [第3章]

1955年生まれ.
北海道大学経済学部経済学科卒業.
現在，（株）AP スターコンサルタント代表取締役，ASEAN 進出自動車・モビリティ関連企業の戦略
　　コンサルティング実施中.

関　　智 宏 (せき　ともひろ) [第4章]

1978年生まれ.
神戸商科大学大学院経営学研究科博士後期課程単位取得退学，博士（経営学）.
現在，同志社大学商学部教授・同志社大学中小企業マネジメント研究センター長.

主要業績

『持続可能な経営と中小企業——100年経営・社会的経営・SDGs 経営——』（共編著），同友館，2020
年.
『よくわかる中小企業』（編著），ミネルヴァ書房，2020年.
『21世紀中小企業のネットワーク組織——ケース・スタディからみるネットワークの多様性——』（共
編著），同友館，2017年.

弘 中 史 子 (ひろなか　ちかこ) [第6章]

1957年生まれ.
名古屋大学大学院経済学研究科博士後期課程単位取得退学，博士（経済学）.
現在，中京大学総合政策学部教授，滋賀大学名誉教授.

主要業績

"The Challenges of Managing Cross-Cultural Employees of Japanese Manufacturing SMEs in Malaysia : Raising Employees' Learning Consciousness" *Journal of Small Business and Innovation*, Vol. 22, No. 3, pp. 93-101, 2019.
「人手不足下での企業成長——中小製造業の海外生産を軸として——」『商工金融』第69巻第7号，pp. 5-20, 2019年.
『中小企業の技術マネジメント』中央経済社，2007年.

舟 橋　　學（ふなばし　がく）［第 8 章，第11章］

1968年生まれ．
東京大学大学院新領域創成科学研究科博士課程単位取得退学，博士（国際協力学）．
現在，国際大学大学院国際経営学研究科准教授．

主要業績

『途上国に対する日本人長期政策アドバイザー体験記』（共著），国際高等研究所，2007年．
『日本の化学産業──なぜ世界に立ち後れたのか──』（共著），NTT 出版，1991年．

井 出 文 紀（いで　ふみのり）［第 9 章，第10章］

1975年生まれ．
立命館大学大学院国際関係研究科博士後期課程満期退学，博士（国際関係学）．
現在，近畿大学経営学部准教授．

主要業績

『グローバル・サウスはいま　第 2 巻　新自由主義下のアジア』（共著）ミネルヴァ書房，2016年．
『近代日本の公と私，官と民』（共著）NTT 出版，2014年．
『知識資本の国際政治経済学』（共著）同友館，2010年．

ASEAN における日系企業のダイナミクス

2020年10月20日　初版第1刷発行	＊定価はカバーに表示してあります

編著者	前　田　啓　一
	塩　地　　　洋　ⓒ
	上　田　曜　子
発行者	萩　原　淳　平
印刷者	藤　森　英　夫

発行所　株式会社　晃　洋　書　房

〒615-0026　京都市右京区西院北矢掛町7番地
電話　075（312）0788番㈹
振替口座　01040-6-32280

装丁　尾崎閑也　　　　印刷・製本　亜細亜印刷㈱

ISBN978-4-7710-3388-7

坂田 幹男・内山 怜和 著　　　　　　　　　　　　　　　　　A 5 判 296 頁
アジア経済の変貌とグローバル化　　　　　　　　　定価 2,800 円

唱　　新 著　　　　　　　　　　　　　　　　　　　　　　四六判 232 頁
AIIB の発足と ASEAN 経済共同体　　　　　　　　定価 2,500 円

高橋 信弘 編著　　　　　　　　　　　　　　　　　　　　　A 5 判 262 頁
グ ロ ー バ ル 化 の 光 と 影　　　　　　　定価 2,600 円
──日本の経済と働き方はどう変わったのか──

李　　澤建 著　　　　　　　　　　　　　　　　　　　　　　A 5 判 268 頁
新 興 国 企 業 の 成 長 戦 略　　　　　　定価 4,400 円
──中国自動車産業が語る "持たざる者" の強み──

ポール・ダルジール・キャロライン・ソーンダース 著　　　四六判 172 頁
梶山 国宏 訳　　　　　　　　　　　　　　　　　　　　　　定価 2,600 円
人 間 の た め の 経 済
──ニュージーランドがめざすもの──

姜　　紅祥 著　　　　　　　　　　　　　　　　　　　　　　A 5 判 300 頁
戦略的資産獲得と中国の対外直接投資　　　　　定価 4,800 円

佐伯 靖雄 編著　　　　　　　　　　　　　　　　　　　　　A 5 判 348 頁
中 国 地 方 の 自 動 車 産 業　　　　　　定価 3,800 円
──人口減少社会におけるグローバル企業と地域経済の
　　共生を図る──

小峯　　敦 編著　　　　　　　　　　　　　　　　　　　　　A 5 判 334 頁
戦 争 と 平 和 の 経 済 思 想　　　　　　定価 3,200 円

田中　　宏 編著　　　　　　　　　　　　　　　　　　　　　A 5 判 260 頁
協　　働　　す　　る　　地　　域　　　　　　定価 2,900 円

佐々木 信彰 編著　　　　　　　　　　　　　　　　　　　　A 5 判 220 頁
転 換 期 中 国 の 企 業 群 像　　　　　　定価 2,800 円

晃 洋 書 房